安徽古籍叢書

黄山書社

桐城耆舊傳

〔清〕馬其昶／撰　彭君華／校點

圖書在版編目(CIP)數據

桐城耆舊傳/(清)馬其昶撰;彭君華校點
-合肥:黄山書社,2013.7
(安徽古籍叢書第二十輯/安徽古籍叢書編審委員會編纂)
ISBN 978-7-5461-3514-4
Ⅰ.①桐… Ⅱ.①馬…②彭… Ⅲ.①歷史人物-列傳-安徽省
-古代Ⅳ.①K820.854

中國版本圖書館 CIP 數據核字(2013)第 072490 號

桐城耆舊傳

(清)馬其昶 撰　彭君華 校點

*

責任編輯　李霜琴

責任校對　賈紅仲　封面設計　馬　芳

黄山書社出版發行　中國科學技術大學印刷廠印刷

開本 880×1230　1/32　印張 15.625　字數 283 千字

1990 年 2 月第 1 版　2013 年 7 月第 2 版　2013 年 7 月第 1 次印刷

ISBN 978-7-5461-3514-4

定價　46.50 圓

安徽古籍叢書編印緣起

我國歷史悠久，典籍豐富。我省地處南北之交，學術尤擅其盛。數千年來，哲學、史學、文學、藝術、語言、科技，作者輩出，著述如林，或自名一家，或蔚然成派，多爲中華民族文化之菁華，有裨於社會主義文化之建設。允宜及時整理，以廣流傳。

粤自明清，以至近世，南北郡邑已有涇川叢書、龍眠叢書、貴池先哲遺書、南陵先哲遺書諸刻。一九三一年，復有安徽叢書之編刊，所收皆皖人著作，分期影印。出至第六期，以抗戰軍興而中止。盛業未竟，論者惜之。

今者，中央倡導整理古籍，我省領導對此尤爲關心。原省古籍整理出版規劃委員會幾經商討，決定編纂安徽古籍叢書。編纂宗旨是在歷史唯物主義指導下，批判繼承，古爲今用，弘揚民族優秀傳統文化，爲建設中國特色社會主義服務。最其體例，約有數端：

一、所收皆爲歷代皖人著作，時間一般以辛亥革命之前爲限，内容以文、史、哲爲主，分類成輯。尤其注意稿本、稀見本之搜輯與傳布。

二、整理方式包括輯、校、標點和注釋、今譯。校勘，力求採用善本爲底本，校以他書，或加補輯、編次。標點，採用新式標點。注釋，務求精確，但不作煩瑣考證。整理中，盡量吸收國内外研究的新成果。

三、先秦、兩漢著作及語言、文字之類，皆用繁體字，其餘則酌用簡體字。版皆竪排，以期一律。

四、凡熱心於本叢書編印及捐貲助刊者，得於書内題名。

安徽古籍叢書編審委員會

桐城耆舊傳

宣統三年春合肥張文運署檢

宣統刻本題簽

大著叙事雅贍有法度論贊神致淵永往 勝絕如
通伯者可謂有良史才矣桐城文獻名邦號天下
第一得通伯綴羅放佚都爲一編又無不各肖其人
平生氣象以出豈非三百年先輩英靈所式憑而
海内學者所共爲愉快者與慶蕃邂逅先覯欣幸
何極光緒丁亥春豐城毛慶蕃謹識

宣統刻本識語

桐城耆舊傳目録

卷四

卷五

卷六

卷七

卷八

卷九

卷十

卷十一

卷十二

前言

一

桐城耆舊傳計十二卷，專門記述明清兩代桐城（按，包括今天行政區劃安徽省的桐城市和樅陽縣）鄉邑先正遺事。正編立目一百二十三，爲專篇二百八十人，附見六百五十人，析爲十一卷；附編列女一卷，立目十三，爲專篇二十六人，附見六人。全書有名可徵者總計達九百六十二人。

對正編一百二十三目作具體考察，其人物大致可以作如下分類：

其一，題以職銜、謚號、爲官之地相稱者，上自名卿碩輔，下至郡縣循吏，基本都是通過科舉步入仕途的官宦。諸如姚參政傳弟六、方桂林瓊州傳弟七、左忠毅公傳弟四十四、張文端公傳弟七十九等等，總體占到近半篇幅，構成全書的第一大類。

其二，題稱『先生』者。他們中相當一部分人也有科舉名分，也曾爲官，甚至位至卿貳，然根本上以文儒顯名，或以治學、授徒爲業，或以學術文章、道德品行化導鄉里、領袖時人。諸如何省齋、方明善、方密之、錢田間、潘木崖、張湖上、戴南山、方望溪、劉海峯、姚惜抱、方植之、吳摯父等，總計近三十目，數量上僅次於官宦。

其三，題例稱『公』者。傳主多爲布衣，以行誼著於鄉里，因『積善餘慶』從而後嗣勃興，主要有八目：第四方自勉公，第十四馬霞松公，第十六阮愛雲公，第十七何松坡公，第二十九姚葵軒公，第三十左太公，第三十一張恂所公，第八十九汪樸巢公，他如第十五謝、盛、倪、潘、何傳。

其四，鼎革之際，或挂冠而去，或堅卧不出，總之是入新朝之後隱淪以終者，比較集中於卷六的第五十八至第六十三，實則與第二類中的部分人物如方密之、錢田間、潘木崖、張湖上諸先生形成交叉，又如第五十的孫侍郎。

其五，易代之際以身殉節者，基本集中在卷六第五十二至第五十七，計六目。

其六，科學、文藝、百技，計四目：第七十四諸方、張、葉，第七十五方氏三詩人，第八十七張獅崖、李古塘、吳伯颺，第九十七張苦竹、吳仁齋、吳漪瀾。

其七，勇武軍功，計四目：第一王太原侯，第一百一十四徐勇烈公，第一百一十九馬徵君附子陽江，第一百二十程忠烈公。

其八，孝子，集中在三目：第五『三孝子』，第三十二『四孝子』，第一百零五『六孝子』。第九十左、馬、趙、余、楊、陳也宜歸入此類。

其九，義士，計一目：第一百零六義士趙君。

二

撰者自其少時即有志於鄉邦文獻，桐城耆舊傳之作，從其自序標明的光緒十二年（一八八六）春，至宣統三年(一九一一)春張文運署檢刊出,算來前後整整經過了二十五年,即自其三十一歲開始,到五十六歲方真正告竣。

撰者自序謂:『傳記之作,必歸諸雅馴,竊取遷固之遺法,始足賡揚盛美,誘迪方來。』就其序目的兩則補記看,編撰期間,曾接受其師吴汝綸的建議,就全稿的體例作了重大調整,一改原先『採掇舊文,悉注所出』的『百衲衣』形式,以『事皆有徵,詞必己出』爲準繩,庶幾體現鑒裁孤識,成爲立言君子。

司馬遷作史記,欲『網羅天下放失舊聞,考之行事,稽其成敗得失之理』(司馬遷報任安書)。漢書司馬遷傳贊載,『劉向、揚雄博極羣書,皆稱遷有良史之才,辨而不華,質而不俚,其文直,其事核,不虚美,不隱惡,故謂之實録』。劉知幾評漢書『言皆精煉,事甚該密』(史通六家)。可以肯定,史記、漢書的這些優良品質,深刻影響了桐城耆舊傳,使之成爲一部資料翔實、可以傳信的鄉邑文獻。其大要約略有三端:

(一)廣徵載籍　抉幽發微

舉凡邑乘、家傳、國史、通志、文集、譜牒,涉及桐城人文者,均在撰者搜求之列。故爲專篇者,於其名氏字號、世系籍貫、生平行事、科第學業、祖先子孫,窮原竟委;即附見者,也能寥寥數語,大要可睹。尤於合傳、類傳中,見出撰者的搜討鈎稽之勤,如:

第二載黄、許、朱、謝、韓、章、江、邱、雷、蕭十人,屬官宦類。因爲年代久遠,文獻不足,故匯記諸人成一篇,依時爲序,由遠而近,徵引了畿輔志、福建通志、山西通志和浙江通志,其查閲範圍則可想而知是覆蓋了全國的。

第七十四載諸方、張、葉。諸方包括了十四人：方以智的三個兒子中德、中通、中履；中通子正琫、正珠、正琇、正璆；中履子正瑗，孫張盤、張登，重孫賜豪；中德子正璩、正璐、正玢。記張裕葉，附余熙。記葉棠，附鄭福照。主次分明，連類而及，均爲精『算數之術』者。記録相應的學術著作至少有十二種：數度衍、揭方問答、乘除新法、古今釋疑、開方捷法、開方表、八綫測表圖説、渾天恒星赤道全圖、天元一術圖説、數理闡微、勾股論、勾股術。

第九十一載胡宗緒、吴直二先生，爲『於方侍郎不苟同，然皆能自立』的學者，附見者有許雨田、都蔚、胡晟、高華、張尹、吴自高，均於詩文經籍造詣頗深，著録他們的撰述四十四種，其中屬胡宗緒一人的竟達二十四種之多。

第九十二載劉大櫆，附見其弟子等總數近三十人，撰述三十一種，表現出劉大櫆作爲文學大師，『窮老荒江之上，遠近慕風相從』的人格魅力。

第九十七載張純、吴甌玉、吴鰲，屬百技類。張純號苦竹，工大小篆，刻竹印；其孫有祖風，號野人，與爲詩的獨秀山人相友善。吴甌玉隱於醫，由此而及於縣人醫者陳禹臣和以醫世家的嚴氏八人。吴鰲是個理髮匠，爲詩清雋邁俗，喜飲酒；其弟吴鯨則替人務工。兄弟倆老實本分，自食其力。該目共記録撰述總十七種。

故明清兩代五百五十年間，桐城一邑之『操行不一』、『特立於一時而可不泯没於後世者』，達九百六十二人之多。據粗略統計，記録這些先正的撰述，明代一百五十種，清代達到五百七十種，也足見出其時桐城一邑人文鼎盛之況。

(二)依時爲序　以類相從

《桐城耆舊傳》所録鄉邑先正事迹，各自成篇，其家族世系明晰者，源流自具。全書没有按照一般史傳的做法加以分類，諸如循吏、儒林、理學、文苑等等，明標類目，但實際上對於那些合傳及附見於專篇的材料，則採取了依時爲序、以類相從的編次方法加以處理。

類傳以孝子、烈女最爲典型。第七十八專篇三人，附見二人，五人均爲以書畫擅場的布衣之士，論贊又補敘了位望通顯的另四位畫家。前舉第七十四諸方、張、葉專篇及附見共十八人，實則集中梳理了清代桐城一邑數學等自然科學的學者及相關著述情況。

有以家族爲單位者，如第七方桂林、方瓊州，爲叔侄合傳；第七十二左潞安、左遷江、左建陽，爲兄弟合傳。對于異姓或同姓同族而較疏者則依時爲序、以類相從。如將明前期『賢公卿大夫』黄、許、朱、謝、韓、章、江、邱、雷、蕭十人匯而記之，自洪武而永樂而正統而景泰而弘治、正德；第十五爲『以布衣行誼祀鄉賢，又皆緣子貴得封贈』一類五人合而記之；第三十六吳司馬、吳廷尉均萬曆間進士爲官者；第四十六葉尚書、方巡撫同爲官至崇禎間者；第六十七王參議、陳兵部、吳提學依次爲順治四年、九年、十二年進士，且均與文苑、儒林關係密切者。

附見。第一王太原侯專篇一人附見三人，爲同時勇武類。第三方斷事，附元末明初四人，爲忠義類。第十三何省齋，附十人：五人爲何門人，五人爲『不以講學名而門下甚盛者』陶氏三代，何陶均以學問爲鄉里所敬宗。第十六阮愛雲，附『其後二百餘年，有阮世恩者，亦以悌聞』，則是由阮愛雲謹事其兄，連類而及。第四十劉評事，以『文辭贍捷，學子承風』而附及『先是，嘉靖時能詩者』秦吾田等五人，論贊並追溯唐宋兩代『吾邑文士見於傳記者』。

（三）辨章考竟　徵實傳信

桐城耆舊傳以人存史，在儘可能詳載傳主基本情況的基礎上，又針對其各自的具體情況，着力於生平行事、家風世德、治政、學術、地位影響等諸方面的辨章考竟，結合如史記的『太史公曰』的論贊形式，篇末著『馬其昶曰』，予以比較鑑別，提要鉤玄，用自己的聞見，並援據經典作證，敘議結合，不作簡單空泛的誇飾、評論，神似史記，往往收到畫龍點睛的效果。

三

茲就辨章考竟，分六個方面作具體考察：

其一，甄别材料。如：

第一王太原侯，論贊對長老傳言加以分析，否定其斷臂詐降事。

第二十二阮巡撫傳論贊，本别人所撰阮墓誌及重修祠記，詳辨史氏於阮的微詞。

第五十一光給事傳，考之潛虚集、桐城軼事、野史辨誣及光自爲祭影文以證成所述。

第一百二十，論贊據吴汝綸所撰碑文以正王闓運湘軍志所載程學啓蘇州殺太平軍降將事。

其二，理清脉絡。如：

第十一齊按察傳提示：『公天才宏麗，桐城文學推公先導，而縣人第進士、入翰林爲庶吉士，亦自公始。』

第十三何省齋傳論贊交代：『吾鄉講學之緒由此起，至方明善先生益大昌矣。』

第十九盛侍郎傳，記盛與吴布政建城，論贊援引漢書等文獻詳述桐城一邑的建置沿革，並補記具體的工程情況。

第六十八程太常等四人傳，因程係入清後桐城首以一甲二名及第者，於是插入一段，歷數唐代以來桐城科第情況，尤詳於解元、會元諸人。

第八十馬編修傳，由中書公舉博學鴻詞，補記此時桐城薦舉鴻博者八人的具體情况。

其三，探求家風。

桐城耆舊傳所載人物，依家族論，以方、姚、張、左、馬族望爲最。據撰者考證，『桐城之方最著者，曰桂林，曰會宫，曰魯谼，皆自徽州來遷，然皆各自爲族』。方氏至斷事公長子自勉公有五子，科第發達，題門『桂林』，於方氏尤顯，此後如第七桂林、瓊州，第八天臺，第十八少卿，第二十八明善，第三十三太僕及子副使，第四十六巡撫，第四十七巡撫，第六十以智，至第九十三恪敏公及其子勤襄公、從子尚書公，三人先後擔任直隸總督，所謂『一門之内，三秉節鉞』，其盛可見。『張氏貴顯，天下所推爲甲族』（第三十一），自參政祀鄉賢，其後光禄、忠節、文端等也均從祀，『凡四世七祀鄉賢，時論榮之』（第三十一）。文端、文和父子宰相最爲後世所盛傳。

撰者每能於這些世家大族興盛的載述中，推究其所以然之故：

第四十六記巡撫方大任，『當逆璫（按指魏忠賢）未甚時，公發奸最早，疏稱：「臣高祖給事中方向，曾劾巨璫陳祖生於孝宗之朝；臣從曾祖方克，曾劾巨璫邱得於世宗之朝。臣爲國擊奸，實不敢容默，爲家世羞。」於是，朝野傾矚』。論贊謂：『方氏累世御史著聲。魏閹初熾，自周宗建一疏外，未有指名斥之者。副憲（按即指大任）晚達，首折巨奸，雖由忠悃，抑亦家風使然哉！』

第三十一記張恂所，爲參政長子，『年十四補縣學生，雖席華胄，無上人之色』。參政家書教曰：『聞汝兄弟居家敦樸，且勤讀書，甚慰！此可以養德，亦可養福。語云：「盛極衰至，福過災生。」造物之定理，前哲之明訓。近世儒者司馬君實、邵康節，尤惓惓言此，思深而慮遠矣。』於是，恂所『稟家誠，愈自謙敕，以利濟爲事』。其後，恂所孫文端（張英）既貴，其父秉彝致書諭之曰：『敬者德之基，儉者廉之本。祖宗積德累世，以及於汝，循理安命，毋妄求也。』論贊曰：『張氏貴顯，天下所推爲甲族，乃其先皆務自斂約如此』，『其流風世德可想也』。

張氏自文端公張英、其次子文和公廷玉、其三子宗伯公廷璐、廷璐子若需、若需子曾敞，四世五人充日講起居注官，爲帝王之師。廷玉去世，特旨命配享太廟，『本朝漢大臣得與配享者，惟公一人』（第八十三），極盡哀榮。第八十四論贊謂：『遭時承平，文學侍從之列類皆從容雅步，養臺鼎之望。而張氏諸公尤恂恂退讓長者，各自有其風類也。其學大抵範時守法，期中權度，不務爲名高，用此，多由翰林平進至大位，一時門閥遂莫與抗矣。』

第九十四張逸園論贊曰：『張氏家風皆内自守，外不陵物取勝。』前後所論，一脉相因，順理成章。

桐城麻溪姚氏之族，『至參政始大，有循良之譽，名哲繼起，遂爲世家』（第六），其尤顯者有：端恪公文然（第六十六），仕至刑部尚書，『矜恤民命，惟恐一物不得其所』，『我朝刑律定自公手，凡前代殘苛遂以剗除』。開化公文燮（第七十）幹才優裕，兼嫻文雅，入國史循吏傳。按察公姚瑩（第一百零九），深得林則徐器重，仕至福建臺灣道，奮勇抗擊英軍入侵，鷄籠、大安之役連捷。既有綜貫百家、『其學不可涯涘』的姚範，又有桐城派『三祖』之一的姚鼐。

第四十二姚湘潭、副使傳論贊曰：『二公之從政，清操感物，才施裕如，要以仁心爲質』，『自湘潭、副使同時名宦，其後兩公子姓成進士者，半由州縣外官起家，以故，姚氏亦往往多循吏焉。』

作爲湘潭之孫的端恪公文然，有這麼一則生活軼事，撰者得之姚氏後裔、其妹夫永樸：

公嘗宴居，諸子侍食，或擲箸微有聲，公徐問曰：『近者汝兄、汝師誦若過乎？』對曰：『未也。』公曰：『噫！汝方日矜，人誰汝誦？小失不箴，終取大戾！今於長者側忽肆如此，忘恭甚矣！過以習增，驕由漸致，小子戒之！』（第八十一）

左氏明成化時，松坡公冒死撾登聞鼓，伏闕籲減蘆課，其俠義流衍，沾溉了光斗兄弟的清直蹇諤，以逮於嘉道間，文儒、吏績時時有聞，君子之澤，五世而未斬。馬氏族丁單弱，且無達官顯秩，然縣人均推其族望。太僕起家，以諍臣立朝。其後裔遂以清白世守。存彝公祖孫三代，禮經傳家。魯陳先生三世喜施，人稱德門。

其四，思考治政。

官宦構成桐城耆舊傳人物數量的第一大類，名卿碩輔作爲治世之才，其出處浮沈與時代政治息息相關，所謂『與世運爲隆替』，明代的瑺禍尤爲顯例。而州縣外吏又是官宦類中的多數，作爲桐城耆舊，他們自然都是循吏，所述均爲善政：第三十八胡參政疏運治泉，事載明史；第六十九戴、劉、楊、錢時值鼎革之後，與民休息；第一百任繁劇，吏能凸顯；第一百二十一方奎炯力持『奪民之所以存活者冒功賞，有死不敢聞命！』第一百二姚興潔經理苗疆近二十年，講武興農，威惠大行；第一百零八李宗傳號『包公斷』，姚柬之負氣敢爲，屢十二方宗誠平交曾國藩、李鴻章，『棗强方令』與『深州游牧』並爲能吏楷模；第一百二十三『新學』拓荒者吳汝綸興辦教育，不憚貴勢。

以實心誠意，注重教化，紓困愛民，則是撰者載述治績、評判循吏始終把握的一條準則：第四十二評姚之騏、姚之蘭『二公之從政，清操感物，才施裕如，要以仁心爲質』。賢吏之功『不在汗馬闢土地者下』（第六十九）。『孟子以仁術言政，此善言也。雖有仁心，無術不濟』（第七十一）。汪志伊自號實夫，

『自起家縣令，不二十年至開府，任封圻，凡所行必本實心』（第九十九）。張聰賢『治以教養、振起士風民俗爲務』，『爲政將以實心，無新奇可動聳人者』；潘光泰坦陳『才誠不逮，恃勤以補之』，『爲治無大小，必竭其誠』（第一百十三）。

其五，研討學術。

明清時期桐城學術文化的繁榮景象，於桐城耆舊傳中有充分反映。兩朝桐人著述，總數達七百二十種之多。就著者論，有專精，有通識，更不乏名聞當代的大家。經學如左德瑋之專治春秋，錢澄之之治易詩，方苞之邃於春秋、『三禮』，吳詢之窮研易學，戴鈞衡之專於尚書。史學如潘江、戴名世、蕭穆。淵博如方以智、姚範。

第六十四撰者評述錢澄之治學，謂：『先生嘗問易章浦，依京房、邵康節説，究極數學。其後兼求義理。其治詩，遵用小序首句，於名物、訓詁、山川、地理尤詳。自謂著易學、詩學成，思所以翊二經者，而得莊周、屈原，乃復著莊屈合詁八卷。蓋先生值末季，故離憂抑鬱，發憤著書，而以莊繼易、以屈繼詩也。』梳理了田間易學、田間詩學的學術路徑、基本内容，以及莊屈合詁的寫作意圖。論贊則將澄之放在時代的大背景下予以認識：『先生負瓌特之材，鬱無所試，以墳典自娱，研經爲文，視先代諸公堂廡大别。望溪少時承其緒論，後遂蔚爲儒宗。當先生衆辱御史，其猶明之遺風哉！而卒以經學文章開啓學派，亦考流别者所宜知也。』

第八十七評述方苞：『先生爲學，一本宋儒程朱之説，以求之遺經，尤究心春秋、「三禮」』，『自少以至篤老，無一日不讀經。其治經，不爲苛細小辨，詳誦本經及傳注，而求其義理於空曲交會之中，篤於倫紀，其立身一依禮經』。『其論文，嚴於義法，非扶道教、裨風化者不苟作。讀其文，知其深於經，有中心惻怛之誠』。具體而且系統。論贊則引曾國藩、鄭杲對於方苞經術和經世之學的分析，庶於方苞學術的理解更臻全面。

第九十六評述姚範：『自經史百家、天文地志、小學訓詁，以逮二氏之説，無不綜貫。操行一準儒先。未嘗撰述，蓄書十萬餘卷，手自勘校。於十三經注疏、史記、漢書、通鑒、文選尤所深嗜，凡墜簡、譌音、乖義，一一是正，朱墨不去手。其談藝尤精深。從子惜抱先生鼐傳其學，顯名天下。』論贊則將相關的幾位學者放在一起，加以細致的比較分析：『編修（姚範）精博，庶子（葉酉）顓篤，兩人交相厚，顧所學異趣。當時望溪先生號專經，其治經多取心裁，不甚資佐證。庶子守師説不移。編修斷斷，時見駁正，亦由漢宋分途也。要之，敦行立節，則三先生固有其大同者，後之學者可觀其通焉。』

類似的比較還有，如第九十八論贊總結道：『桐城自方姚後，學者多喜言文章義法。密之方氏父子號爲淹雅，其傳不盛，然方氏亦不純於經。姚薑塢（按即姚範）爲學務徵實，精讎校，近漢京矣，顧不喜著書。惟吾家二先生（按指馬宗璉及其子瑞辰）篤守師法，兩世傳經，於吾邑學派蓋微別云。』

説到漢宋分途，桐城耆舊傳所載尚不止此：

姚鼐於乾隆二十八年進士及第，先後選庶常、任禮部主事、會試同考官、刑部郎中、四庫館纂修官。『當時已負天下重名，使循資以進，固可翔至卿貳』。而自乾隆中葉，海内魁儒風尚漢學，紀昀作爲書局總纂，『尤喜隱譏宋儒義理之學』，姚鼐『徒以論學不能苟同』而『超然高舉不俟終日』，『告歸之年，甫逾强仕』。從此，歷主鍾山、梅花、紫陽、敬敷書院達四十年。爲生計所迫，年逾八旬仍以授徒爲業，致壽終而未能正寢。姚鼐儘管有家學淵源，却又顯然與其伯父姚範趨向異途（第一百零一）。

至方東樹，『既上秉家學，又師事姚郎中』，『當漢學熾盛，姚郎中獨毅然自守，先生繼起，更昌言排之』。時阮元任兩廣總督，漢學家奉爲宗主。設學海堂，一時名流輻湊。東樹亦爲客其所，然不隨人俯仰，獨發憤著書，成漢學商兑，『反復數千萬言，以正其違謬』。撰者論贊謂：『有江氏漢學師承記，即先生商兑不能無作』，東樹非『寒生謀食，特以譁衆立異』者（第一百一十）。

理學一脉似乎尤其值得注意：

省齋先生何唐耿介辭官，布衣蔬食，而論學日精，徒衆益盛，遂爲鄉里大師，風聲流播，克變俗習（第十三）。

其後有趙釴，『其學以致良知爲宗，適用爲輔』。其子鴻賜『又集多士爲陋巷會戒約，衍新建「良知」之旨』（第二十）。趙鋭受業何門；戴完『論學獨宗新建』，『研窮性命之趣』（第二十一）。胡孝才與王守仁同時，嚴於『義』『利』之辨，與其弟子論曰：『伯安倡教良知，天下從靡，其説主張太過，流弊遂至混儒釋，以格物致知爲贅。天下小人竊之，益肆無忌憚，不可止矣。』（第二十五）

至明善先生方學漸，辟桐川會館，『日與同志講習性善之旨，掊擊空幻，於是有心學宗、性善繹、桐川語諸篇，遠近慕風，競爲社會』（第二十八），桐城講學之風達於鼎盛。

此後，吳應賓著宗一聖論，學究性命，『其學則通儒釋，貫天人，宗一以爲歸』（第三十四）。明善之子大鎮傳業並光大其父之學，『論學以性善爲宗，論治必本君德』（第三十五）。

『桐城自明嘉靖間何省齋倡學，其後方明善繼之，聞風興起者數十輩。延及明季，或歧於釋老，或騖於雜博，或降爲講章之學』（第八十八）。

至清康熙間，孫學顏『兢兢守朱子之遺法，於姚江之學不稍假借』，猛烈抨擊『老佛空虛之邪見，訓詁辭章之末學』，『所謂科舉之學以窮經讀史爲利祿之媒』，終不應科舉，遊歷四方，以講學會友爲事（第八十八）。

乾隆間有馬翮飛，『其學以孝弟爲本，以隨時省察、隨事實踐爲用，深契河南主一之旨』。當時，『講學者争欲易程朱之幟，而府君獨守其學不變；　其後亦有深排「良知」、考據之蔽者，而府君之論又不爲過激』。　主講席於樅陽及蘇州虞山、松陵間，『時吳中士風尚考證，言性理者又頗雜釋氏，府君深戒及門毋誘惑勢利，嘗謂：「君子下學上達。鄙下學之功，高談盡性，此明季儒者之失；　禁上達之事不道，畢世用力訓詁、考訂，此近代儒者之失。」』（第九十八）

方以智作爲宏通賅博的一代宗師，羣經子史而外，『凡天人、禮樂、律數、聲音、文學、書畫、醫藥，下逮琴劍技勇，無不析其旨趣』。三子並能傳其業，『復以淹雅之學世其家』。論贊借汪廷珍語徐璈的話評道：『浮山愚者學博而精，其所著書，實開本朝經師門徑。』撰者的感慨則更能探得其本心：『嗟呼！先生躬豪傑之才，遭逢季運，以佔畢稱，豈其志哉！』（第六十）

齎志以没的，更有戴名世。

名世以文字獄受害者聞名當時及後世。初未知名，即爲潘江所賞識，並傳其學。至『以精制舉業發名』，『天下皆誦其時文』，『方百川、望溪尤心折先生』。『其學長於史，喜考求明季逸事，時時著文以自抒湮鬱，氣逸發不可控御，於是天下又翕然稱其古文』。『先生既負才自喜，睥睨一世，世亦多忌之』，『生平酷慕司馬子長之文，每引以自況。留心先朝文獻，網羅略備，將欲成一家之言，卒莫能遂其志以死』。『余讀其文，悲其有史才而不自韜晦愛重以成其志也』（第八十五）。一唱三嘆，令人扼腕。

蕭穆所纂桐城文徵、桐城耆舊傳狀碑志匯鈔寫目，直接開啓了桐城耆舊傳的編纂。以『桐城』名派，更使得桐城一躍而成爲全國的一個文化重鎮。

往前追溯，明正德間，齊之鸞『天才宏麗，桐城文學推公先導』（第十一）。嘉靖間，能詩者有處士秦吾田。萬曆時，劉允昌頗有文譽，『文辭捷贍，學子承風，自遠而至』（第四十）。崇禎間，蔣而、周岐『激卬論列，摛藻斐然』（第六十一），吴德操『才氣跅弛，與從叔道凝以詩文相矜尚』（第六十二）。錢澄之著詩文集，『卒以經學文章開啓學派』（第六十四）。當明之季，方爾止『以諸生及從子密之皆聲振天下』，『其詩任性靈，雖民謡里諺、涂巷瑣事，皆以入詩』，著畬山詩文集五十卷，『一時，如施愚山、孫豹人、王阮亭諸公，皆盛相欽重』。『其後，方氏以詩名尤著者』兄弟二人，皆辭不就鴻博試：方貞觀『胸次瀟然』，其詩『初近張籍、王建，後浸淫貞元、大歷間。以南山集被累出關，放歸後詩益平淡』，著南堂詩集八卷。方世舉『學博而性疏曠』，『爲詩好自改竄，晚年定稿，少作無一存者，酷耆韓詩』，著春及堂詩集二卷、江關集一卷。『三先生之詩不必同，要其有以自樂，極困阨不悔，則三先生者皆然』（第七十五）。江皋『性喜吟詠，以詩擅聲者二十年』（第七十一）。馬氏以之瑛秫莊集爲最盛，詩近萬首。其後，馬氏詩鈔達七十卷，四千三百多首。

康熙間，潘江『詩法白香山，亦時出入錢劉』；有木崖詩文集正續編六十餘卷（第七十六）。與戴名世同時者，方苞之兄方百川『所爲時文，自其同時以逮没後二百餘年，天下學子皆誦習之』，『百川遺稿，孤懷曠識，邈然有千載之慮』（第八十六）。

『明時，士大夫皆崇風節，嫻吟詠，文罕成家。至我朝方姚之徒出，桐城之文遂極盛矣』（第四十）。方苞官至侍郎，『而海内學者言德行、文章、經術三者，必推先生，故皆稱望溪先生』，曾國藩謂『望溪古文辭爲清二百餘年之冠』（第八十七）。

當方苞倡導古文學之際，『襲參、生甫二先生於侍郎不苟同，然皆能自立』。胡襲參『文詞矜慎，不闌入唐以後語，方劉並時、友善，古藻過兩家，其多不如』，『讀其文，知其行，固不爲世俗之爲』。吴生甫『竣貌孤特，文如其人，劉海峯師事之，與世落落然。同時方侍郎負盛名，先生猶以爲不可意也。其學兼通音律。好遊覽，足迹半天下。文亦奥簡』，尤喜『四書』（第九十一）。

劉大櫆科舉蹭蹬，『窮老荒江之上，遠近慕風相從』，『自海峯居樅陽以詩倡，後起者凡數十輩』。『世傳方侍郎自矜重，不假借後生，然其推挹海峯至矣，姚郎中加服膺焉』。姚鼐曾評道：『今海内言文者必首侍郎。侍郎不爲詩，先生則詩文並至，能熔鑄古人之異體，雄豪奥秘，才調獨出。』『顧世之訾謷之者乃亦多有，武昌張廉卿先生謂其「考據盛而文體碎」」(第九十二)。『桐城古文之傳自望溪侍郎，劉海峯學博繼之』，至姚鼐『而親受文法於學博』，世人始有『桐城宗派』之目。『其論學，以義理、考據、詞章三者不可偏廢，必義理爲質，而後文詞有所附，考據有所歸。一編之內，惟此尤兢兢』(第一百零一)。『海內著籍姚門知名者甚衆』，『士從其遊，率皆文質並茂。其在鄉里，植之、孟涂、石甫三先生最著，因有「小方劉姚」之目』(第一百零二)。

在撰者筆下，其師吳汝綸『刻苦厲學，其好文出天性，周秦古籍、太史公、揚、班、韓、柳，以逮近世姚曾諸家之書，丹黄不去手。其治經，由訓詁以求通文辭』。『吾縣文章之傳，自方姚後，吳先生極其盛，其高潔過海峯，以其經學深，所致力皆周秦書也。而新學亦自先生始』。歐美新學，在吳汝綸看來，『博物格致、機械之用，必取資於彼，得其長乃能共勍者比肩横肱，坐立不俯屈也』，並據此『勤勤導誘後生』(第一百二十三)。

其六，展現形象。

桐城耆舊傳所述人物，上自王侯宰輔，下至平民百姓，他們的活動，客觀上見證了歷史，從不同側面、不同程度上反映出明清兩代社會的方方面面，尤其是亂世末季，即人事便可睹時勢，史學意義更加突出。撰者旨在通過這些鄉邑先正的逸事遺聞以表彰忠孝節義，敦穆鄉風民俗，『賡揚盛美，誘迪方來』。在這數以千計的人物中，不乏個性突出、呼之欲出的鮮活形象：

有燕藩奪統，不肯署表，自沈江流的斷事公方法；
有不避權倖、犯顏敢諫的按察齊之鸞；
有發奸擿伏、剖判如流的參政張一包；
有清直敢言、視死如歸的忠毅公左光斗；
有才施裕如、公忠體國、謹於家禮的端恪公姚文燮；
有精密詳慎、極盡哀榮的文和公張廷玉；
有勤政寬民、卓有治績的敏恪公方觀承；
有革弊除盜、實心任事的尚書汪志伊；
有大言不怍、戮一懲百的『狂生』姚東之；
有負氣慷慨、捍衛海疆的按察姚瑩；
有以勤補拙、竭誠爲治的潘光泰；
有百辱不避、事兄至悌的阮愛雲；
有處囂若寂、履險若夷的左太公；
有放邁不羣、志圖恢復的貴介公子孫臨；
有不慕榮利、躬耕隱居的張湖上；
有以垂白之年往返數萬里以踐行一諾之誠的趙璇；

有喑噁叱咤、勇冠三軍的程學啓；
有傭力養親、負母觀劇的胡其愛以及傭作里中、勤懇事母五十年的江謨；
有以布衣講學、振起風教的方明善；
有冠服置左、白刃置右，辭左受右的方密之；
有大難不死、佯狂曲蘖的陳石舫；
有間關亡命、沈潛經籍的錢田間；
有天才隽妙、博學多識、不就徵辟的潘木崖；
有文譽天下、睥睨一世、湮鬱於邑的戴南山；
有宗守程朱、立志不污、不應科舉、遁世無悶的孫麻山；
有堅守師説、勤學不倦、高介不遇的方植之；
有胸次宏遠、經世致用的方柏堂；
有簡伉脱俗、樂育英才的吴摯父。

四

桐城耆舊傳自其問世迄今，已經走過了整整一個世紀的漫長歲月。撰者從近代邁入現代，其所述明清二代適逢逐步式微的中國封建社會。這數以千計的鄉邑先正，包括了他的先輩乃至師友，也都凝定成爲歷史，表徵着各自特定的時代。科學昌明的今天，我們再來回望這些先人的言行，有人自然不免疑惑甚而至於啞然失笑，但那些載述卻都是信而有徵的存在：

周聘爲父母服喪十有二年，他是鄉里孝子的楷模。身爲達官的姚文燮也因母喪而毀卒——服喪守制那是時代的要求，倫紀之大者。伍良田賣身葬父，計傭三年——那還不是因爲太窮？唐腽刺血寫疏代母死、王晸飲母嘔血治母病、金鬖爲治母病「穴其左腹」而割肝——當然不可能是肝，其情可憫。

陶氏三代涌現出四位節婦，「禮義廉恥之説深入人心，故列縣中以貞孝節烈旌者，多至數千人」（列女第九）。張夫人之言曰：「夫子之死生惟官守，妾之死生惟夫子。」真實地寫照了封建時代婦女的命運，所以此言能成爲「千載之衡」（列女第四）。孫恭人以孤身弱質「教育二子，歷艱苦憂患凡三十八年」（列女第六）。「今之大家」姚清芬閣擬謚述、未亡人微生述，堪稱字字血、聲聲淚。

桐城耆舊傳曾於一九九零年出版了毛伯舟先生的標點注釋本，至今又過去了二十一個年頭，作爲一部重要的地方歷史文獻，很值得加以再版。此次整理，按照安徽古籍叢書的統一體例，採用繁體字中式豎排，不作注釋。底本爲宣統三年刻本，有吳興劉氏嘉業堂藏書印。後歸復旦大學圖書館所有，影印收入續修四庫全書史部傳記類。據載，原書版框高一六九毫米，寬二四二毫米。頁二十行，行二十一字，單魚尾。因爲不存在複雜的版本問題，所以校對主要針對序目與正文間的異同作比較。桐城古文以雅潔爲家法，時過境遷，後學於斷句標點容有未洽處，幸讀者諸君有以教正。

彭君華

二〇一一年五月

桐城耆舊傳序目

余既廣徵載籍，會稡舊聞，述邑先正遺事，自前明以迄近世，爲專篇及坿見者凡九百餘人，略次時先後，成桐城耆舊傳十一卷，坿列女一卷，謹敘其端曰：

烏乎！一代人才之興，其大者乃與世運爲隆替，觀於鄉邑，可知天下，豈不信然哉！蓋當燕藩奪統，吾縣方斷事法，以遐方小臣，不肯署表，自沈江流。厥後，余按察珊、齊按察之鸞，及先太僕，皆以孤忠大節，與世齟齬。陵夷至天啓，左忠毅公乃死於璫禍，而明隨以亡。當是時，鉤黨方急，方密之、錢田閒諸先生，閒關亡命，救死不遑，猶沈潛經籍，纂述鴻編，風會大啓。聖清受命，吾縣人才彬彬，稱極盛矣。方姚之徒出，乃益以古文爲天下宗。自前明崇節義，我朝多研經摛文之士。

吾嘗暇日陟峼峣、投子之巔，望西北，曾巒巨嶺，隱然出雲表，而湖水迤邐，蕩潏於其前。因念姚先生所稱，黄舒之閒，山川奇傑之氣蘊蓄且千年，宜其遏極而大昌。又竊怪今者風流歇絶，何前後曠不承邪？豈不以師友之淵源漸被淪而日薄，士或問其先德，噤不能言，聞見孤陋，不足感發興起之與？

詩曰『維桑與梓，必恭敬止』，蓋言邇也。仰前哲之芳躅，悼末俗之陵替，文獻放失，余甚懼焉。曩者，先伯祖通判公嘗有龍眠識略之輯，遘亂亡佚。郡縣書又率傷宂緐。余維傳記之作，必歸諸馴雅，竊取遷固之遺法，始足賡揚盛美，誘迪方來。因不自揆，箸爲此編。烏乎！吾之述此，第及一縣之地，遠不出數百里外，而上自名卿、碩輔，以逮文儒、忠義之彦，操行不一，要皆特立於一時，而可不泯没於後世者。吾黨之士，苟一闚覽，非其先祖，即其邦之老成宿望。世近已，則欣慕之情切；耳目之所能逮，則疑沮不生。而兩朝之學術風趨、盛衰得失之林，亦略具於此，又欲令異世承學治國，聞者有考焉。

光緒十二年春，馬其昶撰。

卷一　概列名氏，以便檢尋

王勝　黄回甫兄弟、榮六、永　一　黄敏、許友進、朱善、謝佑、韓隆、章綸、江宏濟、邱甯、雷宗、蕭世賢　二　方法　吴名揚、杜萬户、詹大刀、趙景初　三　方懋　子琳、瓘、瑜，玄孫夢暘。金騰高、史仲宏、黄堂　四　檀郁、朱文林、彭寶　五　姚旭　父顯　六　方佑、曾孫效　向　兄璽、舟，子見　七　方印　父琳，弟塘　八　錢如京　父鸞，子元善，孫可久。周京　九

卷二

卷三

卷四

乾、承乾、應乾，孫授　象乾　子幟、戩　三十三〔五〕　吴應賓　子道凝　三十四　方大鎮三十五　吴用先、子日曷、日昶　應琦　子用鈐、用銘　三十六　馬孟禎　文運填諱　三十七　胡瓚三十八　何如寵　子應璜，孫亮功、采　三十九

卷五

劉允昌　遠祖瑩、璽。秦嘉禾，戴乾，錢元鼎，項琳、紹芳，侯珣，曹松，李公麟、公寅、元中，朱載上、翊　四十　左德瑋　父士梓，子鉿、鉞、鋭、鑛，孫旲　四十一　姚之騏、父承虞　之蘭四十二　胡士奇、吴叔度　父仲沔，子季鵾、季鳳　四十三　左光斗四十四　倪應眷　子祚善、元善、嘉善，孫田玉　四十五　葉燦、祖奕，從祖交，再從父維蕃，父應和，子士瑋、士瑛，玄孫謫昌　方大任四十六　方孔炤　齊程、維程、維嶽　四十七　孫繼陛　子隆光。戴君采，鄧士美、元盛、元炤、森秀　四十八　左光先、弟光明，子國鼎、國昌、國治　汪國士、父世澄，子鶴齡、啓齡　吴國琦、子宏安　璩伯崑　子宣、宋　四十九　孫晉　父鼎祚，兄頤，子中麟、中象、中夔、中夏　五十　光時亨　子廷瑞，孫標，曾孫成采　五十一

卷六

張秉文　子克倬、克仔、佑　五十二　阮之鈿　曾孫爲光　五十三　夏統春　兄承春、偕春，子鼎。吴國瓚　五十四　孫臨　子中礎、中岳，曾孫建勳，玄孫顏，來孫起峘　五十五　胡如珵、僕胡央　馬懋功、胡縝、弟繹、納　左德球、子旗，僕侯氏　曹維周五十六　周日耀、方承萱、姚孫極、父之章　姚孫林、陳力、王夷

孫敷　周大璋　祖天鳳，族人芬斗、芬佩、大槐〔九〕、捷音〔一〇〕、卜政　七十三　方中通、　兄中德，弟中履，子正瑧、正珠、正琇、正璆，從子正璂、正瓀、正玢、正瑗，從孫張盤、張登，從曾孫賜豪〔一一〕　張裕葉、　余熙　葉棠　鄭福照　七十四　方爾止、貞觀、世舉　曾祖拱乾，從祖元成、亨咸、育盛、膏茂、章鉞、奕箴，族弟世儁，族子保升　七十五　潘江　子仁標、仁樹，孫義炳。祝祺、李雅、李春、何永紹　七十六　張載　子廷珠　七十七　張度、李甍、陸振　吳犖　張世禄　七十八

卷八

張英　子廷瓚、廷璐，孫若潭、若霍、若齊，曾孫元宰〔一二〕　七十九　馬教思、　兄敬思、孝思、繼融，弟日思，從子鳳翥，族兄弟書思，族子元文　樸臣　父靈，弟蘇臣。江有龍，姚孫枝、焜，方辛元　八十　姚士基　兄士暨〔一三〕、士堂、士堅，弟士塾〔一四〕，子孔鐏，從子銳、孔鏞、鈐，從孫淮　八十一　張芑　祖士絅，父秉哲，子廷慶、廷珩、廷球、廷琬、廷璇，從子有孚，從孫桐　八十二　張廷玉、　子若靄〔一五〕、　弟若澄，子曾效，孫元弼，曾孫康伯，玄孫紹華，從孫元偉　若渟　子曾誼　八十三　張廷瓚、　子若需　廷璐、廷瑑、　子若泌、若渠，孫翻〔一六〕　若震　弟若需，從孫曾敞，曾敷　八十四　戴名世　父碩　八十五　方舟、　弟林，子道希、道永　劉捷〔一七〕兄輝祖　八十六　方苞　子道章、道興，來孫恩露　八十七　孫學顏　方日新、胡國鈇、胡田，孫雲錦　八十八　方式濟、　曾祖仲嘉，祖兆及，父登嶧　汪以岱　八十九　左藻、　父之誼，孫行健　馬源、　父方思，弟潛　趙館、余扶上、楊廷驤、子霞舉。嚴紳　陳紀　九十

卷九

胡宗緒、許雨田、都蔚、胡晟、高華 吳直 張尹、吳自高、張輔贇 九十一 劉大櫆、曾祖日燿，祖甡，父柱，兄大賓，孫符琢 王灼、子貫之 朱雅、曾祖世弼，祖璣，父桂芬。汪鍾，吳巨珩、巨琇，童先登 張敏求、族父水容〔一八〕，族子鵠〔一九〕。陳家勉，吳中蘭、中芝，嚴青，疏枝春、枚、筤，許節、宗寅 倪之鐠 桂歆，榮芳、長春、鸞，房立誠，石文成，崔巖〔二〇〕 九十二 方觀承、兄觀永 維甸〔二一〕、子傳穆、傳植 受疇〔二二〕 父觀本 九十三 張若瀛 高祖士纁，曾祖秉貞，祖茂稷，父廷琇，兄若溎，子鴻恩。方湄，吳鋼，黃良棟、安泰，吳逢聖 九十四 方浩、高祖畿，祖曾祜，父元履，從父元醴，族父求義 許邁、父德，子璜，孫丙椿，曾孫奉恩，族人曾裕 方懷萱 九十五 姚範、子義輪、登、斟玄〔二三〕，孫憲。方輔讀、相褒，張元輅 葉酉 曾祖組，祖愈植，父瓏，孫馥。章守待 九十六 張純、父永錫，子颿〔二四〕。吳鏐 吳甌玉、子搃桂，孫逢盛。陳禹臣，嚴宫方、診、大勳、統、瑾、大鵬、顥、以恬 吳鼇 九十七 馬翮飛、父鳴鸑，弟占鼇、鵬飛，從子鼎梅。陳啓佑 春生〔二五〕 弟春田，從孫肇元。文運塡諱 九十八 汪志伊〔二六〕 父時芬，子正修、正榮，孫鎮光，從孫錚，從曾孫先烺 九十九 姚興潔、姚菜、曾祖士至，子覲閭 章攀桂 百

卷十

姚鼐 祖孔鋏，父淑，子景衡、師古、執雉，曾孫聲 百一 許鯉躍、子鴻枚 胡虔、父承澤 左朝第、族子眉。胡方朔 劉開、子繼。吳士鼐 張聰咸 章甫 百二 馬宗璉、曾祖棠臣，祖澤，父嗣綽 瑞辰〔二七〕 子建勳、

星曙，孫登瀛百三　吴詢子杭、向晨。張贊，王化，方于濟，楊嘉、椿年百四　唐朏、子衢，族人維純　胡其愛、疏自悦、從子昌會，從孫純生　王叚、鄭連、江謨百五　趙瓏都起豐百六　姚元之、父原綬。史培，方諸、葆馨　光聰諧、祖策，父復，弟朝魁、聰誠，從子熙　徐璈遠祖良佐，父之柱，兄眉。方于穀、吴希庸、方林昌百七　李宗傳、族父僊枝，子景枚　姚東之子世恩百八　姚瑩、父騤　濬昌〔二八〕百九　方東樹曾祖澤，父績，孫龍光　百十　吴廷煇、祖隆驚，世父貽誠〔二九〕，兄賡枚，弟雲驤，從子孫珽，族人廷康　吴元甲高祖大陞，曾祖苾，子汝繩。胡笴，楊鼎元、澄鑒　百十一　趙玉、朱杰　馬伯樂族父維璜　百十二　張聰賢、子延齡、佳齡，族兄鈞。胡枝蕙、龍鯉門、謝益、楊瑛昶、徐焜　潘光泰祖洵，父鴻寶　百十三

卷十一

徐豐玉　曾祖樾，祖映瓏，父鏞，子宗亮。吴沖謨　百十四　葉球、兄琚，弟瓖，五世祖紳，高祖芳林，曾祖景懷，伯曾祖閎、濬、宏觀，祖行朝袞、朝宸，父行灼，再從子溎，族孫毓桐　鄧爾昌、董瀓鏡百十五　戴鈞衡文漢光、江有蘭、童德布〔三〇〕、劉宅俊　百十六　蘇惇元、遠祖紹眉，子求莊、求敬。張承華、姚思贊　許鼎、父懋昭。甘紹盤　朱道文、趙獻　方濳張傳詒、馬昌縈　百十七　馬樹華、樹章、子　起升文運填諱　百十八　馬三俊、張勳　復震百十九〔三一〕　程學啓百二十　方奎炯、方錫慶、父秬森。李玉書、世虬　金達百二十一　方宗誠高祖孟畯，曾祖源，祖護，父松〔三二〕。方昌翰　百二十二　吴汝綸、蕭穆百二十三

卷十二列女坿

陶鏞妻鍾氏，陶繼妻方氏，陶亮妻王氏、妾吴氏，吴仲淇妻楊氏，李棟妻張氏，高文學妻王氏，吴道震妻姚氏，錢澄之妻方氏一　方法女二　方子復妻盛氏三　張秉文妻方氏四　姚孫棨妻方氏五　孫臨妻方氏六　姚孫棐妻倪氏七　張英妻姚氏八　馬方思妻姚氏九〔三三〕　胡彌彈妻潘氏十〔三四〕　蔣然妻朱氏、戴聖哲妻方氏、周秉源妻王氏、章大椿妻錢氏、蔣廣妻伍氏十一〔三五〕　戴鈞衡妻李氏、妾劉氏十二　馬其昶母張氏十三

其昶少有志鄉邦文獻，及居先母憂，祥禫後始從事於此。發前所集，采傳記、公私譜牒盈篋笥。編次粗成，榮成孫佩蘭葆田、豐城毛實君慶蕃見而好之。自後，肄業經史，遂久東高閣。曾一出視徐椒岑丈，陳静潭，姚仲實、叔節兄弟，及還安鄭東父杲、番禺梁星海鼎芬。凡此諸君，咸有匡益。又嘗思就正吴摯甫、蕭敬孚二先生，未果。今年，館中多暇，乃鋭意取前稿重修之，更益所未備。自六月朔定爲常課，每日改製二三篇，七旬成書。計初草創至今逾歲廿，海内知舊會晤未期，而東父物故已久，吴、徐、蕭之傳儼然在録，因益以追念吾親，顧瞻身世，彌增悽慨也。

光緒三十三年秋八月乙丑，其昶記。

曩吾爲此傳，用阮文達公擬國史儒林傳例，采掇舊文，悉注所出。嘗侍吴先生，語及之，先生曰：『此百衲衣也，寧復有佳文乎？且所貴立言君子者，爲其有鑑裁孤識，安見出於人者之必可徵？今方欲傳信後世，奈何先不自信也？夫箸述者之行遠與否，亦視其文好醜耳。徇俗以敗吾意，無爲也。』自是，遂翻然改圖，事皆有徵，詞必己出，猶以成書期迫刊落未盡爲憾。逾年，重編目次，追憶前語，書此以諗同志。

戊申春三月既望，其昶又記。

校記

〔一〕紹奇　正文表述爲『從孫』。

〔二〕鴻賜　據例，其上應注『子』。

〔三〕自嵩　據例，其上應注『從子』。

〔四〕據正文，克儼爲秉彝長子，爲士維之孫；士維長子爲秉文。又序目中來孫裕犖，與正文克儼曾孫裕犖，張杰玄孫裕葉，輩份舛謬，無從理清。

〔五〕象乾　據例，其上應注『子』。

〔六〕正文列六十二。『周岐』，正文作『周歧』。

〔七〕正文列六十一。

〔八〕德輔　正文作『德慧』。

〔九〕大槐　正文作『大魁』。

〔一〇〕捷音　正文作『捷英』。

〔一一〕據例，諸方名均應作大字。

〔一二〕曾孫　應爲玄孫。

〔一三〕士暨　宜從正文作『士塈』

〔一四〕士塾　據例，宜作大字與士基並列，其子鈴。

〔一五〕若靄　據例，應作大字。

〔一六〕孫誧　據例，宜補『曾勷』，爲誧兄。

〔一七〕據例，宜補『祖若宰，父璜』。

〔一八〕族父　據正文，應爲族祖。

〔一九〕族子　據正文，應爲族父。

〔二〇〕崔巖　正文列石文成之前。

〔二一〕維甸　據例，其上應注『子』。

〔二二〕受疇　據例，其上應注『從子』。

〔二三〕斟玄　正文作『斟元』。

〔二四〕子飋　據例，飋爲孫。

〔二五〕春生　據例，其上應注「子」。

〔二六〕據例，宜補「祖以岱」。

〔二七〕瑞辰　據例，其上應注「子」。

〔二八〕據例，宜補「子永楷、永樸、永概」。

〔二九〕據例，宜補「父貽詠」。

〔三〇〕童德布　正文中未見。

〔三一〕復震　據例，其上應注「子」。

〔三二〕據例，宜補「子守彝、守敦」。

〔三三〕正文列第十。

〔三四〕正文列第十一。

〔三五〕正文列第九，「蔣然」作「錢然」，「蔣廣」作「蔣廣居」。

桐城耆舊傳卷一

王太原侯傳弟一

侯，王氏，諱勝，字均德。少驍武喜兵法，膽略過人。元至正閒，聞明太祖起兵，自和州渡江，即領千人歸之。從戰有功，太祖用爲右副元帥。

至正二十一年，攻敗陳友諒，取江州，賜金帶一、良馬一，敕守江州。明年四月，友諒大舉兵，圍豫章，號六十萬，軍勢甚盛。太祖與劉基謀，欲火攻之，先募死士詐降，爲内應。侯應募。太祖謂此行恐不生還，侯曰：『應死募，豈有生心乎！』遂與樞密院同知丁普郎等三十五人降友諒。夜縱火焚其營，大軍乘火奮擊，大破之。諸降者皆燼。太祖既滅友諒，命立廟康郎山，祀死事三十五人，侯位弟三，贈懷遠大將軍、太原郡侯，賜養馬圩於本邑白兔河。子幼，襲其兄子四代指揮。

侯同時有黄榮六者，亦勇士也。

初，元末黄回甫、懿甫、勝甫兄弟避徐壽輝亂，遷桐城。是時，盜賊羣起，桐城挂車河盜首曰吴貴，寇鈔劫殺，居民患苦之，所在結堡自固。於是，黄氏亦集衆築城蔣家山南。榮六者，其諸孫行也，胄盛斗粟，尤壯健，因以名城，謂之六城黄。遠近不能自存者，皆依附之。明太祖既克安慶，舉宗迎謁，賜爵不受而歸。

靖難兵起，榮六孫永從北定燕京，拜明威將軍，調南京羽林衛指揮，子孫襲職。

馬其昶曰：王澤爲余言，其宗祠舊藏侯戰袍一、劍一。袍絶長，祭時則使子弟一人立几上，乃可勝。今袍毁，其劍存，蓋長三尺許云。又謂長老傳言，侯詐降時斷一臂乃行，用袍裹臂歸。余謂臂斷則廢矣，鄱陽之役，縱火夜焚營，必無先斷臂事，故不載。自古一王之興，恒有蹈死不顧生之徒，以佐成其烈。嗚呼！如侯之言，亦壯矣哉！

黄許朱謝韓章江邱雷蕭傳弟二

黄副使諱敏，字宗學，不知其始所由起。

洪武閒官兵部員外，以忤旨左遷上林監丞，轉長蘆鹽運副使，坐事謫戍興州。兵部尚書方賓等交章奏敏才識通卓，復擢工部員外，終廣西按察副使。

永樂間，許侍御諱友進，諸生，貢成均，官侍御史，以忤中人罷歸。

朱大理諱善，字敦夫，拔貢生，廷試第一，授推官，擢主事，外任鶴慶同知，民立生祠，遷大理府。家故貧，服官二十載，田宅無一增。

其後，仁宗、宣宗朝，諸仕者名績皆所不悉。

至正統元年，謝公諱佑，字廷佐，成進士。四年，以監察御史出鎮大名，練兵保境，爲京師聲援。至則修城堞，造器械，撫流移，百度振舉，民隱然安業。畿輔志紀之。累遷山西布政使，致仕歸。卒時，母服未除，顧言：『衰絰爲斂，以終吾喪。』公少孤貧，嘗讀書牛背，母鞠之成立，故至死不忘親也。

其在景泰時，入福建省志名宦傳者，韓公諱隆，字德崇。時初置永安縣，公以國子生任知縣，凡城池、壇壝、公署，皆成其手。秩滿，士民丐留，至十二年以官卒。

入山西省志名宦傳者，章公諱綸，正統十年進士，以給事中謫應州判，擢本州。性明達，治無留牘。歷官至參政。

其在成化時，有江公諱宏濟，字本深，以進士知清豐縣，治行卓異，拜監察御史。按長蘆鹽法，風裁懔然。入畿輔名宦傳。

蓋自正統以來，吾縣賢公卿大夫接迹並出，不可勝數矣。其事詳可紀者別爲篇，今復彙記於此：

邱公諱甯，字士安，天順時以貢士爲鎮南衛經歷。桐城黃公、白陽二山舊產礬，後盡，歲賦礬二萬有奇，民市礬他郡以償。公爲具奏免賦，縣人德之。

而弘治、正德閒，有雷侍御、蕭副使者，皆著聲當時。其卒，皆祀鄉賢。

侍御雷公，諱宗，字希曾，弘治十五年進士。由汝陽縣知縣擢四川道監察御史。正德時，奉監諸軍征霸川劇賊，振肅風紀。尋爲忌者所中，謫瀏陽典史，轉知崞縣。甫至，即告歸，屏居二十餘年，貞志甘貧，士論推重之。年八十四卒。

副使蕭公，諱世賢，弘治十八年進士，授南京刑部主事。治宸濠獄，多所平反，擢嘉興知府。慕前守楊公之賢，揭其行事於堂，視爲師資。以治行弟一，遷湖廣副使，道卒，囊無餘金，以故服斂。入浙江名宦傳，然亦不能言其詳。自謝布政以下入方志者皆然。

馬其昶曰：文獻之繫於世也，豈不大哉！其人之行能節概同，而顯晦異致者，皆職此之由。

方斷事傳弟三

方公諱法，字伯通。

其先自休甯遷池口，宋末有德益公者徙桐城，至公五世矣。

公生之歲爲洪武元年，逾歲而孤。時天下初定，人競戎馬，母程氏紡績，資公使學，務以儒術亢宗，治尚書。事母甚謹，里黨稱其孝。英傑負氣，聞朝廷利害輒自激發。

建文元年，鄉試中式，天台方正學先生典試事，以『託孤寄命，大節不奪』命題。公既受知正學，歷政臺寺，授四川都指揮使司斷事，執法不撓。無何，正學死建文之難。成祖即位，爲永樂元年，諸藩表賀登極，公當署名，不肯署，投筆出。俄，詔逮諸藩不附者，公與逮，登舟，飭家人曰：『至安慶告我。』行次望江，人曰：『此安慶境也。』公瞻望再拜，慨然賦詩二章，曰：『得望吾先人鄉可矣！』遂沈江死。詈尸不獲，夫人鄭氏收其餘髮爪甲於巾笥，守義四十年卒，遺命納公髮爪懷中斂而葬。

公祀鄉賢祠，子懋自有傳。

馬其昶曰：悲哉，靖難之事！正學不肯草詔，赤十族；公以小臣亦不肯署表，死。大節不奪，殆無愧哉！

先是，吾縣人有架閣吳公者，諱名揚，字叔瞻。宋德祐元年，文信國起兵江西，公參畫軍事。嘗率巨室備軍需，辭氣激烈，傾動一時，見鄧光薦續宋書。光薦亦信國幕僚也。吳氏家廟藏信國手札三，皆言糧糴事，後遺失。其族裔乞翁侍郎方綱摹刻之，士大夫多題詠焉。宋亡，公杜門屏迹，元御史程鉅夫薦之，不起，人亦謂其無慙信國。

其後八十四年，又有杜萬户事。

杜萬户者，元將也，佚其名。從余忠宣公守安慶。陳友諒既攻陷安慶，忠宣死節，妻蔣氏、子德臣皆死。妾滿堂氏生子淵，甫周歲，棄水濱。杜見呼而救之，曰：『此余參政子，義種也。』悉捐所攜物，挾淵去，之太湖。至淵孫貞四，來遷縣北洪濤山，姓王氏，廟祀參政爲始祖，兼祀杜。康熙五十三年，懷寧令張懋誠至縣振災，得其實，因詳復本姓。明年，學使余正健設立忠臣廟，奉祀生員二人。又二年，學使林之濬增一人。俱知府張楷詳請。忠宣故合肥人，其遺胤不絶，至今爲桐城人，自杜萬户也。杜萬户可謂能立孤矣！

其後二百八十八年，又有詹大刀事。

詹有勇力，善大刀，人以號之，遂佚其名字。閣部史公督師揚州，選充左右親校。乙酉四月，大兵攻揚州，閣部知城將不守，袒臂，令詹以濃墨書已姓名於背。書畢，裹甲上馬，詹持大刀隨之南行。未十里，猝遇游騎，被刃墜馬，馬亦仆。詹掖起，趣易馬以行，閣部曰：『余非亡命，蓋欲留其身，效文丞相，圖集義旅耳。今左股廢，尚奚能爲？』因急揮詹去：『毋俱死，汝家有老母！』俄而騎兵至，詹伏匿道旁深林。良久，兵退，出，見平沙血迹淋漓，知閣部已死，因徘徊悲泣，間道歸里。

後以征西大將聞其名，徵之，急逃入山不出。每與人談揚州被圍事輒淚，尤痛閣部命其書背，竟莫能得其屍也。明史言閣部自刎不殊，被執以死，此所傳差異。而朱滄見聞小記記此甚詳。先伯祖可久處齋集有書詹大刀事，余故類載之。

吳詹皆無成功，而杜獨能存余氏孤於桐城者，家國難易之勢殊也。

其以異縣來寄籍者，又有明太子太保、都察院左都御史趙公景初，山東青城人。弘治初，劉吉忌之，貶官北峽關巡檢，卒葬關鎮後山，夫人劉氏祔焉。吉敗，追謚忠毅。明史不言其事，今忠毅祠猶存。子孫有留桐城守其祠墓者，遂著籍爲縣人。桐城山脉踰北峽，起洪濤，故余氏、趙氏多居洪濤山側。

方自勉公傳弟四

方公諱懋，字自勉，斷事長子。

當永、洪、宣、正之際，與金騰高、史仲宏以意氣爲昆弟交。騰高字上達，邑大饑，悉出所積穀三千餘石振其鄰里，曰：『所貴好義者，補天地不足也，豈其乘歲祲而自爲利乎？』騰高既輕財急義，仲宏善相宮宅地形，精算術，智譎絶人。而公孝友，英特有大略。三人者，皆以布衣任俠聞一方。

父斷事死節，公年十五矣。世父頗利其産，悉以讓世父，自築茅，居母及弟。世父猶時時移怒，嘗誣抵以罪，就獄不辯。有司更以爲孝，出之。甫出獄，而脱世父女於厄。由是，世父感悟。公治生勤，家益起，訓諸子厲學。里閈訟争，皆走求直。以多子，更廓所居，搆斷事坊，閎麗甲一邑。時騰高亦治室東郭，同日落成。兩家羊酒交相慶，邑人觀者填巷。然騰高、仲宏嘗自以子不才，而羡自勉五子有『五龍』之目。仲宏得吉地，欲授騰高，至其家不言。出，過自勉，曰：『君後嗣必庶，富且貴，請以地授子。』曰：『何也？』曰：『及君門，聞兒聲，此庶徵也；既入，聞紡績聲，此富徵也；既坐，聞書聲，此貴徵也。吾過金氏，金氏子方與客博，誰能違天而福之？』地當龍眠口，號月山，果吉壤。

方氏宋元閒自池口徙桐城，六世至公，有五子：長廷獻，諱琳，稱中一房；次廷瑞，二房；廷輔，三房；廷實，四房；弟五子廷璋，稱六房。廷輔諱佑，成進士。廷璋諱瓘，舉於鄉。於是，都諫王瑞題其門曰『桂林』，而方氏之族乃大。

廷實諱瑜，務農殖。或問：『貴介猶親稼乎？』曰：『吾之耕猶仲之學，安得藉人資，怠己事？』及兄佑以争邊民不當死，廷杖謫攸縣，不能治装，乃資其裝。久之，幼子向亦以進士官給事中，劾中貴，謫多羅驛，乃拊其背曰：『行矣，勉之！薄田尸饔，吾甘之矣。』

家居湖上，濱湖民往漁，或請禁之，曰：『天設此湖，寧爲一瑜斗酒？』居恆不紈綺，不輿蓋，樵者至與爭道。或以爲言，曰：『徒行，樵弗避；輿行，鄉里姻戚將走避。奈何以躬耕老叟傲鄉鄰也？』

晚稱退菴主人，日取朱子小學課諸孫。卒年七十八。

佑向皆自有傳。

廷璋曾孫夢暘，字子旦，生時母夢朝陽照室，因以名。友人阮應薦喪妻，一襁褓子，攜歸乳之。家饒財，焚券累千金。有盜胠篋，已而邏者獲盜，呼驗所失，曰：『我不顧墮甑。』性易直，善談譃，好客，擊肥烹鮮，命酒甚歡。爲諸生，漢川張甑山勸之仕，且解帶遺之曰：『請爲君易儒服。』乃謁選，得南安丞。常市家租佐祿，祀鄉賢。南安孫大美自有傳。

仲宏諱自成，號克經，以字行，晚更號行窩。少傳外舅黃回甫葬術。『回甫阡，韭菜園』，人笑之，後遂發祥，所謂『韭菜園黄』者也。仲宏治其術益精，其所取或人所忽棄，不私於家，曰：『天與吾目，以報善人，敢自私乎？』自是，言相墓者多託仲宏，縣中人人慎葬，由此起也。

仲宏子堂，景泰四年舉人，官鹿邑令，仕籍從外家姓，曰黄堂，其族譜曰史黄堂。

馬其昶曰：余聞方氏先以貲雄，其三世曰士源，歲饑，發家穀以振，計口授食。有再三詐領者，怒削其眉。倪氏子因夜往殺之，家人多被害，里人爲槀葬宅後園中。其後，弘治閒，諸生方惟諧丁祭監宰，屠人倪氏子奸其職，惟諧格殺之。有司重祭法，不問。子孫至今仍讎倪，不通姻焉。爲善而得禍，其後嗣寖昌，天道信不誣乎！然使不有自勉諸公之積累，即又安能歷久不替者乎？

檀朱彭三孝子傳弟五

檀孝子諱郁，字道清。少孤貧，母汪氏守節。孝子言動兢兢，恐有失行辱其先。凡母服食所需，必勤苦躬致之。母疾，晝夜侍疾，甚則虔禱，願以身代母也。母殁，貧不克葬，鄰里憐之，爲買山。山多石，不可穴，孝子悲泣自責。一夕，鄰人胡伯恭夢神語曰：『檀孝子有穴湧泉。』走告孝子，孝子莫喻。醫士程伊聞之曰：『意者山之麓乎？湧泉穴當足心。』求之，果得窔。孝子廬其側三年，常如初喪。山素無泉，每食輒下山取水，水艱。後忽有泉自石罅出，流於坎，色瑩而味甘，孝子資之得免下汲，至終喪，泉竭。始，孝子之居廬也，人念其貧，饋之食，孝子受之，免死而已。

正統十二年，知縣李寬以狀聞，詔旌其門，復其身。

孝子作家訓七十章，諭子職二十五，餘皆言修身正家事，終於事君。

孝子卒，亦葬母墓側，祀鄉賢。今投子山西有檀孝子墓塔。

朱孝子諱文林。

六歲喪父。家貧，以櫛髮爲業，竭力養母。母病思魚，市無魚，孝子投竿即得。有姊寡且盲，母念之，孝子迎姊歸，與母共寢處，姊遂終於家。母病篤，刲乳下肉一臠，密丸以進，母食之愈。

久之，母年八十五卒。孝子廬墓側，依樹結苫，無户牖，每風雨輒繞墓泣，聞者悽惋。山深林密，豺虎閒來，不爲害也。鄉人感動，饋壺飧者相繼。邑薦紳先生並爲文拜祭其母，孝子樸訥不知所爲，唯稽顙呼號而已。是時，孝子年且老，尚未有字，趙鈞州始字之曰士先。後竟以毁卒於墓所。

彭孝子諱寶，字惟善。

邑諸生，善事父母。父性嚴，母尤加嚴，每交怒，求解不得，則涕泣叩頭，必得解乃起。一日，大雪，父怒其母，孝子懼，乃跪寢門外。及旦啓户，見孝子猶跼踖雪中，父遂感悟曰：『吾偶醉耳。』孝子即起拜謝，以示其體康也。

妻胡氏事姑不敬，欲去之。戚黨爲解，不聽。母曰：『婦善事我，何得爾？』孝子乃跽受教。退謂妻曰：『妻者齊也，而事親不我齊乎？』妻感泣，卒以婦道稱。

當是時，何省齋先生爲儒宗，孝子師事之，務以實勝。條其規十端，曰：『寶，日省此十者。』立稽過録，一行一念失必書，月朔正席自數曰：『奈何過不改？』作慶五圖，以爲：『達道始父母，終天王。天生萬物，惟人具之，可勿自慶乎？』因以『慶』名軒。

孝子學日進，然故拙於文。督學試文，當黜，郡邑諸生環進，乞優容孝德。太守羅公爲言使者，得不黜，仍表之曰『彰善』。後每試更得優等。逾四十，孝養不倦。由是，父母雖嚴善怒，然亦寢愉説矣。

父殁，治喪一準朱子家禮。逾年病，以事母屬其子曰：『以喪死，當衰絰斂。』遂卒。

馬其昶曰：吾縣明以來，孝義自檀孝子始旌於朝，宜哉！其後有朱孝子。閒嘉靖末議舉鄉賢，諸生以何省齋及彭慶軒請，不行。久之，省齋卒得祀，慶軒不與，第與朱士先表於部使者，祔祀檀孝子祠，號『三孝子』。今檀祠已燬，後有重修是祠者，二子之祀所宜復也。

姚參政傳弟六

姚公諱旭，字景暘，號菊泉。

景泰二年進士，授刑科給事中。以上書訟于忠肅公冤，忤權貴。會御史某朝班坐給事中上，公復疏論，因左遷鄭州判官。已而，朝論皆是公議，卒定坐次，科居道上。公在鄭州有惠愛，秩滿去任，民遮道不得行，賦詩慰之而去。

成化初，用大臣薦，除南安知府，以教化爲先。郡學有宋理宗題道源書院額，構石亭覆之，益新其廊廡。選諸生，廩餼之，使就學。山水暴漲，城傾圮。出公帑餘金甃其城，水患永絕。明年夏枯旱，禱請立應，澍雨霑足。是歲有秋，野産嘉禾一稃二米，士大夫競歌詠焉。

擢雲南布政使司右參政。武暢蠻夷結土寇爲亂，公行至關索嶺，以聞。敕公及三司會指揮進剿，平之，威惠大著。

尋乞骸歸，年七十八卒，祀鄉賢及南安名宦。

初，元季姚氏勝三公自餘姚來遷，居大有鄉之麻溪，爲麻溪姚。四傳諱顯者，公父也。有盛德，能急人患難，治家甚整，鄉里效法。聞善言，必令子弟籍而行之。少年酗酒者，遥望之輒避匿。嘗夜得盜，縱之。或曰：『何以儆後？』曰：『彼迫饑寒爲此，一被官刑，不可爲人矣。』家素封，讓腴産其弟，時人義之。及生公而慧，撫之曰：『此子必興吾宗！』後果如言。

馬其昶曰：姚氏之族，至參政始大，有循良之譽，名哲繼踵，遂爲世家。吾聞公致仕歸，授諸子田止數畝，亦可謂不爲後嗣計留者矣。爲善之報，信而有徵，觀贈公之言，若操券然。

方桂林瓊州傳弟七

方公諱佑，字廷輔，斷事孫也。

少爲文多奇氣，志行亦如之。舉應天試還，至郊，感親殁，慟哭墜馬。天順元年進士，拜監察御史。風裁嚴峻，朝有大議，臺長必曰：『方御史謂何？』撫河間，以法裁錦衣官校，巡鹽兩浙，有柄臣招飲，謝不往。至則絶請謁，釐宿弊，銜者日衆，上賜璽書褒之。再按廣西，苗賊窺桂林，城守急，公下令：『大軍旦夕至，吏民妄動者斬！』悉城中民授甲，出南門，入東門，更服循環數四。苗錯愕，遁去。因上書陳弭亂之術，論劾撫臣，不檢者罷去。毁淫祠，以其材葺貢署。自靖江王以下皆飭左右：『謹避方御史！』

成化初還朝，會論囚，有邊民陷敵逃歸，坐俘當死，詔偕中貴人視刑。公廉其情，停刑，草封事。中貴人不可，争之强。中貴人怒，愬於上。時銜者柄用，乃詔衛士捽公於廷，杖三十，謫攸縣。

攸俗嚚獷，召父老講律令，宣朝廷德意。設奇擒劇盗石長子，斬之。乃編民爲甲伍，居相糾察，寇至相援救，羣盗解散。攸税重，吏緣爲姦，因罷吏，期民自輸。數年逋税，旬月遂登。暇乃新學宫，進諸生，講詩書大誼。常禄不足給，兄廷獻每發家財佐之。考績弟一，吏部長官勞之曰：『君治民良苦，行召君矣。』以銜者衆，復命之攸。巡撫吴公琛榜所行，下諸縣爲式。臺使交薦，而銜者不悦，乃推桂林守，以桂林舊按地，抑之也。臨桂縣常賦外，月徵錢九萬供上官，公白罷之。居八月，致政歸。結室萬松閒，閭里視爲儀表。

卒，祀鄉賢。

曾孫效，字去病，嘉靖中舉人，能詩，有清望。

瓊州公諱向，字與義，别號一菴。桂林從子也。成化十七年進士，至瓊州知府。以官給舍有名，故海内稱方給舍。初，授南京户科給事中。是時，權貴怙寵，巨璫陳祖生守備南京，尤跋扈。弘治中，西安門災，雷震孝陵柏及洪武門鴟吻。公因上疏，劾祖生暨在位數十人，以謂：『南京，國家根本地，天怒薦加，變有所自。祖生擅作威福，漁獵軍民；而諸臣持禄阿附，無忠直節。乞賜黜罰，回天變。』上爲黜三人，敕戒祖生。由是羣閹側目。會主事盧錦牧羊湖隙地，公嘗莅湖視册，祖生因劾錦及公，並下獄。錦上書曰：『此自臣錦罪，方向不知也。』詔復職。自乞骸骨，不許。踰年，御史孫紘劾中侍郭鏞奉使過南京，宴後湖中，非法。祖生乃使其黨訴上曰：『紘爲錦報復耳。陛下重湖禁，奈何輕縱向邪？』乃復追逮公，使中侍會大臣鞫之。御史劉遜奏：『列祖以來，無奄人鞫言官者。』不報。獄上，謫多羅驛丞。冢宰王公恕疏争不得，司徒李公敏率諸臣争之，省臺又争之，俱不報，朝論囂然不平，而公聲動天下矣。公長身岳立，器宇宏廓，視利若浼，視官若芥，一無所撓屈也。多羅在西南萬里外，即日就道。既至，署三泊縣事，均賦興學，夷僰向化。母憂服闋，以薦授資陽尹。簿書叢委，疏決一空。置律於庭，擬罪輕重，縱囚自閱之，吏不得藏巧。巡撫韓公文奇賞其才，屬決他郡疑獄，平反數十。外艱歸，民立碑紀德。再起，擢知湖廣安陸州。中貴祀太和，取道安陸，無敢譁。時興獻王新之國，戒其下：『慎勿干方給舍！我猶貸汝，彼不汝貸也。』撫按薦之，銓部三擬僉臬，竟抑不行，移守瓊州。興獻王上言：『知州向政績卓異，乞增秩，留鎮本州。』朝議以黎難初平，需賢守，而優詔答王曰：『俟瓊州報政，即加擢用。』蓋遠之也。公治瓊州，易剛爲柔，召其酋長，諭以威福，禮耆舊，興文學。酋苻南越兄弟訐奏累年，望風請謁。因貸其罪，和解之而去。大學士梁公儲有子，家居横甚。公詒書諫諷，梁公引謝。人兩賢之。

入覲，道病，至都卒，祀鄉賢及安陸名宦。

子見，字惟素，有逸才，詩名藉甚，箸南淙稿。玄孫大任，自有傳。

初，公釋褐，封公訓之曰：『惟爾仲父家法在。』故公宦數十年，不營田宅。瓊有珠池，置不問。封公諱瑜，三子皆賢。長曰璽，字與節；次曰舟，字與濟；次即公。與濟子曰克，亦以直節著稱。

馬其昶曰：桂林、瓊州，清節蓋世，作吏勤治，尸祝不衰，雖古循良何以過焉？績效彰著，獨不容於媢嫉之人，詩曰『投畀豺虎』，誠痛之也！

方天台傳弟八

方公諱印，字與信，號樸菴。父廷獻，諱琳，斷事長孫也，有母弟四、從弟二，共炊食終身。秉家政，不一黍自私。每旦，命某耕，某學，某執事，各授之職，悉趨惟謹。方氏家法聞一時。及卒，公一率父教無改。

嚴事諸父，無敢專輒。一日，侍坐桂林側，問：『今從政者之楮鏹謂何？』桂林厲聲曰：『若異日楮鏹哉？』公悚息退，且負楚，桂林始討而釋之。公與弟塘友愛甚，有所入，悉授塘，不問出入。久之，家饒，塘請兩析之。公曰：『吾子一，弟子四，豈令我目諸子之厚薄其室也？』五分之，取一。

成化十三年，舉於鄉，授天台令。邑號劇繁，公不矯激取譽，務在富教之，勸農耕，崇學校，抑豪姦，化流於民。數月卒官。囊不滿十金，吏民助棺斂，里巷罷市相弔。邑先達夏太愚年百歲，不出謁三十年，特臨哭。故事：有司卒官，出不中門。吏民乃號泣扶櫬中門出。

公爲治以惠稱。然台父老言：吏或受賕，則譴責隨至；一吏不法，使齎文當道，發械即誅吏。語其嚴於疾惡如此。先是，民感德，家各圖公小像；及卒，衆求擇尤肖者一幅，别立祠祀焉。水旱輒就禱，遂傳爲神云。祀天台名宦及本邑鄉賢。

曾孫學漸自有傳。

馬其昶曰：今之長吏，動曰民情不古若，施化難也。天台之澤，何其入人深邪？當時，郡守泰安胡公贊曰：『君任天台甫半載，出以誠，厲以廉。始疑其拙，繼信其真。欲觀王者化，先觀王者民。』人以其言爲實録。

錢尚書傳弟九

錢公諱如京，字公溥。

弘治十五年進士，授海鹽令。父鸞，字應祥，寄詩勉以清操。嘗醉酒撻一胥，醒而悔甚，遂稱疾不視事。僚佐入問，乃謝曰：『吾病非他，奉天子三尺，期稱平，今顧以酒逞刑，故閉閤自責耳。』吏民聞之感動。

入爲監察御史，遷副使，備兵天津，累擢至右副都御史。巡撫保定，請發内帑數萬緡振饑。

轉兵部侍郎，兼左副都御史，總督兩廣軍務。一夕，諸軍驚譟，公坐府中不動，下令開城門，羣出者縱之，獨出者擒之，夜半軍自定。旦日，惟薄罰夜出城者二人，餘釋不問。所轄土官相仇殺，當事者利用兵，希功賞。公曰：『夷性不常，徒驅良民於鋒鏑，彼朝服暮叛，可勝誅乎？』疏請褫土官職，許立功自效。不費一鏃，境内獲安。

遷南京户部尚書，改刑部。時九廟災，軍士入運瓦礫，得金珠灰燼中，緝獲下獄，以盜祭器論。公曰：『金非器，器非珠也。』因得末減。

以病，六上章乞休。歸居桐溪，足不履公門，觴詠自娱。卒，加太子少保，諭祭葬，祀鄉賢。

公性端厚，不形喜愠。臨大事，片言立決。款曲親舊如未貴時。箸有鍾慶堂集。

子元善，以蔭至曾府長史，能詩，有名。孫可久，字思畏，亦工詩，嘗東遊吳越，訪才士卓明卿。卓謝不與通，後知爲思畏，出，贈千金，思畏笑曰：『吾慕君才，豈爲千金來邪？』徑去不顧。

馬其昶曰：吾聞弘治間有選貢生周先生京者，字大觀，公從受業，自言平生得如周先生足矣，因名如京。周先生一老儒，始建宗祠，定家規，教授鄉里，而公乃至欲終身擬之。周先生固大有過人者，即公之所存，亦可知矣。

桐城耆舊傳卷二

余按察傳弟十

余公諱珊，字德輝，號竹城。正德三年進士，授行人，擢御史。公性剛勁，譏彈不避權要。庶吉士許成名等十七人，罷教習，留翰林，公疏論其濫，語侵内閣，不納。是時，政出中涓。乾清宫災，疏陳弊政，極指義子、西僧之謬。巡鹽長蘆，發中官姦利事，爲所誣，下錦衣獄，杖瀕死，朝論争救之。謫安陸判官，移知澧州。世宗立，擢江西僉事，討平梅花峒賊。遷四川副使，備兵威茂。先是，犒番歲不下十餘萬，公至，裁革之。務益養兵鍊將，造運車，習陳法，二年而諸番懾服。董卜、韓胡素黠驁，獻珊瑚請見，卻之，終公任不敢犯。嘉靖四年，應詔上疏，陳『十漸』，其略曰：

陛下有堯、舜、湯、武之資，惜無稷、契、伊、周之佐，致時事漸不克終者有十：

正德間，逆瑾專權，假子亂政，不知紀綱爲何物，幸陛下起而振之。未幾，而事樂因循，政多苟簡，名實乖謬，官府異同，紛拏泄沓。以爲在朝廷而不在朝廷，以爲在宫省而不在宫省，遂至天子以其心爲心，百官萬民亦各以其心爲心。此紀綱之頽，其漸一。

正德間，士大夫寡廉鮮恥，趨附權門，幸陛下起而作之。乃今，則前日之去者復來，來者不去。蓋自浮沈一世之人擢掌銓衡，首取輭美脂韋、重富貴、薄名檢者列之有位，致諛佞成風，廉恥道薄。甚者侯伯專糾彈，罷吏議、禮樂，市門復開，賈販仍舊。此風俗之壞，其漸二。

正德間，國柄下移，王靈不振，是以有安化、南昌之變，賴陛下起而整肅之。乃塞上戍卒近益驕恣，殺許巡撫，姑息之；頃遂殺張巡撫，縛賈參將，姑息之；近復縛桂總兵，致榆關妖賊效之而戕主事，北邊庫吏倣之而賊縣官。陛下惑鄙儒姑息之談，牽俗吏權宜之計，遂使廟堂號令出於二三戍卒之口。此國勢之衰，其漸三。

自逆瑾以來，以苞苴易將帥，故邊防盡壞，賴陛下起而申嚴之。然積弊已久，未能驟復。今朵顔蹢躅於遼海，羌戎跳梁於西川，北狄蹂躪於沙漠。寇勢方張，而食肉之徒不能早見制馭，假鎮静之虚名，掩無能之實迹。甚且詐飾捷功，濫邀賞賚；虚張勞伐，峻取官階，而塞上多事日甚。此外裔之强，其漸四。

自逆瑾以來，盡天下之脂膏，輸入權貴之室，是以有劉、趙、藍、鄢之亂，賴陛下起而保護之。乃近則黄紙蠲放，白紙催徵，額外之斂，下及雞豚；織造之需，自爲商賈。江淮母子相食，兖豫盗賊横行，川、陜、湖、貴疲於供餉，田野嗷嗷無樂生之心。此邦本之摇，其漸五。

正德朝，衣冠蒙禍，家國幾空，幸陛下起而收録之。乃未幾，而狂瞽之言，一鳴輒斥。昔猶謫遷外任，今或編配遐荒；昔猶禁錮終身，今至箠死殿陛。蓋自吕柟、鄒守益等去而殿閣空，顧清、汪俊等去而部寺空，張原、胡瓊等死而言路空。間有一二忠直士，又爲權姦排擠，致陛下耳囂目眩，忽不自知其在鮑魚之肆矣。此人才之彫，其漸六。

正德朝，姦邪迭進，忠諫不聞，幸陛下起而開通之。顧閲時未久，而此風復見：不剿説而折人以言，即臆度而虞人以詐；朝進一封，暮投千里。甚至三木囊頭，九泉含泣。此言路之塞，其漸七。

正德朝，忠賢排斥，天下幾危，賴陛下起而主持之。豈期一轉瞬閒，憸邪投隙而起，飾六藝以文姦言，假周官而奪漢政，大姦似忠，大詐似信。雖有聖哲，誰其辨之？

臣恐正不敵邪，羣陰日盛。此邪正之淆，其漸八。

正德朝，大臣日疏，小人日親，致政事乖亂，賴陛下紹統，堂廉復親。乃自大禮議起，凡偶失聖意者，譴謫之，鞭笞之，流竄之，必一網盡焉而後已。由是，小人窺伺，巧發奇中，以投主好，以弋功名。陛下既用，先入爲主，順之無不合，逆之無不怒。由是，大臣顧望，小臣畏懼，上下乖戾，寖成『睽孤』，而泰交之風息矣。此君臣之睽，其漸九。

正德朝，天鳴地震，物怪人妖，曾無虚歲，賴陛下紹統，災異始除。乃頃歲以來，雨雹殺禽獸，雷風拔樹屋，婦人產子兩頭，晝晦如夜，四方旱潦，奏報不絶，曾何異正德之季乎？且京師陰霾之氣上薄太陽，白晝冥冥，罕有暉采，尤爲可畏。此災異之臻，其漸十也。

此十者，天子有一無以保四海。陛下聖明，何以致此？無乃輔弼召之歟？竊見今日之爲輔弼第一人者，徒以姦佞伴食怙恩，致上激天變，下召民災，中失物望。臣逆知其非天下之第一流，而陛下任信之，不至於魚爛不已。願亟去其人，更求才兼文武，如前大學士楊一清；老成厚重，如今大學士石瑶者，並置左右，庶弊政可除，天下可治。臣又聞獻皇帝好賢下士，容物恕人，天下所共知也。今議禮諸臣，一言未合輒以悖逆加之，謫配死徙，朝宁爲空，此豈獻皇帝意？苟非其意，雖尊以天下，無當也。陛下何不起而用之，使駿奔清廟，以慰獻皇帝在天之靈哉？疏反覆萬四千言，帝付之所司。其所斥輔弼弟一人，謂費宏也。外艱歸，士民生祠之。其後副使胡東皋謁祠，獨顧公歎曰：『此吾師也！』服闋，以故官莅廣東。遷四川按察使，逾月而卒。祀鄉賢。

公居官有威惠，律己甚嚴，清節終始如一。所居宅不加廣，廳事前湫隘，東垣之鄰請以所居讓，公曰：『達而利窮鄰不義，老而遠舊知不仁。』鄰人曰：『大木之下，豐草讓生。』公曰：『不然。大木之陰，行道可息。吾乃不能息子，而草視子邪？』鄰復曰：『拓之便。』公曰：『吾昏暮乞火，不已便乎？』卒不拓。

公博涉多通，曉兵法、曆數。觀察四川日，嘗夜戒衛兵：『明旦有屠者二人争毆赴司，急縛之！』兵如言，明旦果得二人。訊之，則苗夷刺客也。其家有自製小渾天儀。

馬其昶曰：昔潘木崖先生稱公善爲詩，同時李何諸公皆相推挹，遺編零落，久乃得同里馬太僕輯而刻之。其昶謹讀先太僕余竹城集序，述其勁節天植，通籍三十年，絶不一問家人生產；卒於官，不能具斂；舊廬數椽，蔽風雨不足，再傳且貧不能守：益歎公之賢。今先太僕所編集又已不存，惜哉！

齊按察傳弟十一

齊公諱之鸞，字瑞卿，號蓉川。九歲就傅，會師他出，鄉先達袁太僕過塾中，諸兒驚避，公朗誦如故。袁公笑曰：『客至而倨，禮乎？』對曰：『奉師命讀書，不奉命揖客。』音吐宏壯。袁公聳異，因妻以女。袁公諱宏，字德宏，成化十一年進士，至太僕卿。

公於正德六年登第，改庶吉士，授刑科給事中。武宗時閹豎用事，綱紀陵遲。公既居諫職，益發憤敢言。

十一年冬，帝置肆京城西偏，車駕將臨幸，公上言：『陛下貴爲天子，奈何競錐刀之利如倡優館舍？此必有羣小牟利，進細娛以煽惑陛下者。』

當是時，江彬欲攘權自私，數導帝游佚：『居大内，徒爲廷臣所制。』帝因幸宣府，而韃靼入寇大同，王勛等力禦之，轉戰至應州。帝躬率太監往援，寇尋引去。十三年，帝降敕稱：『總督軍務威武大將軍總兵官朱壽，剿寇有功，宜特加公爵。』制下，舉朝大駭。公偕同官上言：『自古天子亦有親臨戰陳、勘定禍亂者，功成，不過南面受賀，勒之金石，播之歌頌已爾，未有加爵酬勞，如待人臣之爲，若今日倒置者。不知陛下何所取義，爲此不祥之舉，貽百世譏訕。』帝既從江彬言，自稱威武大將軍，益將遍遊邊塞。大學士楊廷和、蔣冕、毛紀以去就争。公復偕同官言：『三臣居師保之重，先後稱疾。今六飛臨邊踰月矣，宗廟社稷、百官萬姓寄空城中，人心危疑，三臣復杜門求去，萬一事起倉卒，至於僨敗，三臣將何辭謝天下？乞陛下亟返宸居，與大臣共圖政理。』不省。

中官馬永成死，詔恤廕，授官至九十餘人。公上言：『永成何功？不宜恩濫至此，臣恐天下聞而解體。』不聽。再遷兵科左給事中。

寧王宸濠怙恩驕横，御史蕭淮及公首發其姦。未幾，宸濠反，乃命張忠、許泰南征。朝議選科道御史才望素著、爲諸將所憚者，從軍紀功，公自請行。先是，宸濠造龍艘於江南，邀車駕南幸，行有日矣，舉朝驚懼。公大呼於朝：『今日不以死諫南行，行必墮賊臣計，異日雖寸磔不足塞責！』於是，公偕六科諸臣，御史楊秉忠偕十三道諸臣上疏。諫章入，二日未報，相率伏闕俟命，帝令中官傳諭退。明日，託疾免朝，欲以爲公等罪。會諸曹黄鞏等百餘人連疏極諫，上大怒，撻之，下詔獄，死者十一人，然亦遂止不行。

張忠、許泰等既率禁軍往江西，未至，南贛巡撫王文成公守仁已勒勤王兵，大破宸濠黄家渡，於是，羣小娼嫉其功。文成初上宸濠反書，因請黜姦諛，諸嬖倖皆恨，及宸濠俘，益懼，乃導帝南征，思奪其功，且競言文成先與賊通謀。公力白其誣，請以一家數口爲守仁贖。忠泰等廣搜逆黨相株引，公多所開釋，且疏陳軍民之困，請蠲田租，停力役，寬逋賦，帝頗採納。後駐蹕南都，又屢請還宮，作回鑾賦以諷。

公先世居鳳陽，爲齊姓。元末避禍遷桐城，别族徐，至是始復焉。

公既已救護文成，復劾奏許泰及尚書王憲黨附江彬，宜黜，二人竟獲譴。當時，諸將爭欲攘功，公不可。江彬、張忠等迫之，公曰：『不紀江西守臣功，濫及諸貴，何以示天下？有褫職而歸耳，必不可！』彬等譖諸上，上曰：『此給事中曾論若罪，若憾之耳。』卒不聽。

世宗踐祚，公上疏，略曰：

陛下自藩國承大統，正人心望治之日，補救之道，惟在定聖志、廣言路。

昔大行皇帝志意未定，羣小恐其中處不便所爲也，初自大内誘之，出居文華殿；又誘之，徙居御馬監；又誘之，西居豹房、新寺諸處。聖母不得親，三宮不得近，而孽寺、義子、妖僧、賤伶、邪女之類，更侍迭從。忠義不聞於耳，媟褻日陳於前，大行皇帝以爲愛也，而不虞其姦也，遂懽焉樂之，而天下之權有竊弄之者矣。一十七年之閒，志士蓄憤，蒼生蒙害，大行皇帝皆不得而盡知也。

先朝元兇今雖已去，而根據盤互，連蔓滋多。方今之財，萃於私室，上不在官，下不在民。彼其顧權勢，擁厚貲，猶恐巧相嘗結，或邀定策之賞，或假迎扈之勞，取憐固寵，天下事豈堪若輩更壞？臣是以深懼聖志之未定也。

今日之事，畏禍者不敢言；敢言者久遏於權姦之摧蔽，一旦欲吐其忠憤，必有不顧忌諱至於逆耳者，在嘉納而優容之耳。若稍或裁抑，則小人乘之以讎害忠直，言路一塞，不可復開，伏乞陛下俯容謇諤。其有文武不肖大臣，及非軍功冒封拜者，即賜罷黜。復覈先朝佞倖諸姦，置之法。

反覆二三千言，極論六部諸弊及貴璫之姦。羣閹鬨然曰：『齊給事攻我！』帝時初即位，嘉納之。然卒以忤權貴降調，謫崇德丞，遷長興令、青州同知。

丁内艱，服除，轉南京刑部郎中。八年，改陝西寧夏僉事。值關内旱，飢民採蓬子爲食。爲取二封：一進帝，一以貽閣臣。

寧夏者，古朔方地也，自紅山堡之黑水溝，至定邊之南山口、花馬池諸堡，城塹久湮。地故沙磧，董版築者率以乏水泉無功獲譴。初，公爲給舍，論劾王瓊。瓊後起總鎮榆林，公爲僉臬屬焉，瓊因薦公城花馬池，公疏請便宜行事。掘沙丈餘，竟得土。以易言『山下有泉』，百里外有山，往鑿之，果得泉。引以木梘，用濡溉土石，事甃築。詔限五月，至三月城成。讓功於瓊，瓊大驚服。由是，三邊之城屹爲天險。巡撫胡東皋稱其能，舉以自代。

自夏還朝，調補河南副使，權本省提學副使，尋改山東臨清兵備副使。召爲順天府丞，未行，盜發，留鎮撫，尋擢河南按察使，卒官。

公天才宏麗，桐城文學推公先導，而縣人第進士、入翰林爲庶吉士者，亦自公始。箸有奏疏二卷、南征紀行、入夏録若干卷。祀鄉賢。

子：述字柳峯，近字愛蓉，皆隱居不仕。孫：琦名字越石，號羣玉，萬曆四十一年進士，至紹興知府；鼎名字調宇，號重客，諸生，博學强記，箸姓史五十卷；萊名字朱草，諸生，能詩，有青莎館集；又，策名佚其字，其詩篇與朱草、君求並見御選明詩録。君求諱心孝，天啓二年進士，官編修，早卒。紹興子登輔字員倩，國初爲南安同知，博覽多通，兼善騎射；登臺字仲符，以母老辭徵不赴，鄉黨舉孝行，卒年九十二。

馬其昶曰：甚哉，武宗之荒惑，可謂大無道之世矣！其國祚幸不即傾者何與？豈不以犯顔敢諫之臣未絶，猶足以維繫之與？世、穆、神、光緜歷百年，兹其效也。及至天啓，黨禍大作，海内正士澌滅無遺，視公所遭時，猶未可謂之不遇，嗚呼悕矣！

吴參政傳弟十二 子通政

公諱檄，字用宣，號皖山。馬埠山吴氏，與麻溪、高甸別族。

公爲諸生時，廉使余公已負盛名，邑令餽金，受之。公聞而歎曰：『賢者亦受此乎！』託爲首陽山人書一通，陳不可受之義，夜步三十里，懸其門而歸。詰旦，余公覽之曰：『此必用宣筆也。』亦作書，明可受之義，張於邑校之堂以答焉。

正德十六年進士，授襄陽推官。穀城、棗陽饑，上書直指，請太和山金振之，不待報輒發，能聲大著。入爲户部主事，轉武選司郎中。

都督僉事姜奭奏邊功，乞陞，事下職方議。職方曰可，乃下武選擬官。公曰：『法，斬首二百以上者陞一級。奭斬級未滿八十，當賞，不當陞。』尚書張讚愧謝焉。

劉民譽者，其父從世廟起興藩，賜錦衣衛指揮，民譽欲襲職，讚主之。公爲劄曰：『法，非汗馬功不世。民譽不得襲。』讚裂劄投地，曰：『必與之！』公曰：『必不可！』讚乃自爲劄，以千户請，詔不許。然公亦以是不安，出爲湖廣參議，轉山東、雲南副使，終陝西參政。

清介之操，終始不渝。初，爲諸生，葬父白陽山中，去所居百里，獨袖米數升，步至墓所，炊而祭。及歸遇雪，過友人方去病門，已暮矣，曰：『奈何以展墓故煩友人？』依門礎趺坐，達旦去。其操行如此。

尤長於詩，箸有兵部集。

子自峒。

通政公諱自峒，字伯高，號石蘭。嘉靖四十一年進士。初授行人，以清望選翰林院待詔，充裕王講官，多所啓益。穆宗即位，以東宮舊屬，再擢太常寺少卿。初居翰林，與江陵張文忠公僚好。及江陵柄國，絶不通。轉南右通政，旋以計典自陳，議外補，遂歸。江陵敗，士大夫交章薦之，卒不起。

公九歲喪父，事母四十年，内行修。禄入，悉以推之諸兄。撫從子，一如己生。縣中議建城，度地，當破民居，乃自讓地，貧家無所損。其後，議鄉賢於學宫，或問吴伯高何如其父，一士曰：『用宣巖巖峻絶，伯高温温恭人，父子不同操，其爲士林仰止，一也。』遂皆祀鄉賢。

孫紹志，廕生，至南甯知府。從孫紹奇，字淑甫，號潄浦，諸生，有撫松集。南甯子國珙，字大玉，有才略。值世亂，思以武功見，至贛州副總兵。唐王稱號福州，從大學士楊廷麟、尚書萬元吉城守。順治三年，大兵破贛州，不屈死。闔門殉之。

馬其昶曰：兵部衎衎，秉道持法，折而不橈。詩不云乎，『鮮克有終』，若兵部可謂有終者也。當江陵柄國，所在争坿，而通政以僚友雅故拂衣徑歸。清正守節，父子趾美。由是觀之，豈異操哉！

何省齋先生傳弟十三

何先生諱唐，字宗堯。世居縣北洪濤山。少孤貧，有大志，事嫡母以孝聞，卓然高厲，恥爲世儒之學，人敬憚之。嘗過尚書錢公第，公方宴客，聞先生至，亟命易具，乃敢延請。

正德十六年進士。觀政大理，見評事林希元條封事，上書請行之。會考選給事中，以母老乞便養，授南兵部主事，擢郎中。時尚膳諸監中官，假進御名，横恣索船，先生按舊額裁之，貴幸斂迹。因條其不便軍民者數大事聞於朝，數小事請尚書釐正。督視木廠造船，嚴工作，覈支放，夜則誦録周易。中官誣奏剋減工費，抗章發其姦，廷議置不問，固稱疾求解任，軍民泣送。

既歸，僦屋以居。買田數畝，僅以供祭。布衣蔬食，一老僕，裋僅蔽膝〔一〕。而論學日精，徒衆甚盛，遂爲鄉里大師。里人王廷慕歎曰：『先生誼甚高，然奈貧不能自給何！學者以治生爲急，非前哲之訓乎？』廷慕欲以其産獻，不敢請，乃因從子哲請，哲許諾。他日，哲進曰：『學，先治生，有諸？』先生曰：『有之。』哲乃從容欲言如廷慕指，言未及發，先生復正色曰：『君子之治生也以學，小人之治生也以貲。』哲逡巡退，終不得發。居旗嶺下，自非弔死問疾不出。有司造請，必簡騶從，先生輒反覆爲論居官愛民之道。初，有直指以舊誼遣使餽金，豫戒使致金即去。先生欲辭不得，乃易錢以周貧者。

年四十一卒，祀鄉賢。

所箸日省、艮輔、壯行、聞見各録，皆散失。

先生嘗慕曾子『三省』之學，以『省』名齋，學者稱省齋先生。而時人則皆誚先生狂也，先生亦自謂庶幾聖門之狂，謂：『趙子恆，其狷者流乎！』子恆者，趙鈞州鋭也，爲先生高弟子。而如張主事夔、彭孝子寶，及江經歷鯨字時化、朱歲貢杲號梅亭，亦皆得其傳。

其不以講學名而門下甚盛者，有陶先生諱諶，字唐臣，歲貢生，與伯兄讓、仲兄謨同居邑庠，才致俱美。而先生尤爲學者所宗，守令敬異，接以賓師。嘗慨古禮久廢，吉凶行事必依采禮經。

子登衢、孫萬象，克守家法，一時號爲儒門。

馬其昶曰：先生勇毅任道，不顧衆嘲，風聲流播，竟亦克變俗習。吾鄉講學之緒由此起，至方明善先生益昌大矣。明善與先生不相及，蓋嘗及鈞州而私淑云。

馬霞松公傳弟十四

公諱憲，字廷實，號霞松。先十四世祖也，於始遷爲三世。父諱忽，祖諱驥。初姓趙氏，爲六安州學生，永樂時贅桐城馬氏，遂承馬祀，爲桐城人。而趙氏之先，與固始之祝又一姓也。既蒙馬氏居桐城，再傳至公，以義俠著。鄉里訟訴，取一言爲枉直；或相持，至中道愧解去。

宸濠反，自南昌犯安慶，所在搜閒諜，得江西人輒殺之。而江西挾藝術在吾邑者尤衆，公哀其無辜，家多爲複壁，潛納諸爲藝亡命者複壁中，夜從椽閒飯之。親族頗憂其事覺且連坐，公怡然不動。未幾，逆藩平，衆全活矣。年七十，以碩德舉鄉飲大賓。又三年，無疾卒。

霞松公長子諱騂，字良健，是爲百川府君，縣學生。以好施傾其家。嘉靖中歲惡，發廩，作糜以飼餓者；不贍，有田竹城嘴東，乃質田於富人，復作糜，盡費其直乃已。後富人築室田畔，適聞太僕鄉舉，遂止不築，知其業不久淹也，時方治壁，塗塈一面而罷。洎太僕爲縣，行取過里，果出俸餘返田，因存其半壁以識先德。

百川公中子諱信延，是爲守百府君。厲學力行。父遘危疾，醫者皆不任治，每夜禮北辰禱請，百川公竟得起。

守百府君中子諱孟禎，即太僕公，自有傳。其孫爲孝子公。孝子公，先十世祖也，諱懋襄，字爾共，萬曆中縣學增生。十一歲喪母包淑人，至痛哭踊，哀感衢路。既長，志操清純。太僕在官，千里省覲，以一力負襆被自隨。嘗痛母不逮養，刺血寫梵經數十卷，三年而畢。竟以毀卒。國朝旌孝子，祀忠孝祠。

其昶謹案：吾族丁單，且無大官顯秩，然縣人皆推其族望，與方、姚、張、左並，蓋自太僕起家，爲名臣，厥後遂以清白世守，文儒忠義之彥往往而有也。昔守百府君易簀時，謂李太君曰：『吾家世爲儒，有隱德，汝善視兒，毋憂貧。』卒後九年，而太僕釋褐如其言。其昶讀家傳，敢敬述之以告我後人。

謝盛倪潘何傳弟十五

以布衣行誼祀鄉賢，又皆緣子貴得封贈，自諸傳所未載者，今類記之。

謝公諱宗，字維城，治毛詩，肄業成均，祭酒湛甘泉先生甚器之。親歿，悉遜産於兄，窮居終身，施濟不倦。以子衮贈大理寺評事。衮，嘉靖十四年進士。

盛公諱儀，字克恭。兄欲析居，哭諫之；不聽，則抱季弟而哭，盡折券讓所分受者。兄棄故居，倍索直，倍與之；再索，再倍與之。兄卒，迎養嫂氏，長育其孤。季弟領鄉薦，卒，妻守節，尤敬恤焉。凡宗姻婚喪弗贍，輒補助之，以謂人不能撫族蓄衆非孝也。嘗請於巡撫，以邑中羡賦三千餘石悉以給民。封監察御史。年八十二卒。子汝謙，自有傳。

倪公諱夢梅，字仲魁。孝事繼母，母甚愛之。嘗道逢盜，問其姓，告之，盜曰：『長者也！』釋之。閭巷有鬬者，得一言立解。贈太僕寺少卿。子應眷，自有傳。

潘公諱爲山，號成宇，諸生。子汝楨爲慈谿令，一日，以官物寄家，書讓之曰：『陶母猶知卻鮓，若視我何等者？』封河南道監察御史。卒年八十。汝楨官至兵部侍郎。孫：映軫，字楚星，諸生。閉閣讀書，儉約如寒素。映婁，字次魯，崇禎時副貢生，國朝福建福寧道按察副使。

何公諱如盛，字君特，諸生。有鄰侵其田，即割與之。置義田以贍族，其秀異者爲延師課之。樅陽去縣治遠，吏因爲姦，以公居樅陽，十餘年吏不敢逞。卒年八十四。鄉民皆走哭。

子應奎，字任城。萬曆四十八年進士，授吉水令。入爲禮部主事，遷吏部郎中。值左阮搆禍，多所調濟，人服其和不失介。

馬其昶曰：吾邑鄉賢祠燬於寇，至今未及建。昔潘木崖先生有鄉賢實録，外舅姚竹山君續之。今據舊志及二録，因得具載。昔人譏鄉賢祠爲『鄉貴祠』，謂所祀皆鄉之顯者及其先祖父耳。余謂世之貴顯者固不必皆賢，乃其先則往往多厚德君子。今觀諸公，爲行若此，其見推重於鄉宜矣，概以譏之，非篤論也。

阮愛雲公傳弟十六

阮公諱廷瓚，字邦器。以父號雲隱，名所居曰『愛雲之窩』。雲隱二子，公其季也。有至性，十歲喪母，逾年喪父，依其兄以居。兄爲人很戾，有嬖妾，惑之，故所行益誖。公既慟不得事父母，乃一用所以事父母者事其兄，雖其兄妾亦不敢逆也。

少時讀孟子，作歌曰：『管叔死，蔡叔死，周公之德其衰矣！何不生逢有虞時？象憂亦憂，象喜亦喜，堯舜之道孝弟耳，哀哉哀哉陳仲子！』兄聞之，怒曰：『長大不自食力，何讀爲！』乃跽而請罪。使牧則牧，使耕則耕。有石傷趾，息於道左，兄怒以爲惰業也，詈之則唯唯，撻之則敬受。兄病疽，含唾納之愈。兄喜，乃爲之娶吳氏，年二十有八矣。吳氏歸，兄妾虐使之，引鋤斷其肋。公默而治藥，不一言也。

閒嘗言於兄曰：『訟不可長也。』兄怒撻之。後有僧以盜告言其兄，公代就繫。被榜掠，曰：『我兄非盜。必欲誣盜，盜者我耳。』竟不承，獄乃議釋。

家饒貲，皆公所營治。長河田一區被水多患，既釋獄歸，兄使之長河治田，因挈妻子往棲洲渚。歲潦，並日一食。兄嘗以事召之，至，後期，兄怒，肘其髮曳之，髮脱幾半。公長身七尺，每兄怒，必跽，便兄責也。於是，兄雖殘暴，公事之益謹。

及兄歲暮搆訟，病於邑邸，邑去家百里，公奔往視疾，輿兄歸。跣足雪中行，冰嚙其脛，血淋灕下，兄顧之惻然。

未幾，兄妾復謀析産，公受其薄劣者，兄大喜得計。公既異居，猶時詣兄所，視安否。兄亦漸豫，已而死。會寇過境，兄子鳳挈家遁，公獨留守兄柩，寇至門不入。後兄子粥産，背其母張逃去。公迎張，養之終身，復嫁遣其女孫。

初，阮氏宋南渡時，有公老者以直道忤時，辭職歸，築洗藥池㠊山。勢家厚其值於兄而有之，餽公金，公泣曰：『兄命不可違也，世業不可棄也。』卻其金不受。其他至行類此，未可殫述也。由是，郡邑皆賓敬之，遠近化其德，芝産宅旁，犬伏雞雛。年八十，將歿，歌曰：『雲爛爛兮誰爲翔，水湛湛兮誰爲航，梓熳熳兮被朝陽。』歌畢而逝。祀鄉賢。

長子鵬。季子鶚，官至副都御史。孫自華、自嵩，曾孫以鼎，皆登甲乙科。

阮氏始祖曰樅江公，爲唐征南將軍，愛桐城㠊山形勝，家焉。其後，遞遷他郡邑，然皆以㠊山爲大宗。

十六傳至解元公，諱晉卿，宋咸淳閒進士，蓋猶懷甯、桐城、東流所共祖者也。解元通籍後，宋遂亡，自臨安以宗人起義，不就，聞元兵渡江，不食死。子雪堂痛父之志，作銘戒子孫，不得仕宦，終元之世，子孫皆不仕。其在桐城者，至先生季子鶚始爲顯仕。

其後二百餘年，有阮世恩者，亦以悌聞。世恩字聿修，有兄曰世忠，兩人相友甚。世忠讀書歐血且殆，因製棺，髹漆其上。漆工言：『死者及秋當應。』世恩聞言悲，自以二子皆成立，而兄一子，無母，未婚，禱於神，願代兄死。凡刺血書辭十七紙，而世恩是年遂得疾。踰年，兄病復篤，醫言不可起，則復禱如初，又刺血書辭十七紙。兄病尋愈，而世恩遂以是年七月四日卒，然不以告人。既卒，得其告神辭，然後知之。

馬其昶曰：人有恆言孝弟，孝弟，謂弟由孝推也。夫兄弟非他，吾之身父母之身，兄弟之身亦父母之身也，烏能兩視之乎？凡一於天者，雖百乖於人，而終不可解。至哉！公之事兄也，可以爲世法矣。

何松坡公傳弟十七

何公諱山，字靜之，號松坡。

上世居新安，元季徙居桐城青山之麓。公父諱鐸。宅生五色芝，人以爲瑞。

公性篤謹，母汪早世，孝事繼母高，高愛之亦滋甚。一日，高病，公侍疾榻前，弟岵等皆長矣，禮客廳事。客酒酣燕語：『世乃有異母相愛如何氏昆季者乎？』岵等驚鄂相視，私念是何說邪！客退，因相疑問。高聞之，泣曰：『吾向亦未言，汝三人者吾所生，汝兄前母生也。』於是，岵等與公相持大哭，乃始知兄弟四人之非同母也。

公與人交無町畦，不僞語；聞人失行，諱之不以出口。嘗被役，受帑二百餘緡輸中都，過淮泗，見飢民滿道，傾橐振之。歸，自具貲償帑。親黨緩急立應。有孤子無依者輒收之，爲立家室。下至臧獲，有疾病患苦，皆若其痛在己。遇少年，必厲以學問，尤以本業耕織爲訓。性不事矜飾，故久之無惰行。嘗送仲子思蘢讀書遠墅，渡河，同舟一老父，瞽者，聞人或字公，蹶然起曰：『此何靜之邪？平生慕靜之如羲皇上人，乃今幸得遇，恨吾目廢！』因舉手摩其頂額，曰：『何靜之乃如此狀也！』問老父名氏，不對，即亦無他語，泊舟逕去。公年八十二卒。

子思蘢，孫如申、如寵，皆自有傳。

馬其昶曰：予考求前世遺事，最後得何氏家傳，讀之喟然歎曰：積善餘慶，豈不信哉！務本者必昌，刻谿者寡後，天道之恆，雖百世可知者也。乃補書贈公事如此。彼老父者何人邪？然則吾鄉隱德君子不見於吾文者又多也。

校記

〔一〕裓　字待考，疑當作「絺」。

桐城耆舊傳卷三

方少卿傳弟十八

方公諱克，字惟力，號西川。以家桐城及令桐鄉，稱雙桐寄主；守泉州，泉州故名桐城，又稱三桐寄主。而當其官言路時，海内無不言方西川直臣者。

公爲人隆顙修軀，髯垂過帶。嘉靖五年進士。授貴溪令。縣有張真人司，數干政，公至，獻符籙數百軸，卻不受，真人憚焉。内艱歸，尋補桐鄉。以最，徵爲南京四川道御史，民留履，立去思碑，祀之名宦祠。

公在臺，持風采，不避權勢。巨璫邱得守備南京，專恣不法，請益額外兵餉，公疏劾之。先是，公仲父向以論中貴獲譴，及公上疏，人爲公危。公慨然曰：『吾得紹迹前人，罪且甘之。』有詔革兵餉，邱得謫戍孝陵。出巡廬鳳倉糧，墨吏望風去。

十六年，皇子生，應詔陳言，謂『推恩逮下，賢才爲先』。薦遺賢及言事獲罪諸臣羅欽順、何塘、林大欽、唐順之、鄒守益、崔銑等三十三人。以疾乞歸。

公既以伉直著聲，里人聞公歸，率目攝之。公蕭然如未遇時，抵家未百里，即斂儀蓋，令從者荷之，乘馬趨入里門。與母兄覺同居，不異產。郡國言孝謹，以公爲稱首。居仙墩湖上，時與諸從兄弟載酒賦詩爲樂。在告八年，絶請謁，然境内有大利害，輒侃侃引義爭之。

再起爲泉州守。西山真先生嘗守泉州，牓四字壁間，曰『廉仁公勤』。公申暢其旨，以敕僚吏，相約毋媿真先生。歲旱不雨，禱之一日，雨，民立甘雨碑。公多病，常臥閣中，而民自化。遷陝西苑馬寺少卿。明年，致政歸，仍棲湖上，室無遺積。卒祀鄉賢。

馬其昶曰：世言『富貴不歸故鄉，如錦衣夜行』，此鄙情也。長老走避，内史萬石引爲至戒。然其立朝純謹，備位而已。少卿進爲司直，退爲典型，詩曰：『維桑與梓，必恭敬止。』少卿有焉。

盛侍郎傳弟十九

盛公諱汝謙，字亨甫，號古泉。

諸生時，讀書白兔河側，有達官閩人夜泊河干，問：『此閒有佳士，能共飲乎？』公往見，因從詢閩中海防要害，及諸鹽鐵、絲枲、海泊之利，劇談夜分而罷。達官謝曰：『君學究世務，異日必爲國士！』

嘉靖二十年進士。授行人，擢御史，出巡陝西茶馬。時關中大旱，饑民萬餘依山嘯聚。公至，歎曰：『治孰有急于民命者乎？』置茶馬弗問，先議振濟。令有司設糜粥，三十里置一廠，擒始亂者數人斬之，餘黨遂解。及按畿輔，歲復大饑，疏請帑金六萬以振。

以外艱歸。服闋，遷光禄寺少卿，歲汰宂費十數萬。值嚴嵩柄國，遂乞退。或曰：『相公甚重公，顧一出其門，華膴可立致。』公曰：『丈夫具鬚眉，肯爲此邪！』拂衣徑去。嵩敗，乃始復出。

累遷南太僕卿，轉操江僉都御史。綜核名實，嚴以爲治，尤崇獎孝義，勤閱標兵。沿江夙多盜，置哨舟，畫地防守，中失事連坐之法，羣盜斂迹。南京試院故編蘆葦爲號舍，苦濕隘。公捐金修拓，甃以磚，試者便之。嘗一日江行，見岸上軍囂，心異之，亟艤舟，下令諸將吏以次見。見即飭各歸伍整軍待命，徐察詢之。是日，諸軍以索糧忿主事者，欲甘心，以公至，從容解散，遂得免。尋擢南京户部右侍郎。請告歸，年七十。

公居鄉多清惠。無爲州土橋河與縣境相接，舊有守禦兵，歲協助工役銀七百兩，遂成額征，公移文革之。又與吳布政一介議建城。其後流賊至，縣城以堅得全，公之力也。祀鄉賢。里人鐫萬姓碑頌其德，又别立祠，合祀公及吴布政諸建城有功者。

公天性儉約，一羊裘二十年補緝而服。方明善先生嘗候之，坐移時，呼童進餐，烹菔鹽魴不掩其豆，對客引箸自如也。未六十，即居宿外館。有内政，請夫人於中堂，青衣傳茗，儼若大賓。

子：世翼，字以忠，萬曆十四年進士，知江西萬安縣，舉治行第一。奉詔入京，卒於道。世承，字以烈，萬曆五年進士，至南光禄寺卿。始官兵部，歷四司，部有大機務，倚之以決。備兵陝西，墾河灘地千餘頃，爲秦中世利。以璫禍削籍。崇禎初，起用原官。卒年八十有八。里人亦立萬姓碑頌之，祀鄉賢。工爲詩，有匊泉集。

萬安孫斯唐，字集陶，博覽有文，結交皆名宿，與林古度、錢虞山相唱和。光禄子可藩，字屏之，號蓮生，萬曆三十七年舉人，户部主事。督運通州，已又督昌密二鎮邊糧，以瘁卒官。子，上林苑監署丞邦孚，字允中，上疏請恤，贈光禄寺少卿。上林子纘裕，字孝寬，諸生，亦有名。

馬其昶曰：予讀漢書朱邑傳，邑爲舒桐鄉嗇夫，死葬桐鄉西郭外。今縣西二十里石井鋪，尚有朱大司農墓。漢時桐未爲縣，而鄉有西郭之名，意其時固已建城堡。桐城在廬江縣西九十里，西北界多古龍舒之境，其東南鄉獨廣百八十里者，古樅陽境也。東漢廢樅陽，併入舒。晉復置樅陽。隋於此置同安縣，爲同安郡治。唐廢郡而以縣屬舒州，開元中移縣治山城。蓋在漢舒縣桐鄉域矣，故於至德二載改名桐城。宋元播遷，城經兩徙，而唐時之城遂久廢。至明萬曆四年，公與吳公始請撫按具題建磚城。周六里，爲門六：曰東作，曰西成，曰南薰，曰北拱，西北曰宜民，東南曰向陽。凡費銀二萬一千餘兩。負山瞰河，形勢既得，利賴永世，縣人至今祠之不絕也。

趙巡撫傳弟二十 子樅江

趙公諱釴，字鼎卿，一字柱野。

父諱弼，躬耕養母。嘗拾遺金旅舍，陽病臥，待失者至還之。性喜種竹，自號一竹居。

公生有異稟，舉嘉靖十九年鄉試第一。二十三年，成進士，授刑部主事，擢禮科給事中，轉吏科。時咸甯侯仇鸞顓權暴横，占役軍卒。公巡視京營，疏陳六弊，勒士歸伍，戎政大飭，鸞深銜之。丁父憂歸，服闋起官，累遷南太僕寺少卿。

先是，民養種馬，馬有鐙痕，有司輒科以罪。公曰：『畜馬不乘，是贅物也。』弛令自便。

晉僉都御史，巡撫貴州。貴州巖疆僻遠，苗民雜處。會土舍韓甸逐正官，糾叛苗爲逆，三省震撼。公至，討平之。復慮東北界連廣西烏撒諸土府，民性輕躁易動，條陳六事備善後，皆議行。每出巡行郡縣，輒進諸蠻問疾苦，誘其俗之進古者〔一〕，導以禮義，夷情大悅。城内多曠土，棄不治，公曰：『此有用地也。』乃教民引水爲田，黔民知水耕自是始。公撫黔久，政化流聞，有媢嫉之者調用南京，遂告歸，自號八柱野人。

居常選客遨遊賦詩，或攜子鴻賜徜徉山中。嘗製油幕爲行亭，率日遊一山。有司欲見之，輒以病謝。偶適田閒，見藤花滿樹，即暢然呼酒其下，召主人曰：『幸勿翦，吾當歲一醉此。』居數年卒。

其學以致良知爲宗，適用爲輔，嘗新陽明書院於滁州，闢宜秘洞於里，聚諸生講習，興起甚衆。建祠堂，祀先世，歲二舉祭。置義田一區，供祭費，推其餘周三黨之不給者。生平博覽羣籍，居諫垣時，與編修陸樹聲輩號『嘉靖四傑』。文辭典麗，箸古今原始十五卷、鶡林子五卷、無聞堂稿十七卷。

子鴻賜。

樅江先生諱鴻賜，字承先。

好古篤行。師事耿天臺、張甑山、羅明德，與焦漪園輩俱稱高弟弟子。初，巡撫家居，建祠堂、義田，先生贊佐之力爲多。巡撫卒，晨興必朝於廟，祠政家規率而行之。又集多士，爲陋巷會戒約，衍新建『良知』之旨。學者稱樅江先生。箸無甚高論七卷、跪石齋稿、海鷗吟共若干卷。

子士先，字元振，萬曆閒貢生，能世其學。

馬其昶曰：予讀潘蜀藻龍眠風雅，稱公有省吾録及與羅汝芳、王慎中往還書，多言『存省』之要。其後，樅江傳業，而公弟鈞州鋭又出何省齋先生之門，一時父子兄弟遂皆爲名儒矣。古今原始今刻格致叢書中，世多有。

趙鈞州戴林兩僉事傳弟二十一

趙公諱鋭，字子恆。少慧，受書日千言。聞何省齋講學以『主敬』爲要、『名節』爲基，遂往師之。嘉靖十九年，與兄都御史釴同舉於鄉，養親不仕。親歿，爲建甯令。郡守有横征，公持不可。擢知鈞州。巡撫章公煥御下嚴，不假辭色。

公始見，歷階言曰：『明公以廉恥待下吏，下吏敢不以廉恥自待？』章公改容禮之。嘗使按事他邑，審實，放囚自去。章公怒，以爲縱舍有罪，盛氣待之。公前，對曰：『以法繩下，則人皆可誅。若法窮繩絶，於民何裨？不若寬其末而嚴其本也。』章公默不語，徐曰：『子，有道之士。』延之臥閣，與暢論良知至善之説，因相結契。

尋乞休歸。日手一卷，欣然誦覽。年六十三病目，曰：『天忌我讀邪？』邑有老儒范半醒，諱崇仁，年九十，能默誦經注，曰：『我多君三十年，吾以口寫，子以耳觀，天烏能忌之？』公相視而笑。未幾卒。學者稱恆菴先生。

先是，正統間以耆壽稱者，有石内含諱英，與許澹初、魏谿叟三人同庚生也。許魏年逾九十，相約棄家修道不返。内含居北郭古塘，百歲日，賦詩懷之。又三年，卒。子七，孫二十三。手種白果樹兩株，樹各七分枝。其曾孫麟字永也，有白果樹歌，載明詩綜。

戴公諱完，字仲修。

其先元至正間有諱智富者，由新安來遷。明太祖自將伐僞漢，助餉三百石，太祖嘉之，給義民帖。洪武三年，賜助國功臣劄，並水田三百畝，免其税。公其七世孫也。

嘉靖二十三年進士，授户部主事，分司德州，羨金悉入公藏。大司徒聞其貧，復以視太倉。公謁相國夏公曰：『臣病脾，太倉當冷食，謹辭。』夏笑曰：『君故廉，不欲太倉耳。』改刑部郎中。時嚴嵩用事，不私謁，嵩憾之。會郎中張翀上疏劾嵩，杖戍，嵩偵其疏出公手，遂外補貴州僉事。三月，恩威並流。乞病歸，年甫四十。

其論學獨宗新建，與張甑山、羅近溪、王龍溪論難往復。家居四十年，年七十九卒。子：君禧，字永延，號龍門，由明經授光禄寺丞；君祉，號洪嵐，皆能守家學。孫：耆昌、耆顯，萬曆二十八年同舉鄉試。耆顯後成進士，官禮部主事，工詩，有梳河集。

林公諱有望，號未軒。

嘉靖三十二年進士。知邵武縣，累遷兵部職方郎中。嚴嵩專政，忌其彊直，以僉事出備兵瀘溆，三上疏詆嵩，遂挂冠去。吏白羨金十萬，弗顧。在官十年，不營一廛一畝。既歸，築室洞賓泉，撰論自娱。箸史綱辨疑四卷，四庫全書存目。

子允瀘，字渡之，諸生，有文名。

馬其昶曰：鈞州、僉事，皆難進易退，學有自得，砥節不橈者也。鈞州傳業何門，戴僉事亦研窮性命之趣，舊志皆推爲理學。林僉事未聞淵源所自，觀所箸書頗涉乙部，不純言儒，然儒究亦豈尚言哉？

阮巡撫傳弟二十二 從子滄州

阮公諱鶚，字應薦，號函峯。

少負奇，有大志，執義歐陽文莊公門下，因得聞陽明王氏之學。舉嘉靖二十三年進士，授南京刑部主事。擢御史，巡按順天。進士王聯劾中丞胡纘宗誹謗，上震怒，無敢言者。公白其誣，抵聯法。督順天學，校士涿州。會寇薄都城，率諸生登陴助城守。寇退，條上禦寇十策，皆報可。

俄改浙江提學副使。時浙久患倭，公至，即督諸生習弓矢，講陳法。未幾，浙城戒嚴，屬邑士民競趨城下。城門閉，議者禁毋得開門，懼賊闌入，士女數十萬哭城下。公憤甚，曰：『賊去我尚一舍，奈何坐棄吾民以委賊乎？』即手劍開武林門。陳兵月城中，令負輜重者左，婦孺右，以次進，毋相踐，士卒皆傳餐馬上更休。如此者四五日，盡存活之。遣諸生偕壯士出擊賊，賊遁。

遂除浙江巡撫，兼理福建。

賊酋徐海衆三萬攻乍浦，公募壯勇突賊圍攻之。潛兵夜擊賊嘉興臨平山，追至皂林。

賊悉衆奔桐鄉，公先已馳入，與知縣金燕死守，相持四十餘日。賊勢分，而總制胡宗憲因得從容設方略以誘賊，戮其魁，桐鄉之圍亦解。是時，倭禍烈，當事者欲息肩於撫，公獨奮欲滅賊，遂督兵由縉雲直驅，復仙居，移師雁門，乘雪夜登舟山，屠滅之。浙平，進秩一，賜金幣五。

及賊奔閩，公撫閩，事皆倉卒辦集。乃急督兵，營洪山橋以衛會城，屢有捷獲，賜金幣。是時，閩軍竄不可用，公益持重，不輕戰。御史宋儀望劾之，逮下獄。浙人争詣岳武穆祠爲公祈禳。尋罷歸，除名。

集生徒，講學不倦。著禮要樂則二卷、楓山章文懿公年譜二卷。

久之，長子嵛上書訟冤，不報。萬曆閒，次子自華復泣血疏陳，詔復爵，賜祭葬，祀鄉賢及浙江名宦。

萬曆二十六年，子自華及孫以鼎同舉進士。華官福建邵武府知府。鼎官河南布政司參政，其後移居懷甯，遂爲懷甯人。

滄州公自嵩，字思竹，巡撫從子也。

嘉靖三十五年進士，授刑部主事。忤嚴嵩，謫判沔陽。州民多逋賦逮繫，乃出官錢抵逋，一日脱二百餘人於獄。以清景藩閹豎所奪民田被論，世宗原其無罪。再判濮州，平役法，均田賦，民深戴之。後復觸權要，以滄州守歸。

孫之鈿，自有傳。

馬其昶曰：昔福清葉公向高言，倭初發難時，所遣卒見賊皆股栗。公出軍洪山橋，一夕，守城卒相驚賊至，鳥竄去。頃之稍定，知爲夢魔耳。人情如此，而議者乃以不戰咎公。夫使公浪戰不量力，一跌無三山矣；無三山，是無閩也。公輕出以疑之，厚集以待之，水陸部署以掎之，賊不能薄城而軍，而三山宴如，則公之所全大矣。閩人言閩欲徵公者，或以此衷矣。杭州武林門外舊有公祠，雍正初，彭城李公巡撫浙江，飭有司重葺之。是公之有造於浙，民久不忘。而史氏記乃頗於公多微詞，豈據當時忌者之言，而遂未詳歟？予本葉公所撰墓志及李重修祠記，敘録於右。

張僉事傳弟二十三

張公諱澤，字大被。

先世遷桐城，居雲田坂，爲雲田張氏。高祖傑，喜施貧，崇信釋氏，嘗歲祲，捐粟千石，落其家。公生前一歲，鄰人夢大石立其中庭，金標古篆文四，曰『澤被萬里』。及公生，因命之曰澤，而字以大被。既長，爲郡諸生，未知名，盛侍郎重之，數過廬講論。嘉靖二十六年，以選貢授沅江令，攝武陵。以憂去官，貧不能具禮，稱貸襄事，人謂之債宦。除服，補巫山。卻茶税，置驛傳。歲饑，出俸錢買粟以振救。民俗尚女巫，火其神，杖之。擢衢州通判，知廣安州。道出巫山，巫山民爭前奉巵酒。車不得行，乃步行數里去。既至廣安，一日決淹獄五十。置釜薪廳前，訟者徑入炊廳下，須臾裁決而去。民歌之曰：『張不解貸，焉知闤闠。』有推官某者索賕不獲，怒，戒閽人勿入知州。公至，不得入，乃壞垣入，曰：『吾有橐，請君探之；吾亦將探君橐矣！』推官慙而去。先是，銓曹書其名於壁曰『天下廉吏張澤』，及入計至都，相國徐公階聞其賢，招之，公曰：『羣吏聽冢宰黜陟，某不肖，安敢以私謁？』於是，銓曹奏治行天下第一，擢雲南僉事，分巡安普，繼巡武定。未幾，而鳳繼祖之亂作。

公爲人任氣，有文武大略，不畏强勢，而居官所至以循良稱。初任沅江，邑多曠土，招民開墾，資牛、種，省阡陌，沅江大治。會武陵有洞寇，令不辨，大吏乃檄公攝其事。公至，則率兵禦之，陽卻縱賊，賊大掠。明日復卻。賊懈，乃陰以奇兵擣其巢，禽斬之。

其在衢州，出逋賦繫獄者，寬其期，民感泣輸逋，衢亦大治。是時，龍游、常山皆乏令，大吏議以公攝龍游矣，而常山之民要之，乃復使公攝常山。督府胡宗憲厲威棱，前驅求索無厭，無敢逆者，公縛而杖之，解印綬待罪。胡公更延接加禮，戒部下曰：『而不知此郡有廉吏乎！』督府新募兵數百，擁主糧者而噪。公馳諭之，衆遂解散。有礦寇擾處州，傷官軍，將及衢，衢守議避之，公曰：『不可！』乃單騎出諭之，給米數石曰：『爲爾歸餉，毋擾我民！』寇退，相戒不入衢境。

公之赴滇南也，僅以兩僮自隨。雲南去家萬里，至是，乃適符前夢。及亂作，遂終仗節死於此矣。

鳳繼祖者，武定之屬夷也。其兄爲酋長，死，無子。夷俗：無子死，則以妻護印。繼祖治兵攻其兄妻，因拒命，撫按議討之。公曰：『小醜動大衆，不武；若調發夷兵，不用命，損威。授我千金、師一旅，不旬日可計擒耳。』不聽，使監夷軍五百前發。公歎曰：『我欲計萬全，乃疑我怯邪！』遂往，一戰而勝。賊走險，追及，戰復勝。賊走渡河，公使部將登高望之，無所見，麾其衆進。半渡，伏起，兵潰被執，賊不敢害。已而督府調大兵會討，公居賊寨，衣冠危坐，時時讓以大義，賊稱：『張爺烈士！』大兵既集，賊獻千金，乞手書求赦，公叱曰：『天朝人臣，甯爲賊作說客邪！』脅以刃，公復叱之。賊終不加害，使輕騎送公還，道遇他賊，死之，賊復歸公屍。踰月，繼祖伏誅。事聞，贈光禄寺少卿，賜廟額「忠節」，祀鄉賢。

一子斯盛，蔭入監。

國朝録前代忠臣後裔，立奉祀生。雍正九年，題准裔孫昌蔚奉祀。昌蔚卒，子裕賢襲。裕賢卒，子達以生員襲。達卒，子謀昭襲。謀昭卒，子型放襲。

馬其昶曰：公之遠宦滇南，符夢祥矣，而卒謇謇，厥施不究，烏覩所謂「大被」者邪？方其平洞寇，解叛卒，片語卻兵，其智慮材武豈出尋常下乎？計畫不用，身困於小夷，卒以一死自明其非怯，豈非烈丈夫之用心者哉！

吳布政通判傳弟二十四

吳公諱一介，字元石，號菲菴。嘉靖三十五年進士。初授河南光州知州。胥吏多貴勢家僕，持吏長短爲民患，公嚴御之，無敢犯。改禹州。其俗：歲旱禱雨輒暴巫，公盡罷之。致齋祈請，雨乃大澍。擢屯田員外郎。時大興工役，修洪應、樂成二殿，造景王陵，城廣渠門，工曹之役無不關中人者。

公務自滌洗，裁省甚鉅。嘗以法笞政府客一人，或危之，公曰：『法如是，吾不知其他。』政府果大怒，將具彈，首揆徐文貞公不可，曰：『此人望也！』乃止。遷江西副使，備兵湖西。會嶺南酋長作亂，詔兩京大僚察舉疆吏，京兆尹畢鏘疏薦公，乃自湖西持節監南越軍。是時，賊首卞豹已屠電白，電白令棄城走。公授方略，復其城，生得豹，破降數萬，諸洞悉平。進河南右布政使，致仕歸。

公爲政以清静甯謐爲本，折獄依平，處泰依儉，生平未嘗俯仰人顔色。嘗曰：『自有生以至蓋棺，無一日不可死；自筮仕以至宦成，無一日不可罷休。』時以爲名言。

父諱堂，有純孝之稱。公事親亦孝謹，於兄夔夔如也，於弟愉愉如也。雖貴，長者必名，幼者無諾。衣大布，飯脱粟，圖書自娱。族人某，以他事連坐，繫縣獄，齎儀物詣公求解，再贈而三卻，以爲無急難情。無何，禁卒請鑰，令詰之，對曰：『里大夫吴公來爲其族兄餽也。』令聞，即日釋之。桐城故無城，公與盛侍郎倡議建之，卒免流寇之難。

祀鄉賢。

子：應寰、應賓、應寵，皆賢。

應寰字與甫，廩膳生，何文端、葉文莊皆從受學。子道謙刻其遺稿，弟應賓題曰待韞集。

應賓自有傳。

應寵字畏卿，孝友愿慤，讓産伯兄。畏卿子：道新，字湯日，號無齋，天啓七年舉人，以薦爲國子助教，轉工部主事。國變後徒步歸隱，廣坐高談不屈。讀其文，如聽其言論。所至詩歌盈篋，箸潛德居詩集五十卷。道約，字博之，幼工屬文，值世亂，莫能自效，一託於詩。凡關塞、壁壘、車戰、水軍、屯田、馬政之類，以韻語洞其源委。年三十，棄諸生，隱居拔茅山。詩唯流連光景，有大安山房集。

通判公諱承恩，字公賜，號平川。

明初始祖泰自婺源來遷，爲高甸吳氏。一乳二子，其後遂分『榮華』、『寶慶』二宗。公『榮華』後也。

嘉靖間，以選貢授河陰令，興革必中民之欲惡。黄河既南徙，民患之。河忽北去四十里，因命民築堤河堧，植柳數十萬株，耕牧其中，遂爲沃壤。數年，歲大饑，民剥柳膚爲食，曰：『此吳公活我柳也。』三十五年，知新野，甚有惠政，築陂堰，修學校。遷潞南通判，民泣送，各持千錢百錢爲贐。公曰：『昔劉寵受民一錢，吾不逮寵。』乃引二錢而去。

家居多任恤之行。嘗有盜夜入室索金，公曰：『我宦無贏財，惟匣有市魚金二十。』盜弗信，脅取之，弗得。明日，謂子曰：『吾恆懼以多財累汝，今我乃以無財困！』未幾卒，祀鄉賢。

同族昆弟諱承顏，字公獻，號錦崖。萬曆間歲貢生。謁選，授建安丞，卻羨金。攝崇安諸邑，以廉著，亦祀鄉賢。

子善謙，字伯亨，號黄嶺。萬曆三十七年舉人。初任台州推官，卓異，擢監察御史，章數十上。巡鹽榷木，竣拒規費〔二〕。以執法觸權貴怒，向所論劾者復乘閒中傷之，遂乞休歸。

馬其昶曰：布政自副使轉大參，新淦令李樂隨俗贐以十金，公怫然曰：『先生賢者，顧亦以此污我？』李退，自愧，因歎世未嘗無人焉。麻溪之吳，四傳分東西股：東有布政、宮諭，司馬，西有廷尉、黄州。名賢繼起，族益蕃大，可謂盛矣！高甸二宗，如驂之靳。外此尚有豸林、馬埠，與麻溪、高甸俱異派云。

胡澤菴先生傳弟二十五

胡先生諱效才，字用甫。

先世有曰會者，自徽州徙桐城，是爲『東門胡氏』。先生孝事繼母，母怒，率妻跪至夜分，候解乃起。家貧，授徒以養。賓祭、喪葬，不諉諸父、諸弟。自勝衣就傅，便懷高識，厲希聖之志。四方從學者衆，而同里方明善尤著稱焉。

其論學以謂：『王霸之分，義利而已矣。義利之判，起於微渺，極於至大，危乎！危乎！』又嘗教諸生曰：『伯安倡教良知，天下從靡。其説主張太過，流弊遂至混儒釋，以格物致知爲贅。天下小人竊之，益肆爲無忌憚，不可止矣。』

嘗遊江陰，江陰令吴惟嶽，故人也，以幣交，不受；强之，受布二端。歸，以一端奉母，一三分之頒妻及二弟婦。

年五十喪父，哀毁病脾。及嘉靖四十四年，成進士，觀政，疾轉劇。與弟書曰：『吾不及終母養，以遺二弟。』遂卒於京邸。學者私謚文孝先生。祀鄉賢。

子瓚自有傳。

孫吴祚，字永胤，號樸學，邑諸生。流寇擾楚，曰：『桐亂兆矣。』遂辟地池陽，遷金陵。鼎革後還里，皆以先幾免難。攜幼子彌彈隱西環山中。誅茅種菜，顔其居曰『環山荷薪老人息影處』。四十年閒，足迹不一及城市。箸駢雅百六十卷，包羅博絡，雖當世宿儒莫能難也。晚頗悦佛，告家人曰：『吾以某日逝。』至期遂卒。

彌彈字彦三，號石鄰，諸生。博學强識，克紹其學，箸石門詩文集五卷。馬其昶曰：新建之學，陳清瀾箸論深詆之。我朝諸儒目覩流極，益有以明辨其失。然同門異户之争，或不無少溢焉。先生與新建並世，一言而盡其本末，當物不過，尤可謂知言者乎！

何棲霞傳弟二十六 子布政

何公諱思鼇，字子極，號海漁。世居縣南之青山。性至孝，仲父無子，欲以爲後，仲故多財，公私歎曰：『父母可以千金易乎？』固辭，卒經紀仲父喪葬。教授歲數十人，修脯不自私。比析産，惟兄所欲。牒既具，不忍視，相持而泣。邑治城，兄當受役，公曰：『奈何困吾兄？』因分任之。嘉靖間，以貢生廷試第一，授山東棲霞知縣。棲霞地瘠，民什九流亡，前令率坐賦不及格罷。公慈惠爲政，勸農，予耕具，免其口賦。民亦愛重令，所輸賦視曩數倍。公曰：『是可以教矣！』因輯邑志，編定山川圖考，分都鄙里社，相與約法。每社尊禮耆碩數人爲長若副，别選才行尤高者爲社師。歲時巡行勸課，輒召試其子弟，以稽勤惰而獎戒之。即於社中聽一社之獄，鄉父老率旁觀，得言其不平，終公之任無冤者。富民王氏誤殺人，吏謂王高貲，宜遠嫌，公竟擬減等。按察使疑其獄，繼察得實，益重之。時有倭警，大吏下防禦十策，瀕海州縣率勞費，公寢不下，終亦無事。

會二子相繼舉於鄉，因致仕去。裝兩簏，一馬負之。民擁哭，父老各供具相從曰：『終不令廉吏自食於途也。』從至家，彌月乃去。既去，猶望青山而哭。

公既歸，掃軌讀書，不造請官府。邑令永康倪公以大賓禮饗之，强爲一出。衆覩其威儀，咸歎息驩敬。家青山，聚族居，比失火，至公室竟息。或以爲慶，公踧踖曰：『偶然耳。』歲旱，與鄰共塘溉，鄰專水，僕請争之，公曰：『天若雨，自得水；即終不雨，彼特後我槁耳，何争爲？』其行厚類此。

祀鄉賢。

子：如達、如申、如寵。如寵自有傳。

布政公諱如申，字仲嘉，號虚白。

少有文譽，試藝，名在二三，衆即稱屈。萬曆二十六年，與弟文端公同舉進士。文端未廷對，以病歸，公竟與偕歸。後三歲，始赴廷對。又二年，當授官矣，聞父小不懌，即日省覲。

服闋，授户部主事。日鍵户，搜本曹文卷掌故，不與讌遊。督遼東糧儲，餉至，不啓緘，立召衛士廷給之。擢處州知府，諸衛士遮言巡撫，乞疏留久任，竟得請。尋以參政分守嘉湖，累遷浙江右布政使，引疾歸。後任者聞其貧，檢前贖鍰，遣使送致。時公病劇，弗能語，猶摇手戒勿受。

初，公微時，讀書縣城，母太夫人居青山，月致粲，偶乏甚，脱一簪寄之，公捧之而泣。後舉於鄉，侍父棲霞任所，三年不爲婦子辦一襦，曰：『吾忍忘吾母脱簪時乎？』及既貴，所遺郭外田不供饘粥。於是，公弟文端公乃稱曰：『夫以二十年之貧儒，從父官舍，不以一襦寄妻子，爲母故也；以十年不遇之孝廉，初博一第，置之若遺，爲弟故也；以六年未官之進士，將拜命，旬日之間去之惟恐不速，爲父故也：然則仲嘉自孝友外，其孰有急焉者乎？之人也，之德也，尚待臚舉繁稱，始見其不負朝廷邪？』

後祀鄉賢。

子：應瓊、應璿、應珽、應瑄、應珏，皆有學行，守高不仕。唯珏以副貢至黄州知府。璿字子政，諸生，以孝友仁惠見稱，與馬孝子爾共交最篤。晚歲夢得篆印，其文四，曰『淡然若石』，遂號淡石。子永紹。

馬其昶曰：余幼侍大人，竊聞先輩爲州縣令者，每後嗣零替；不然，則必有勃興者。如何氏、張氏相國，其先世皆官州縣；方氏有天台；姚氏有湘潭、副使；予家太僕亦始仕分宜。豈不以其職最親民，爲德爲殃，皆至捷也？棲霞之澤厚矣，布政復以清介顯，兄弟並登台鼎監司，豈爲過乎？

張參政傳弟二十七

張公諱淳，字希古，號懷琴。其先洪永閒自鄱陽來遷，五傳至公。隆慶二年進士，授浙江永康令。吏民姦黠健訟，連告罷七令。公至，日夜披卷牘，剖決如流。民赴訴，即計道遠近示訊期。如期至，裹飯一包訟即已，民閒私號曰『張一包』。其俗：有睚眥嫌，輒妄以人命相告。言：案驗不實即坐之，誣訟遂絕。益盡心勸農興學，風化大行。巨盜盧十八剽庫金，積十餘歲名捕不得。御史以屬公，剋期三月得盜。檄下，公陽笑曰：『盜遁久矣，安所從得捕？』寢不行。吏某，婦與十八通，吏頗爲耳目。聞公言，意自安。吏多逋責，公乃令人告吏，繫獄。密召吏，責以通盜死罪，吏願自效，請以婦代繫，而已出償責。十八聞之，亟往視婦，因醉擒之，被檄僅兩月耳。

歲旱，剽掠公行。下令：劫奪者死。有奪米五斗者，因取死囚杖殺之，而榜其罪曰『是劫米者』，遂無敢復劫。以治行弟一內召。甫就車，顧曰：『某所某盜，可縛來。』如言迹之，果得盜。人駭其神，公曰：『此盜，捕之急則遁，今聞吾去，乃歸耳。』民扳轅流涕，肖像創祠而祀之。

先是，公將去位，有老民年逾七十，求見。問之，則曰：『吾母年百幾十矣，兄年九十。母聞神君名，欲得一見，而目盲廢疾，不獲至公堂，公肯屈一臨乎？』許之。輕騎至，母出拜曰：『百年來無好官如公者。老婢有自繅絲一縷，藏之久矣，願公縫裳，以爲公壽。』時人傳爲美談。

擢禮部主事，歷郎中。江陵張公母喪，欲得公屬辭致奠，密使人謂之，且曰：『即日晉京堂矣。』公謝不能，乞病歸。

在告八年，起建甯知府，治郡惟崇惇大，進湖廣荆岳兵備副使。楚大祲，多盜。公曰：『盜繁率由民飢。不振之，盜未易止也。』捐俸錢以倡富室，又出公費千金，爲百姓償逋。時浙有召募兵，撫按議散遣，兵皆洶洶，公曰：『不若汰其老弱，而留其壯勇。』事遂定。以病乞休。二年，薦起嚴杭道，遷陝西臨鞏道參政。辭疾甚力，時年五十。撫按屢疏薦，不起。

公諳習典故，居鄉廉隅截然。有民婦蠱於妖，婦問所畏，曰：『張參政正直不可犯也。』明日，其夫以狀請，公笑曰：『吾安能治此？』書狀尾數語去，妖遂絕。

年七十三卒，祀鄉賢。

子：士維、士縉、士繡、士絅。維自有傳。

馬其昶曰：公始令永康，發姦擿伏，號稱神明。繼忤時宰，戢翼不翔，流慶斂福，以餉厥後。余嘗瞻公遺像，目注視，炯然攝人，在左若視左，在右若視右。

校記

〔一〕進 疑當作『近』。

〔二〕竣 當作『峻』。

桐城耆舊傳卷四

方明善先生傳弟二十八〔一〕

方先生諱學漸，字達卿。

父諱祉，字子受，諸生，以孝友著稱。先生十歲能屬文，趙鈞州鋭有高名，老無子，一女慎所適，奇先生文，妻之。父卒，悉取遺産奉伯兄。已而兄貧甚，復割婦家媵田與之。庭有杞、楓二樹，榦條牢結，因亭其下，曰『連理亭』。

是時，漢陽張甑山緒爲桐城教諭，而耿天臺督學南畿，皆倡言性理。先生既壻於鈞州，又師事甑山，甑山器之，言於令。先生匿，不應試，曰：『因人詭遇，吾不爲也。』甑山避席謝之。其後，復從鄒東廓、吕新吾、馮少墟、顧涇陽、高景逸諸先生遊，道日精，高公嘗舉先生與涇陽並稱。以布衣主壇席者二十餘年。築桐川會館，祀孔子，配以甑山、省齋，以縣人知學自甑山、省齋始也。

先生既闢館，日與同志講習性善之旨，掊擊空幻，於是有心學宗、性善繹、桐川語諸篇，遠近慕風，競爲社會。先生負重望，嘗一應有司請，賓於鄉，不再至，而千里赴會講學，於是有會言，有東遊、北遊、南遊諸記。

顧涇陽嘗曰：『先生至予邑數日，邑侯陳石湖先焉，始往報，瀕發，具一舟謝卻之。從者曰：「先生素守如是，不可强。」予輩亦不之强也。』

先生性淡泊，喜善規惡，出以至誠。捐金創祠堂，纂家乘，寘田供祀，作祠規、飲酢歌詩，一準古禮，立宗法。時宗子貧，爲庸保，導之習禮，月給租膳之，爲娶妻生子，大宗因以不絕。行游郊原，輒瘞埋骸骨，置義冢西山之麓。嘗曰：『得及吾之生也，隨分薄施，足矣。』年七十五卒，學者私謚明善先生。祀鄉賢。

箸易蠡十卷，孝經繹一卷，心學宗四卷，桐彝三卷、續二卷，邇訓二十卷，崇本堂稿二十二卷、續二卷，別稿四卷。

子：大鎮，大理少卿，自有傳；大鉉，字君節，號玉峽，萬曆四十一年進士，户部主事；大欽，字君典，郡廩生。長孫若洙，號蓮江，名冠諸生中。嘗評定古今文數千卷，門人私謚貞隱先生。君典四子，次子仲嘉後最盛。

童先生諱自澄，字定夫，萬曆閒布衣。初見張甑山，即毅然有躬修之志。嘗曰：『泰州起布衣，爲餘姚高足，彼丈夫也！』遂交友四方，建輔仁會館於樅陽。嘗坐一小樓，曰靜齋。積三十年，弟子彌衆。

年八十四卒。

姚先生諱希顔，字崇孔，號克齋，縣學生。

家貧，有兄既婚，求析產，乃盡推田宅於兄，獨與妻繆氏奉母蹴居，曰：『吾任讀，若任績，以養吾母。』繆敬諾。繆亦善事姑：已稴粃，而姑食粲；已旬一蔬，而姑日進肉；門以内肅肅如也。

先生爲學重躬行，與方明善倡講學之會。明善子大鎮，又先生女夫也，天啓中爲大名府推官。先生送女之大名，衣白布單衣，請以帛易，不可。居三日去。晚治薄田數畝，教授弟子甚衆。

馬其昶曰：昔張太傅稱明善先生以布衣振風教，食其澤者累世，皆先生之穀詒也。童姚二先生，亦以清白世家，顧不及方氏熾盛。或言明善先生善相墓，嘗自卜營域，而張太傅之先有參政，姚氏有開化，皆精其術。吾邑墓地，三家多得形勝，其後亦最昌，豈其適然與？抑山川之氣與人先祖及其子孫之氣有交相通感，如後漢書載袁安之事者與？吾嘗覆按之，蓋不爽云。

姚葵軒公傳弟二十九

姚公諱希廉，號葵軒，參政曾孫。

家貧，早孤，孝事寡母。季弟方襁褓，仲弟又卒，遺一男，家事殷。有子六人，皆慧。因自操家課耕，千里延名師教子。至粥産共具束脩，豫儲中堂閣上，每月朔，拜而後致。見文儒敦行有道之士，必款洽竟談，以飫諸子聞見。每宵分，篝火，潛攜杖，聽諸子誦書聲，因顔其館曰『聽玉』。

性能飲，喜載酒出遊，酒酣輒賦詩。其行多長者，或浼以非義事，則謝曰：『豈無天乎？』嘗困於徭役，族諸生某例得免役，請之不應，憊甚。值歲除夕，炊麥半升，未熟，追呼已在門，於是慨焉感懷，賦詩一章，貽諸子曰：『子孫他日有興者，當厚恤宗人也，吾詩誌之矣。』

然公在時，諸子試輒不遇。其後，四子祖虞、本虞、賓虞、自虞一歲同取，充學官弟子，兩孫皆第進士，遂世其家，爲顯族。

似葵公諱自虞，字智思，通易，教授甚衆。隆慶間以明經入貢，詔賜博士冠服，不受，歸。子之蘭釋褐，詔之曰：『士重始進，宜有超世之識，無以科名榮利炫也。不滿其量，不易其樂，不改其度，斯君子矣。』

晚歲喜爲詩，預知死日，取扇、履諸物，題詩分寄所親。至期果卒。祀鄉賢。

初，似葵兄弟同歲入郡邑庠，而葵軒已前歿，相與酹酒，哭父之墓。已，召族人苦徭役者，曰：『吾四人例當復役，以復吾族，成先君子之志。』又各賦詩一章以和之。

馬其昶曰：葵軒感懷賦詩，所謂麥飯詩也。吾聞其後有舉甲乙科者，先上冢致祭，退輒和詩一章，自明以來蓋成帙矣。而其族諸生，後聞和詩輒慙，至姬傳先生登第，乃不肯和詩。

左太公傳弟三十

左太公諱出穎，字韜甫，號碧衢，少保忠毅公父也。

其先涇縣人，祖匡正佐唐有功，廟食於涇。後徙潛山。明洪武初，有曰代一者復遷居桐城横埠河。

五傳，當成化時松坡公，諱麟，字天祥，有義俠之行。邑中蘆課重，貧者至歲除尚以逋賦逮繫獄中。公與妻張氏謀，出貲代之輸；不足，則賣腴田；仍不足，乃稱貸以輸。明年，官追課、箠楚如前。歎曰：『代輸課無已時！豈若撞登聞鼓，刎頸闕下，籲減課邪？』遂齎疏北行。有家童曰左恩，抵闕先一日，恩竊其疏，跪而泣曰：『主不可死！若天子御朝，咨詢蘆課積弊，非熟悉利害，對未易稱旨。則今日之碎首午門以死者，小人事也。』於是伏闕上疏，左恩死於交戟之下。公蒙召見，允奏，減課額十之三。既歸，里人錢某慕其義，知公前後費千金，願助三百。公即受之，用其金造石橋利涉，行者賴焉。

再傳至太公。

太公有大略，喜怒不形，處囂若寂，在險若夷，蓋天性然也。嘗讀史，手輯漢宋黨禍成書，名曰讀史拾餘。忠毅初第時，即舉以授之。

其後，忠毅果觸逆璫魏忠賢怒，斥爲民，罷歸。心知禍未艾，無免理，一日置酒，使小僮於太公前作樂，爲商聲，歌舞楊忠愍事。忠愍者，楊公椒山，劾嚴嵩得罪，死都市者也。太公默曉其旨，慨然歎曰：『楊公，丈夫哉！即不知楊公父在何如者。且夫范滂母，婦人也，尚能爾，吾安能娖娖媿巾幗乎？』已而，忠賢果矯旨逮問。緹騎至縣，忠毅使人微覘太公，見太公容詞坦施，不改常度，心以稍安。忠毅拷掠既死，所司承望風旨，徵贓甚急，又訛言：『當族，使者已發京師矣。』時太公年逾八十，其配周夫人以慟子死，長嗣光霽以憂死，而太公應之，舒警皆適其節。

明年，懷宗御極，誅魏忠賢及其黨，而贈忠毅右都御史，再贈太子少保，褒贈三代皆如其官，賜祭葬有加。自忠毅之赴逮，以至其死，太公雖心哀之，泣下數行而已。至是，以天子命，發藁更葬，禮成，乃始仰天大慟。慟已，復笑曰：『吾今可以死矣！』遂端坐，瞑目不語，又徐徐旁睨。請問之，曰：『聊以驗鬼神之有無耳。』殁，年八十有四。祀鄉賢。何文端公常語人曰：『每晤左太公，覺吾氣猶未沈未静，於患難時徵之，更復淵然。』

太公子九人，忠毅次五，侍御次七，皆自有傳。

其弟三子光前，字繼之，號還貞，以孝聞。

太公治家，性不務纖嗇，食指衆，憊甚，又不欲九人中獨委一人也。還貞微窺其意，乘閒跪請：『願理家政，分大人勞也。』雖甚不足，於父母昆弟側必故爲愉快，惟恐或知其匱。太公嘗曰：『汝以一人耕，供數十人食，任取其艱，衣食取其下，汝治外，汝婦治内，吾無事矣。』及太公且殁，猶言：『吾三男某者，誠孝子也。』

弟忠毅被逮，欲俱行，值母太夫人病，乃以屬内兄周君。洎母病已，徒步至都，則忠毅已死。護櫬歸，以丁太夫人憂，致毀疾。未幾，太公即世，病益篤，臥苦塊中，不就寢室。一日，告家人曰：『吾夜夢侍父母側甚懽。』遂整巾而逝，年五十九。亦祀鄉賢。乾隆閒，旌孝子。

弟光燦，諸生，崇禎十年，以罵流賊死。知縣張公利民表之曰『常山並烈』。馬其昶曰：松坡剛正感物，義僕趨死，當亡動容；太公聞樂感慨，懼羞巾幗，卒能成子大忠；還貞督家，寬弟於學：皆非豪傑能若兹乎？夫大賢奮迹，厥有淵源。嗚乎邈哉，所從來矣！

張恂所公傳弟三十一

張公諱士維，字立甫，號恂所，參政長子。年十四補縣學生，雖席華胄，無上人之色。參政在官，遺之書曰：『聞汝兄弟居家敦樸，且勤讀書，甚慰。此可以養德，亦可養福。語云：「盛極衰至，福過災生。」造物之定理，前哲之明訓。近世儒者，若司馬君實、邵康節，尤惓惓言此，思深而慮遠矣。』於是，公稟家誠，愈自謙敕，以利濟爲事，人不及知，行之愈力。再舉郡邑大賓。卒年六十七。其孫文端公曰：『聞諸長老言，王父敦龐渾厚，嶷然如山嶽，挹其風度，可以挽澆振靡也。』

四子。長秉文，謚忠節，自有傳。

三秉彝，贈光禄大夫，文端父也，字孩之，號拙菴，縣學生。急人之難若身受然。不索逋，不顯責人過，接鄉里及臧獲皆以和。平生泊然無好，修祭享，培塋墓，輯譜牒，惟是爲務。親歿，廬墓側，墓樹交花。文端既貴，爲書諭之曰：『敬者德之基，儉者廉之本，祖宗積德累世，以及於汝，循理安命，毋妄求也。』卒年七十五。子七。長克儼。

克儼曾孫裕犖，字又牧，號樊川，乾隆十三年進士，至國子監祭酒。

先是，參政祀鄉賢祠。越十八年，恂所公入祀。其後光禄、忠節同時祀，而光禄弟三子西渠、五子文端、六子次皋亦皆從祀。凡四世七祀鄉賢，時論榮之。

西渠公諱杰，字如三。康熙閒貢生，爲蘇州府學訓導。風裁峻整，文端師事之。子三人。玄孫裕葉自有傳。

次皋公諱夔，以明經授靖江學訓導。大吏薦於朝，賜蟒服，擢直隸平山知縣。學官膺卓異之典，自此始也。累遷廣平府同知，祀廣平名宦祠。子六人。廷琛號栗亭，以孝聞，嘗刲股療母疾。乾隆時由教諭擢知湖北宜都縣，遷歸州，有循良之譽。

馬其昶曰：張氏貴顯，天下所推爲甲族，乃其先皆務自斂約如此。昔戴田有曰：『古人言：和氣致祥，乖氣致戾。和莫和於左氏之所謂「六順」，乖莫乖於左氏之所謂「六逆」，若張相國家，「六順」可謂備矣。吾友方靈皋氏亦庶幾焉。』由戴先生之言觀之，其流風世德可想也。

周張夏金四孝子傳弟三十二

周孝子諱聘，字延聘，號克齋，邑諸生。八歲受小學、論語，即有意力行之。旦夕見父母，揖必恭。有所喜，惟父母之喜；有所憂，惟父母之憂。自其幼時然，終其身無不然。所居室災，鄉鄰趨救，孝子謝曰：『天實有討於不肖，敢拒命乎？』望火再拜而已。嘉靖末，父母相繼殁，勺飲不入。弟强之，少啜粥，不蔬。日三奠，哭盡哀，寢不離喪次。歲餘，忽謂子曰：『旦日遠客來，預爲備。』已而果然。自是，頗知休咎事。卜葬地，不吉；卜先壟側，吉，宗人難之。孝子不能得葬地，哀奠至六年。或曰：『時可免喪矣。』孝子曰：『我大事未襄，安忍從錦衣者後乎？』衰絰不去其身，哀墨之容常如袒免。十年不踰閾，苦塊刓敗，見者惻憫。知縣李公尚默使諸生往爲營葬，於是，宗人感其孝，許葬先壟。或謂當詣縣謝，孝子曰：『令自爲治邑計，吾何敢私謝？』族人代謝之，李公歎曰：『不謝，然後見周生！』人曰：『服未可以闋乎？』孝子曰：『爲人子，至以親喪煩長吏，其何能安？』又服二年，然後釋。凡孝子服喪十有二年。

家貧，晚益困。二子：應氏、應尾，漁樵以生。孝子戒之曰：『山河非吾有，敢貪取乎？』舉鄉飲賓。年七十餘卒。

同時有伍孝子，諱良田。家貧，傭力養父，能娛適其意。父卒，匍匐於所厚家，以身貸金，計傭三載以償，遂得斂葬父於母墓左。葬畢七日，抱父主適貸金家，操作倍恆傭。夜奉主寢室而泣。於是，三年工竣，復抱父主返，仍廬墓所年餘。

張孝子諱思誼，字秉德，居邑東龍頭山。

少孤，母吳氏苦節，孝子事之無違色。夏驅蚊，冬燠鑪，必親必戒。將盥，躬進帨；晨起冠而揖，夕亦如之。出而反，必述所事。探母意所向，曲致之。當旅宿或少久，必流涕而別。

有弟思諶，孱而愚，母愛之。每出，母輒曰：『諶也無虞乎？』孝子戒弟勿復出，但坐室中侍母耳。終母之世，諶未嘗一日不在母側。進衣於母，母恆以衣諶，諶復以衣其妻。孝子知之，則更索衣進母。自是，每爲母一衣，亦爲諶一衣。人欲請爲子師，不許，則請致母夫人近舍，以便養，許之。每食必舍肉，使侍者進母。侍者感之，亦分食以進其母。

孝子之視母膳也，恆拜以侑觴。母習而安之，恣飲啖。年踰五十，館方學适家。七夕歸省，方之伻從堂隙窺之，則坐母堂上，躬進饌，衣冠拜堂下；起，獻酒，拱立。少選，更酌。將徹，下堂，拜如初。伻大駭，歸以告學适。學适曰：『嗟乎！而知張先生事母之常儀，類如是乎！』母八十餘卒。孝子老矣，哀慕如孺子。

妻齊氏早死，時孝子年二十六，曰：『吾妻致孝於吾母矣，安忍忘之？』遂終不娶。

其善事繼母者，有殷孝子諱效。繼母夏奴視之，使己二子就學，美衣食，而使孝子耕，衣食不得與比。孝子無纖介意，晝趨田力作，夕歸，濯足更衣而侍，色常愉。父喜，勞之。益奮力，致産千金，分給諸弟，不自私。夏感悦，遇之有加。

夏孝子諱子孝，本名恩。

六歲失母。父龍，諸生，爲童子師。孝子隨父學。九歲，父得危疾，且不起，孝子潛取刀入室，刲左股六寸，調羹以進，父食之頓愈。翌日，孝子痛創，父詰其故，乃知向所食子羹也，驚而大號：『奈何以我故死吾兒乎？』里老以聞於官。知府胡麟先一夕夢王祥來謁，詰朝得狀，大驚，召見，爲易名子孝，而字曰以忠。督學御史胡植即取爲諸生，月廩之。太守胡公復屬貢士趙簡授之經。

嘉靖末，父卒，葬孔城麥園墩。結茅墓側，朝夕哭奠，三年，奉主返室。始廬墓所，子生甫逾歲，女三月。及後返，子女能貌人，不知其父也。

初，漢川張甑山先生緒，字無意，署桐城教諭，以性理之學倡士，孝子聞而慕之。又出，從王龍溪、羅近溪、耿楚侗諸先生遊，學日精，名日有聞。耿公爲督學御史，將疏聞於朝，固辭曰：『不肖子不忍以亡親賈名。』乃止。年五十六卒。敕其子曰：『葬我父墓側。』人稱瞻雲先生。

妻汪氏。四子。長民懷，字伯孺，萬曆十九年舉人，授安陸令。母憂歸，再補宜黄縣，有吏能。其執喪甚毁，愛友諸弟，里黨稱之。

金孝子諱韡。

少遭亂陷賊。母老，賊棄之，獨以孝子行。數日，乘閒逃去，迹母故居及所嘗遊憩地，不獲。一日，忽相遭葦荻閒，母子乃得復聚。

母病，地僻，謁醫不得。病有危徵，孝子涕泣無所爲計，因刲臂以進，不效；復自傷曰：『真宰不足録邪！聞古有割肝療疾者，此可以胥後命。』時孝子尚盛，有肌，穴其左腹，指入而肝不出；又更稍廣之，肝以其末見，受刃焉。

先是，孝子念：『得肝，母疑之，事且敗。』乃白母：『有從賊中得鹿者，當往乞之，其脯可扶羸。』母以病亟，止勿往。孝子曰：『去此數武耳。』因出。

以肝濯諸池，入，投之釜，詭爲得脯。母從枕上詑問：『是何異香邪？籠吾左右。』時有行室外者，見其炊煙穿屋，皆作瓔珞雲。及孝子以肝薦母，啜汁少許，病立瘥。

當是時，離亂饑饉，孝子獨一身兩手，左護創，右磨麥以爲供。既久，母乃覺之，持孝子泣。孝子亦跪泣，戒勿言。

及母年七十，戚黨謀爲壽，於是母曰：『老婦不足辱長者，然老婦所以得有今日，由吾子也。』因泣下言狀，人始知之。

馬其昶曰：周、張、夏三孝子，其時皆在萬曆前，金稍後，今以類記之。舊志稱其割肝爲乙酉六月二十三日，則當鼎革時也。國史、方志於孝義皆别紀。夫孝，通德也，人人當勉。若區爲類傳，於義狹矣。然行有獨至，舉其大者，固可以厲風教。余所記，尤彰彰表著者，豈尚苟難哉？從同之行蓋不可殫述也。噫！『不忍以亡親賈名』，夏孝子深遠矣！

方太僕傳弟三十三 子副使

方公諱大美，字思濟，一字黄中。萬曆十四年進士。授湖廣常德府推官。擢御史，聞父疾，告歸，遂丁憂。服除，起按江西，再按河南、順天，遷太僕寺少卿，以母老，復告歸。年六十喪母，躃踊如孺子。公性清正，無鍥薄之行。在臺諫，疏請御經筵、裁中貴，皆不存草，及神宗實録成，人始知之。

巡按江西，有税璫横甚，公持法不阿。璫雖心憚公，横如故，民積憤，欲殺之，矢石及寢屋。璫惶迫，將自經，公出諭民，乃得解。璫泣謝曰：『賴公長者得生！』公曰：『昔不汝撓，正慮今日。』璫頓首，請自今一如約束。歲旱，大疫，民閒親戚皆走避病者。公給醫藥，親撫視之，全活甚衆。又捐禄入，爲小宗建祠堂、設義田。

子：體乾、承乾、應乾，俱恩貢生；象乾至副使；拱乾少詹事。公既歸，手記田宅之籍，示諸子曰：『吾增置田三百五十畝，囊中白金千有七百，此非吾官中物，乃朋友餽遺、汝母積勤所致。』蓋惟恐其子之或意其財物之得於官也。年六十二卒。祀鄉賢。

應乾子授，字子留，一字季子。崇禎末諸生，工爲詩。乙酉之變，薙髮狂走方外，寓甬上，陰求志節之士而友之。是年冬，五君子難作，華嘿農、王石雁爲之魁。子留本參其事，幸得脱，遂傾囊盡周諸公之急，而與周明輩結詩社。居久之，以母老歸省。歸而英霍山寨未靖，子留復預之。逮繫入獄，以此破其家。後復奉母來鄞，寓陸氏之湖樓。周明兄弟哀貲，爲買田以養，遂卒於鄞，湖上詩人罷詩會者期年。

副使諱象乾，字廣野。天啓閒貢生。初授黄州通判，贊畫鳳督軍事。總兵劉超叛，詒書曉以禍福。超就執，敘功遷高州海防同知，轉廣州府同知，至按察司副使。備兵嶺西，分守平樂、左江，猺獞化服。解組歸，中途阻兵，流寓廣州，卒。

性慷慨好施。左忠毅之被逮也，斂千金爲治裝。居官尤恢廓，有大略。

子：幟，蕪湖訓導；戡，順治十四年舉人。曾孫苞自有傳。

馬其昶曰：世之禄仕者務居積，大抵皆爲子孫計長久耳。太僕所遺田宅止此，誠可謂拙宦，顧猶汲汲自明。望溪先生嘗述其事以告後人。嗚乎！吾鄉盛時，士大夫門風如此。自今觀之，豈非所謂不近人情者邪？

吳觀我先生傳弟三十四

吳先生諱應賓，字尚之，一字客卿，布政弟四子。母孫氏夢飛星入口而生。少有『聖童』之目，摛辭英妙，塾師謝不及。嘗與何仲嘉布政兄弟、胡伯玉參政、同族體中司馬約會文，日成七藝，衆磨厲從之，先生最後至，初不起草，藻麗無雙，諸人皆自失。

年二十二，登萬曆十四年進士，授編修。後以目疾告歸。

先生少孤，事繼母程以孝聞。兄弟怡怡，率行古道，以祀其先，以敦於族。通籍四十餘年，布政所遺無毫髮增也。既以目疾家居，益玩心高明，日使人誦所未讀書，輒辨其訛脱，按之果然。有所造述，子弟執簡，口占授之。

其學則通儒、釋，貫天、人，宗一以爲歸，以謂：『山蹊之徑，不可勝由矣；向牆之户，不可勝入矣：不離乎宗。宗者，宗其可爲聖也。儒與釋之「無我」，老之「無身」、「惟一」之訓，於書旨矣哉！不知者，知聖不知一也；其知者，知聖之各一其一，不知共一其一也。』故其論性不出於『無我』之一言，曰：『無我者，至善之體相；有我者，不善之依止。堯舜之善，用其性之才以致其無我而已矣；桀紂之不善，用其性之才以致其有我而已矣。』因箸宗一聖論十篇，暢揚其旨。

天啓中，同里左公光斗、方公大任以學究性命交章論薦，辭不赴。詔加左春坊左諭德，兼翰林院侍讀。上疏極論時政，上嘉之，宣付史館。

崇禎七年，邑有民變，遯於郊，悵然曰：『天下自此不太平矣！』至南灣別墅坐而逝，年七十。

所箸又有古本大學釋論五卷，中庸釋論十二卷，性善解一卷，悟真篇、方外遊、采真稿、學易齋集各若干卷。

門人私謚宗一先生。

子道凝，字子遠。順治四年進士，爲奉化令。才性俊邁，草書尤橫絶，自謂似李北海。箸大指齋詩集。

馬其昶曰：予讀宗一聖論，緣聖以爲一，緣一以爲宗，其殆擬漆園氏之所爲邪？不資聞見，不踐故迹，如川至雲蒸，不可方物，何其文之浩汗無涯也！解體世紛，結志區外，溥物而忘我，蓋亦道其所自得也。

方大理傳弟三十五

方公諱大鎮，字君静，號魯嶽。早傳父學。萬曆十七年進士，授大名府推官。能平反冤獄，擢御史。乞歸。旋起巡鹽浙江。時九邊軍餉半取給鹽課，自萬曆二十七年，增新税二萬六千餘號，商竈重困，邊食愈不給。公立法清釐，釋私販應配者數千，疏請蠲商竈新税之半。巡按中州，福藩請雒陽田四萬頃益湯沐，三分起科，計銀十二萬兩，奏減其半。累遷大理寺少卿。

鄒忠介、馮恭簡建首善書院，核品嚴，甚推重公。公論學以性善爲宗，論治必本君德。嘗奏進父學漸治平十二箴，以謂：『聖人不緣居常忽其戒儆，小臣不因疏逖忘其進規。』又以陳白沙、胡敬齋兩先生自萬曆時已祀孔子廟，無謚，上疏略曰：

祀與謚典，禮均至重。我朝從祀孔廟，自薛瑄、王守仁外，惟獻章、居仁。文武諸臣得謚者僅百數，從祀者止四人。今二臣祀而不謚，於典有闕。故事：惟大臣得謚，故瑄謚文清，守仁謚文成。今謚二臣似與例格。然臣愚以爲：謚者正爲賢者設也。二臣之賢，不減瑄與守仁，既同祀廡位，奈何獨靳於易名之典？

唐制：養德邱園，聲實並著，則謚曰『先生』。宋謚徐積節孝先生，林逋和靖先生。又宋臣魏了翁、任希夷請謚周惇頤曰『元』，程顥曰『純』，程頤曰『正』；楊棟請謚羅從彦曰『文質』，李侗曰『文靖』。惇頤官不過虞部郎中，顥不過御史裏行，從彦不過主簿，頤以布衣薦爲説書，侗則終於布衣：前朝賢者賜謚，不論品位崇卑。

臣至愚陋，敢以獻章、居仁二臣賜謚爲請。

疏上，陳謚文恭，胡謚文敬。明代布衣之得謚始此。

又請召用鄒元標、蔡悉、周汝登等。

奉使往蜀，陛辭，力陳經筵四事。及返，羣小詆排正學，毀書院，鄒馮諸公皆去位。先生筮得『同人于野』，遂乞休。自號野同翁，隱居白鹿山，立荷薪館於明善祠旁。

性至孝，年七十喪母，哀慕如孺子，廬墓側，未及禫而卒。門人私謚曰『文孝』。祀本邑忠孝、鄉賢及浙江名宦祠。

箸易意、詩意、禮説若干卷，奏議六卷，荷薪義八卷，田居乙記四卷，寧澹居詩集十三卷、文集十二卷。

馬其昶曰：明善先生在儒家獨著聞者，以大理趾美，累世傳業，能光之也。夫君子學修，自完天職耳，名顯晦無加損。然德不獨善，莫爲之後，即來者何述？大理以『荷薪』名館，有以哉！其請謚疏旨亦云。

吳司馬廷尉傳弟三十六

司馬吳公，諱用先，字體中，一字本如，號餘菴。

萬曆二十年進士，授臨川令。均賦平役，以最徵爲户部主事。歷議曹，出爲浙江按察使，遷布政使，皆有績。尋擢都御史，巡撫四川。時播酋爲亂，大將劉綎以議餉不進，公趴先出師，督綎合戰，討平之。疏革行都司，並革五衛官管事，改五衛爲郡，州縣兵俱隸之有司。由是，武弁侵虐居民及交番通苗諸弊悉除。以疾去官。

家居八年，起工部侍郎。會推少宰矣，漏下，有客過公稱慶，且導謁時相，公曰：『宰爲朝廷宰，非相國宰也。』客不懌，去。明旦，即有總督宣大之命，俄改薊遼總督。時薊爲危疆，公曰：『君命也，何敢避難？』

先是，孫公承宗督師駐甯遠，慮主款者撓己權，上言總督、督師宜勿兼設，廷議不許。孫公惡本兵多中制，稱疾求罷，時天啓二年也。

公既至遼，與孫公交驩無閒，疏言：『臣抵任十日，即閱歷薊昌諸路，星馳山海關，至甯遠。以臣所覩記，非獨關外之難，關内亦難也。關内三協，以選將練兵爲要義，以修牆築臺爲急務，以撫勦相需、戰守互用爲定策，以崇簡守約、惜軍愛民爲官方。』上温旨傳諭。凡一歲中修邊衝十九處，墩臺、堡堞煥然增新。邊糈告匱，爲興鼓鑄，勤轉輸，杜侵覈冒，由是，餉足而諸邊以甯。

會璫禍起，致政歸，卒於家。崇禎初特賜贈廕祭葬。

公少孤，育於祖。及長，孝養備至。與宫諭應賓同建宗祠，置義田。

箸有周易筏語、寒玉山房集。

祀鄉賢。

子：日昺，官廕生。鼎革後，以枕藏唐王三詔，爲家奴所首，被執，死於市。日䄆，字函三，有夙慧，七歲時，一夕讀洪範成誦，能背寫。廕中書舍人，以璫禍起，告歸。性至孝，雖流寓，每歲必一歸省先墓。箸世儀堂集。

廷尉公諱應琦，字景韓，號玉華。萬曆三十二年進士，由太常寺博士擢監察御史，巡按雲南。沐藩驕獷不可制，公甫按部，值兩藩並建，貢金驛騷，慨然有澄清之志。奪沐黔國公印於其子，易封其父。修學宮，甃以石，士民賴之。又疏請蠲免貢金，略曰：

廟廊之黄金五千，閭閻之白鏹不啻五萬，自皇上御極，四十三年進金幾二十萬，則搜括帑藏不下二百餘萬矣。

滇地本不産金，乃預給銀價，市之秦、隴、巴、蜀，然後積銖成兩，從一累千，括之絶域，貢之上方。中使冒濫，等之瓦礫，而使荒徼有賣子粥女之慘，臣竊爲陛下不取。況滇俗囂悍，其民易動，數年間，一變於楊監，再變於鳳克，三變於多酋。今交阯、烏撒又見告矣。兵械戰守，一無足恃，所恃者區區固結之民心耳。若際此饑荒流離之時，更驅以掊剋科斂之政，臣誠有不忍言者。

語曰：『百姓足，君孰與不足？』惟陛下留意！

疏入，報可。他所興利甚衆。

父艱，歸。除服還朝。總憲鄒公元標以京畿重地，難其人，請授公浙江道御史。巡視順、永、保、河，諸璫相戒勿犯。遷大理少卿。乞差南還，堅臥不起。奉詔徵，乃勉一出。授南大理卿，仍請告歸。

嘗自言：『熹宗朝開璫禍，吾獨超然物外，僉壬知吾不黨；懷宗朝定逆案，吾獨嚼然不滓，君子諒吾不私。』

年八十有二卒。

子：用鈴，内閣中書；用銘，廪貢生。

馬其昶曰：孫公南陽集有感璫禍賦三十五忠詩〔二〕，吾鄉左忠毅、吳司馬胥與焉。且言：『起三十五人於九京，未必人人大有勳烈。然有勳烈者，必此三十五人。』而應山楊忠烈公亦嘗奏記，司馬以靖邊疆、秉衡軸致期許。由二公之言推之，司馬之賢可知也。廷尉諤諤，不爲詭隨，亦不蹈危機，身安而名泰，斯亦難矣！

先太僕公傳弟三十七

公，馬氏，諱孟禎，字泰符，號六初。

少孤，以善事母聞。志略偉異，有忠孝大節。

萬曆二十五年舉鄉試，主試葉公向高奇賞之。明年，成進士。知江西分宜縣。每出巡縣，逾期不返，署中蔬米或告匱，諭民自輸，糧吏不得擾。以徵賦不及四分，爲户部尚書趙世卿所劾，鐫二秩。民聞令當罷，三日逋賦悉完，竟獲上考。行取授主事，鄒公元標、萬公國欽等力争，改授廣西道監察御史。

當是時，大學士朱賡、李廷機秉政，時論不與，姚文蔚等附政府，皆擢京卿。又屢召還王錫爵，錫爵辭不赴，密揭痛詆言官，而李廷機亦被劾奏辨。於是，公痛奔競之日甚而京堂冒濫異常也，輔臣之譸張誤國也，直道難容而讒諂至也，乃上疏請顯斥姚文蔚、陳治則、王永光，罷免朱賡、李廷機，並允王錫爵之請，以謂：『秉道觸邪，臣之職分，雖刀鋸在前，鼎鑊在後，能挫臣，不能鉗臣口。』不報。

復上疏陳要務，略曰：

方今天下亦何嵴嵴多事哉！觀之天意，則天意違；觀之人事，則人事壞。説者謂：萬曆三十年後，朝野景象不如二十年前，二十年前又不如萬曆初，愈趨愈下，至於今日而敝極矣。漢臣有言：不見其形，願察其影。皇上於静攝之中，試一察之，得不爲之寒心哉？然則圖之維何？

一曰通壅蔽。臣惟上下交爲泰，上下隔爲否，自臨御廢，而中外臣工咫尺不得望天顏，亦甚睽隔矣！通下情者惟章奏，而章奏之入，輒留中不發。煬竈之禍開而壅蔽之形成，曷若逐日省發，顯示天下以從違之的？

一曰録直臣。臣惟國家得百諾諾之臣，不若得一諤諤之臣。若鄒元標、趙南星、王德完等數十餘臣，皆夙負忠貞，久遭廢棄。皇上治天下，不以此時急賜起用，顧使依阿輭熟之輩列爵於朝，而欲以之彌變回天，豈可得哉？

一曰決用舍。當任不任，政務益墮；當去不去，廉恥愈喪。皇上試思目前總憲、戎政等官，關係國家何事？自不得任其虚懸。而被論諸臣，忍恥含垢，不能自決去者，非皇上急爲之去，長安一片地肯輕棄乎？

一曰恤民窮。鳥窮則啄，獸窮則攫。今日之民窮極矣！輦轂之衆困於充商，楚蜀之衆疲於採取，水陸商賈苦於抽榷，人害之慘，不忍見聞。夫獨非赤子乎？而當事者不聞軫念，固不可解也。

一曰急邊餉。今天下府庫孰非皇上有？而皇上分别内外：外者任其常竭，今日借太僕，明日借節慎；内者欲其常盈，今日著進收，明日著進取。方今邊地阽危，枵腹待餉，急捐此數十萬緡保全左臂，即以保全京師。若猶戀不能割，萬一邊士脱巾，咫尺邦畿，甯保無恙？ 而朽蠹之物獨能長存乎？ 是又今日之萬不容緩者。

凡此五者，諸臣言之已至厭陳，皇上聞之亦至厭聽。 然而，扶危定傾之策，卒無以易此。 伏惟深留聖思，天下幸甚！

時諸臣爲稅監誣陷，逮繫甚衆。 至是，參將李獲陽斃獄。 公言：『獲陽已不可復生，在衛獄尚有王邦才、卞孔時、滿朝薦，在刑部獄則有李嗣善，皆以循良遭羅織，將爲獲陽之續。至楚宗一獄，羣邪欺罔搆成，死者已多。 今被錮高牆者，誰非高皇帝子孫？ 乃令沈冤不釋，而漫無所矜恤乎？』皆不省。

代王庶子鼎渭、鼎莎争立，公援祖訓『有適立適，無適立長』，謂：『今宗藩要例有所竄易，不足據。』部覆從公等議，立鼎渭爲代世子。

當神廟深居静攝，公疏百數十上，直聲震朝野。

石埭人孫大功居京師，力通權貴，以採生割幼自恣。 公廉得實，坐院署，立捕之。 中貴再四請，不聽。 須臾，救牘盈尺，悉揮之曰：『無及矣！』卒案論如法。 巡太倉銀庫，例進羨金萬餘金，奏罷之。 巡長蘆鹽政，卻陋規十萬以蘇商困。 捐金修河堤，貯倉穀。 建天門書院，暇則召諸生集講。

值福王就國，贍田二萬，山東應給四千餘頃，王欲奪民膏腴，公不可，計租準值如故事。

宵小復嗾王遣承奉覈田，郡邑騷動。公以爲福藩田不定則諸藩圜起，不特山左危，天下皆危，乃列其横暴狀，陳祖訓：王府不得占買民業；欽賜田畝租税，例赴州縣上納，不得輒自收責。疏凡七八上，卒報可。王初由舟行，俄改從陸，公復阻之，王不懌而止。

四十二年冬，考選科道，而張先房、趙運昌、張廷拱、曠鳴鸞、濮中玉以言論忤時，抑不得與，公具疏論之。是時，齊、楚、浙三黨勢張，忌公讜直，出爲廣東副使。以母老，辭不赴。

天啓初，起南京光禄少卿，轉太僕，以憂歸。會魏忠賢用事，御史王業浩遂劾公建幟『東林』，且與左光斗善，削奪爲民。初，公與左同里，以節義相許。及左被逮，詣公，以家屬爲寄，公慨然曰：『吾事也！』以曾孫女許配其家孫之乾。時方值周魏爲婚罹禍之後，人皆危之，公不爲動，然亦竟無恙也。

崇禎初復職，起太僕卿，秉銓者欲得公一通問。公笑曰：『吾老婦晚媚人邪？』遂不復起。

卒年六十八。祀鄉賢。

箸有奏略四卷，行世。

其昶謹按：蕭家店在縣南四十里，有碑巍然紀公遺德。何文端公爲之語曰：公之澤被數萬户，公不自有矜容；公之德修之數十年，公未少有倦色。居恆不以片牘干有司，邑有大利害，嘗造令力争。居民倡亂，相戒勿犯馬公家。及卒，婦孺流涕，罷市數日，以吏役横呼，方知前此有所讐也。公行載明史，其祀謹據本傳及李公邦華所箸墓誌，益以公自爲疏，并綴述文端之言，以俟後君子論焉。

胡參政傳弟三十八

胡公諱瓚，字伯玉，號心澤。

萬曆二十三年進士。授都水司主事，分司南旺司，兼督泉閘，駐濟甯。山東之水汶泗爲大，泗水之衝有金口壩，會大霖雨，沂泗交注，堤不足以勝水，壩堰盡壞。公復修金口壩以遏水勢，又造舟於汶上，爲橋於寧陽，民不病涉。時議征税濟甯，公固言不便而止。又建議輕兩湖蔘税，謂：『草以聚魚，税其子不得並税其母。』

萬曆二十六年，河决單之黄堌，運道湮阻。劉公東星來總河漕，公因與論難往復，謂：黄堌不杜，勢且易黄而漕。漕南北七百里，以涓涓之泉，安能運萬千有奇之艘，使及期飛渡？宜濬賈魯河故道，益治汶泗閘泉數百。尋源竟委，著泉河史上之。嘗謂：『自濟以西地稍高，水虞其出，不虞其入；自濟以東地近窪，水虞其入，不虞其出。如鄒所爲淵源、勝水諸泉，其流盛，濬之自易。』因與有司約：凡治泉，一夫濬一泉，泉水所匯，則聚而役之，各有分地，省其勤惰而賞罰之。冬則養其餘力，不征於官。以疏濬運道有功，增秩一等。

還部，尋督修琉璃河橋，遷虞衡員外。三年橋成，省費七萬有奇。嘗修盔、甲二廠，又創火藥局於東隅，以便收放，且防積火爲災，不費水衡一錢。累擢江西右參政，督理糧儲。凡三督運，飛輓無滯。

旋予告歸，杜門不與外事。會邑中編審，變亂祖制，公昌言不便。當事者怨之，至飛語上聞，竟復舊。又建祠、置祭田，宗人德焉。

公性簡静好學，在官，貽其從子書曰：『吾視汝輩猶子，平生不喜人出一輕薄之言，行一輕薄之行。衆人皆躁，鎮之以静；衆人皆華，持之以樸。凡矜躁趨華者，吾門不願有此子孫也。』公初爲諸生時，嘗手寫通鑑全書，晚益淹洽。所居曰『萬卷樓』，日閲一卷爲常課。箸尚書過庭雅言若干卷，禹貢備遺增注二卷，泉河史十五卷，解愠堂集若干卷。

馬其昶曰：公疏運治泉事載明史，厥績懋矣。獨其家居争編審見忌事，莫能言其詳。龍眠古文録公編審議，有目無書。後從胡氏譜見公與邑人論編審改法書，因亟録之。其略曰：

諸丈負鄉里碩望，苟可庇乎閭閻，固無愛齒頰，況今甲昭垂，一旦更革，鄰封晏然，吾邑創見？如近日編審一事，始於諛佞之單詞，主以當事之獨任，壞法亂常，流禍無極！

祖制：十一甲共充賦役，十年一輪。今則不論鄉圖，止以八百畝當一賦役，如一家；八千畝更置一里，是廢祖宗里甲之法矣。祖制：計口編丁，如有消乏，即以餘丁充補。今則不論生齒，止以五十畝定一丁，不及此數，盡與消除，是廢祖宗户口之法矣。

彼其意，本欲以均役之説，悦小民，博聲譽，且曰江南見行。夫江南役法繁重，人多飛詭，白糧差役皆江北所無。且其法，除優免幾千畝外，方與齊民均役，猶自有節；今則千畝而上無一得免者，衣冠比於編氓，優免盡爲虛惠，甚不可也。若夫計畝成丁，則畝多丁少，盡報詭名；畝少丁多，遂至脱漏：使大户當無人之丁，游民脱有丁之籍。食土之毛，莫非王臣，無論富家踵足而立，即小民亦不願有此也。夫執干戈衛社稷非人乎？萬一軍旅煩興，據册僉點，何以應之？彼將曰：『太平之世，安得此語！』此非所以永治安而規萬代也。又曰：『有土有人，田之不存，丁於何附？』夫有身有庸，田載人去，尤不通之論也。

某力薄言輕，恐滋激擾。諸丈同此利害，凡可蚤計而預謀者，當不俟辭之畢矣，唯

門下實亟圖之。

其爲書如此。

何文端公傳弟三十九

何公諱如寵，字康侯，號芝岳。萬曆二十六年進士。改庶吉士，聞父疾亟歸，而父歿。服闋，散館授編修，復以母養請告。公與兄布政約：兄弟兩人者，必一侍太夫人側。三十九年，布政督餉，事竣歸里，公乃再出。擢中允，累遷右庶子。故事：詞臣官五品，歷三載，無不遷者。時中書某得幸政府，公與左庶子趙師聖皆當遷，或勸一詣某，皆謝不往，竟用庶子考滿。前此以五品考滿者，獨諸理齋，後則二公。天啓初，拜禮部侍郎，以母年九十，辭不赴。終母憂，起故官。魏廣微得志，公坐與左忠毅公同里、友善，奪職。

崇禎元年，起吏部右侍郎，未至，拜禮部尚書。宗藩婚娶命名，例請於朝，吏因索賕。自萬曆末至是，積疏累千，有已死尚未名、未婚娶者，用公言，貧宗得嫁娶者六百餘人。

明年冬，京師戒嚴，都人或自請出私財募衆助軍，朝議壯之，公獨持不可，謂：『不善用，且啓内釁。』上召問，對如初。上乃出片紙示之，則得之偵事者，果稱其叵測，由是受知。

十二月，命與周延儒、錢象坤俱以本官兼東閣大學士，入閣輔政。袁公崇焕下獄，上將族之，以公力解，免死者三百餘人。籍其家，得往還書一篋，公請付閣中。已而上索書，對曰：『焚之矣。』累加少保、户部尚書、武英殿大學士。四年春，副延儒總裁會試，事竣即乞休，疏九上乃允。

抵家，復上言：

帝王治世之要，在虚己而受忠直之言。求之今人不足，則求之古人。凡難處之事、難決之疑，古人皆有成畫。皇上法祖御世，資治通鑑、會典二書最爲切要。事至按之會典，事前參之通鑑，則賢姦昭著，法制不紊。

俞旨褒答。

公爲人博大坦夷，無察察之言，對客不倡語，應機時出，則令人意盡，以此爲士大夫所歸。而操行純雅，與物無競，其難進易退之節，世尤高之。六年，延儒罷，召公爲首輔。時温體仁方得君，度其終不相容，行至淮安，乞休益力，許之。

流寇猖獗，公以皖城重地，宜設專臣，乃上言：

臣郡安慶，地在江北，轄以江南，上接荆襄，彭蠡巨浸下流直附淮揚，爲留京第一要害。高皇帝破陳友諒鄱湖，用安慶聲援之力甚厚。宸濠以數萬之衆，不能越江城一步。古稱長江天塹。防江之法與防陸殊，防陸在嚴分地，防江則必控其上游。安慶距留京六百里，形若建瓴，聲息可以相通。備兵道臣原駐池州，近請改駐安慶，誠知其扼塞之區也。今撫臣業已整師，溯流疾趨臣郡。觀其措施，必能左提右挈，遏氛固圉。然此乃一時應急之策。臣愚謂：宜從此增設大帥，統領重兵，坐鎮其閒，則賊以舳艫相窺，大江南北各有聲援；若捨舟從陸，臣邑當廬楚之交，勁旅踞關，即賊馬亦不敢飛渡：於形勢防守爲便。

其後，安慶卒設巡撫，公所建也。

公雖家居，猶歲給廪禄，遣行人存問。每具疏謝，必附陳國家大計。以十四年三月，卒於金陵邸第，年七十三。祀郡邑鄉賢。福王時贈太傅，謚文端。著有奏疏三卷，後樂堂稿若干卷。子應璜，贛州知府。孫：亮功，順治十四年舉人，官古田知縣；采，順治六年江甯籍進士，官侍讀。

馬其昶曰：昔公嘗語同官：『吾輩日出視草，至漏下不休，亦足少酬餐錢，特不知燕居深念，於漢丞相何如耳。』聞者致歎。夫遭時艱危，秉鈞謀國，非尋常守職苟可自謝責者也。公致位宰相，屢疏乞退，皭然不滓，豈其澹静之操然哉？抑其意量之所營者大而不能自慊也？

校記

〔一〕據目録及正文，宜附『童定夫姚克齋』。

〔二〕南陽集　按，當作『高陽集』。

桐城耆舊傳卷五

劉評事傳弟四十

劉公諱允昌，字燕及，號淯水。先世從豫章遷桐城。是時，縣人尚無有以科第世家者，劉氏六傳曰劉瑩，登永樂二年進士，由御史出爲直隸永平知府，調廣平，民歌之曰：『太守政清，二郡獲寧。』再傳爲劉璽，正統六年舉應天鄉試第一，教授敘州。公，其裔也。

生而穎異，授書背文，皆如素習。萬曆三十二年進士，選江西宜黄縣，調知臨川。吏能勤敏，民不敢欺。嘗校士，應試士不下數千，平第甲乙，七日而畢，刊落十不中一，衆士讙譁於庭。公出至庭，執一人訊之曰某，即應聲曰：『女文黜者以某累，然某語致佳，可續甄入册。』又執一人訊之曰某，曰：『女尚自言邪？』因舉誦其疵句，叱之退。連執訊十餘人，無差爽者，衆相顧駭散。兩充鄉試同考，臨川湯顯祖出其門。調廣濟，民苦漕運，爲條舉利弊，得減半折兑。轉大理寺評事，未赴任，卒。民追思之，爲立祠。

公文辭贍捷，學子承風，自遠而至。箸劉氏類山十卷，四庫書存目；澹然齋集共若干卷。

先是，嘉靖時能詩者有：

處士秦吾田，諱嘉禾，號大龍山人，兼工書法。里人或求書文待詔徵明，文曰：『子鄉有秦吾田，奈何愛野鶩而失家雞乎？』其詩曰彭澤稿。

戴先生諱乾，字元泉，亦處士。錢先生諱元鼎，字實夫，鴻臚寺丞。其詩並見御選明詩。

項先生諱琳，字平野，爲諸生，頗有聲，博覽多通，不涉世事。其曾祖洪武閒自歙之桂溪遷桐城，爲桂溪項氏。至國初，有紹芳者成進士，族漸盛。

而萬曆閒與評事同時者，又有侯先生，諱珦，天才穎異，以諸生終。嘗衍蘇氏迴文詩至八百首，又善投壺，箸壺譜奏矢百四十法。置酒張壺，按譜投之，飛躍疾徐各極其致云。

馬其昶曰：吾邑文士見於傳記者，一統志：唐有曹松，字孟徵，光化中進士，授校書郎。宋李公麟，字伯時；弟公寅，字仲謨，一字亮工；從弟元中，字沖元。兄弟同時舉進士，號『龍眠三李』，與蘇黄諸公遊好。宋史公麟列文苑傳，無公寅、元中。而陸農師、王介甫及蘇黄集，於『三李』並有題詠。又，朱載上教授黄州，詩句爲子瞻所賞，其子中書舍人翊，字新仲，亦知名，有猗覺寮雜記二卷。其他無傳焉。蓋宋元以前書史所載，類統稱舒州，實兼今懷寧、舒城地。洎明而舒南皖北之産，始别之爲桐城，故余書斷自明始。明時，士大夫皆崇風節，嫻吟詠，而文罕成家。至我朝，方姚之徒出，桐城之文遂極盛矣。評事在萬曆時頗有文譽，今所箸皆佚，余載於此，以著其概云。

左文思先生傳弟四十一

左先生諱德瑋，字無奇，一字鏡懸。父成菴，諱士梓，受知學使耿公楚侗，以儒術教家。長子德玉，字元璞，號茇河，專尚書，天啓中歲貢生。

先生治春秋，縣中習春秋學者，如方宫詹父子，皆出其門。當萬曆末，大饑，居民相剽奪。先生居邑東，教授縣城，一日歸，經祖居，族人争告飢，因出館金散之，立盡。後一人至，無金，即解所被袍予之。抵家，囊橐蕭然。其後，官逮治諸肆劫者，惟左氏以得金故，無一人罹法。

先生兩中副榜，年五十二卒。學校諸生聚明倫堂，私謚曰『文思』。子鉿、鉞、鋭、鐄皆賢，自鉞及兩弟皆縣學生。

鉞字公虔，獨傳其世父尚書學，謹禮法。

鋭字幼錞，旁綜子史，不專家。妻盛氏能通毛詩、論語、列女傳。子昊，字白存，號采一，早孤，内稟母訓，外資叔父藏一先生獎勸，卒成其業，爲學者所宗。箸四書表證、六經正訛。然其平生精力尤瘁於史，自温國通鑑、紫陽綱目，及劉恕外編、李燾長編，他稗官野乘，皆蒐采，成讀廿一史綱十卷、讀明史綱五卷。前列歷代統紀世系、國都地域、改元年號諸圖考，粥田宅剞劂，遂落其家。

馬其昶曰：當明季，文思先生爲鄉里欽重，今縣人遂無有知者。蕭敬孚丈爲傳文彰之，並從其六世孫愷得見史綱。蓋據其序例，實起於文思先生，公虔於晉、魏十六國、南北朝之始終最核，漢、唐、宋三朝則編自幼錞，宋以後缺焉，兵火耗蠹，無完帙。白存劬學，析薪負荷，用集厥成，亦賢矣哉！

姚湘潭副使傳弟四十二

姚公諱之騏，字汝調。父諱承虞，爲葵軒長子。公少督諸弟學甚嚴，倦則策曰：『麥飯詩其忘諸？』麥飯云者，葵軒感懷句也。公與從弟汝芳先後八日生，甫彌月，葵軒弄以筐，一道士乞食，笑曰：『一筐中盛二進士。』公生六歲孤，貧不能購書，手寫讀之。

萬曆三十五年進士，出李騰芳房，授湘潭令。李，湘潭人也，跅弛豪放，公過辭曰：『此去當圖所以報德。』至則李氏奴不法，庭笞之曰：『吾於爾主，誼同子弟，安有父兄遠宦，而子弟顧縱其家人爲不法者？』自是，境内悚息。剛以爲治，民且頌且謗之。洞庭多盜，公請往捕，或以非湘潭事，不宜問，公曰：『湖，潭人之所經也，可異視邪？吾越境往，出不意，盜必成擒。』率健卒入賊巢，執其魁，還誅之。公性清嚴，絶苞苴，民爲謠曰：『止飲湘潭水，不汙長沙泥。』舉卓異，會疾卒，年四十八。

兵備副使王志遠怒其倔强，適過縣，視其斂，一無所辦，室中蕭然，四壁書錢穀出入及當興革事；扃一木篋，甚固，啓視，則疏邑中善士、姦民册，副使撫屍大慟曰：『咫尺有名賢，我乃不知！』士民聞公歿，皆奔哭，副使曰：『父老休矣！顧姚侯方未斂，安所得巨棺？』公長身八尺，某鴻臚亦脩軀，年七十餘，扶杖入，請以自具棺斂。於是，撫按羣公及士民爭致賻，累千金。妻項氏謝不取，卒貽書桐城，以所賻金爲置田，贍遺孤，而請祀之名宦。縣人亦請祀鄉賢。

本朝康熙閒，公孫文燮仕雲南，值兵亂，閒道歸，過湘潭，父老曰：『此前朝神君孫也。』共庇之，得脱。文燮自有傳。

副使諱之蘭，字汝芳，號芳麓，似葵公子。

萬曆二十九年進士，授福建海澄令。嘗校士，適家書至，左右避之，笑曰：『吾父無私言。』發書，則戒以『官中事，不患女不明斷，患太過。當默念爲生民布德，次第末減』，衆乃歎服。

海澄地濱海，夷商通市，太監守監其税，暴横。公爲人彊毅内敏有方略。一日，有數百舟環璫廨洶洶，璫大懼，舟商有曉事者亦懼。謁公，公曰：『任衆譁，勿動！俟吾示出則既已。』皆曰如約。太監以舟迎，公陽緩其行，謂縣尉：『速備舁夫百人，今夕有所調發。』既乘舟至，太監迎甚恭，曰：『何以救我？』公曰：『商怨深矣！浮收十倍正税，禍不測，請爲君出示罷免。』太監曰：『善！』示出，衆解散。公曰：『海口去邑治遠，恐令歸而衆復逞，君盍從我往乎？』太監曰：『善！然上供在，奈何？』公曰：『上供有額，君當爲行李慮耳。』太監乃出輜重，並舟至縣。公又曰：『官舍卑隘，得無誨盜，曷運至郡乎？』太監曰：『善！然安所得舁者？』公立召百人至，即夕發。太監悔，然行李已前發，即去。至郡，無以棲，遂倍道還福州。自是，惟檄取上供如額，璫不復至。

姦民周慶妄言呂宋產金，富人張嶷利之，上書請採。詔使往視，撫按檄縣爲嶷具舟，而不移文呂宋。公曰：『是駭外國也。且呂宋即產金，請貢猶當卻之，奈何示貪外夷？』固請勿往，不許。有巨商願具舟載嶷、慶，公令縣倅偕往，親祖於海畔。既畢，以銀璫縶嶷，嶷曰：『我皇商也，何辱我？』公笑曰：『若得金歸，乃皇商耳，姑縶之。』次及慶，曰：『嶷倚汝若左右手，利害共之。』次及巨商，商曰：『我何罪？』公曰：『二人不得金，倘蹈海死，何以報天子？吾以二人付汝矣。』戒倅伺之，勿令與夷私。於是竣事還報。卒無金，上誅嶷、慶，璽書褒之。

未幾，有紅夷千人，載七舶至漳，乞通市。撫按議不許，集僚佐問之，衆莫敢應，公請間，曰：『若得某者，夷當去。』即下檄捕某，公納檄懷中，曰：『是速颺耳！』密誡二幹卒往，某果至，致書其壻，爲陳禍福，紅夷竟去。蓋夷此行，某壻主之也。其贍才明察皆此類，大吏咸倚辦其能。

然公爲治好教化，縱舍冤滯率數百人，躬出入阡陌，督耕稼。澄邑九都田瘠，爲濬渠三百丈，通石馬淡潮，匯於澗，築下埭，甃石爲門，九都皆沃，澄人號曰『姚浦』。舉循良第一。以父憂歸。服闋，補博野令，行取南京禮部主事，擢郎中。出知杭州，都會浩穰，事皆親決。司理某少年恃才，積憾公剛直，布蜚語，遂移守汀州。值朝議邊警加餉，公曰：『汀州田止萬四千餘頃，輸常後，何堪額外議加？』乃搜府庫餘積，得五千金佐餉完額，民以不病。督餉使者特疏薦之，當遷秩，念母老，乞終養，天子許之，下詔稱揚曰：『汀州守之蘭，急公惠民，廉退有讓，可謂淑人君子矣。其加按察司副使，以榮其歸。』天啓元年入覲京師，前坐調任布蜚語司理某者亦以行取至，急謁公請罪，公笑謝之，更揚其善，人服其長者。

年六十三卒，祀鄉賢，海澄、汀州、杭州名宦，而民間又多爲專祠。

子孫棐自有傳。

馬其昶曰：二公之從政，清操感物，才施裕如，要以仁心爲質。姚氏惟葵軒後爲盛，自湘潭、副使同時名宦，其後，兩公子姓成進士者，半由州縣外官起家，以故，姚氏亦往往多循吏焉。

胡姚安吳黃州傳弟四十三

胡公諱士奇，字易礎。萬曆二十八年舉人，令黃州，兼攝郡邑。卓異，拜姚安知府。所居稱治。會黔蜀交訌，日夜籌備，因疾乞歸，道卒。民歌思之，祀鄉賢。

吳公諱叔度，字勿銘，號青芝。父諱仲沔，隆慶時舉人，推産兄弟，未幾卒。兄亦撫育諸孤，至於成立。公以萬曆四十四年進士，授工部主事。嘗榷杭州之南關，杭民爲鐫榷政編紀其績。尋守黃州。黃故劇郡，公處若無事，即事至，立辦。時盜起黃梅，勢張甚，邑令求方略，公徐曰：『此烏合，易與耳。急之，則瑕者立堅矣。』單騎往諭，果解散。以性疏闊，左遷光州。先是，布政一介守光州，公至，詢父老曰：『此吾族父舊治也，夙多惠政，今甯毋弊已革而復行者乎？』僉曰：『宦僕爲胥吏者甚害。』公乃按籍深錮之，豪强慹服，人稱『大小吳公』云。

再入爲工部郎。以疾卒。祀黄州名宦。

子：季鵾，字子翮。流寇躪江北，桐城岌岌，出金助繕守。順治間，辟舉福建監紀通判。學者私謚文介先生。有南陔草堂集。季鳳，字于廷，崇禎間諸生，熟於史學，有慰景園詩。

馬其昶曰：自州縣以上官，爲治恆有二患：自任喜事，則『侵職』之謗起；委成養高，則『曠官』之刺興。故往往才幹吏晉階至道府，聲譽轉寂於前時者，處勢不便，而無所發其奇也。黄州常若無事，即事至立辦，此真才，足了事者矣。若夫科條密繁，終日躁擾，欲以禁姦止暴，收整齊一切之效，其於圖治，不以遠乎？

左忠毅公傳弟四十四

左公諱光斗，字共之，一字蒼嶼。

萬曆三十五年進士，由中書選授浙江道御史。天啓初，與給事中楊公漣俱以清直敢言負重望。兩人公忠一體，有所舉劾，必咨而後行，權貴人皆凜凜畏之，海内賢士皆從之遊，而小人之趨利貪權勢者皆弗便也。

巡視中城，搜獲僞官、僞印以百數。

尋出理屯田，上書言：『國家倚漕東南不可恃，而京以東、畿以南、兩河以北，荒原一望率數千里。』因條上『三因』、『十四議』，請一切有司首課農政，興水利；田野不治，即異材高等亦注考下下。制曰可。公乃親巡阡陌，督官史，教民種植桑麻稾秸，一如江南。及公去，田復荒不治。

神宗不豫，太監劉朝、魏忠賢矯太子令，索嘉靖中戚畹莊田，公封還不啓。已，復奏太監陳登奪民籽粒，壞屯政，且請蠲十三場逋租，民咸復業焉。

督學畿輔，公名能知人，而識史公可法尤奇。公念天下承平久，人不知兵，而疆場多故，每行部，輒較諸生射。奏開屯學，又奏開武學。公多諳朝廷典故，留心當世之事，其才無所不通。未及盡試，而崔魏之難作。

當神宗晚節，東事起，北關新破，天子怠荒不視朝者三十餘年。公上疏謂：『今日之事，遼安則天下安，遼危則天下危；皇上御朝則天下安，不御朝則天下危。』疏三上，不省。

當是時，大學士方從哲、兵部尚書黃嘉善皆以不稱職爲公三四糾。而嘉善採人言，許天下募兵者，自領至京師受職，公論其害，事寢不行。初，御史熊公廷弼巡撫遼東，負才自喜，爲言官所論，去遼，遼敗，復起經略。廷臣欲斥魏應嘉等謝之，公疏救，熊意不平，已而熊公亦敗。

光宗崩，李選侍居乾清宫，熹宗居慈慶宫。選侍者，光宗所愛幸，上崩，選侍欲專大權，矯遺命母天下，聲言垂簾決事。羣臣箋奏，令先進乾清而後進慈慶。而諸内臣劉朝、魏忠賢等欲倚選侍自固，皆出死力佐之。於是，公與都給事楊公謀，恐爲他日患，乃上疏曰：『内廷之有乾清宫，猶外廷之有皇極殿，惟皇帝御天居之，皇后配天得共居之。今大行皇帝賓天，選侍李氏儼居正宫，而殿下乃居慈慶，不得守几筵，典制乖舛。且聞李氏侍先皇，無雞鳴脱簪之德，待殿下又無撫摩養育之功，此豈可託聖躬者？乞令移置别殿，俾殿下得守喪次成大禮。』疏上，選侍大怒，將加嚴譴，數遣中使宣召公，公曰：『我天子法官也，非天子召不赴。』選侍益怒。而熹宗得公疏，心以爲善。楊公漣等亦力争，内臣王安亦主二人議。選侍不得已，乃出居噦鸞宫。由是，朝野並稱楊左。

選侍既移噦鸞宫，帝所以奉養之者備具，而宫奴劉遜等盗寶漏洩，恐誅，詞連選侍父，則妄言選侍投繯、皇八妹入井，以熒惑朝士。公復奏：移宫以後，固當存大體，寬小過。御史賈繼春上書，以移宫非是，首排公，其黨相繼譁於朝。帝乃宣諭百官，備述選侍淩虐聖母諸狀。繼春得罪去，浮議始息。其後，崔魏猶借『三案』以殺諸臣。『三案』者，此其一也。

大學士沈㴶，與外戚鄭養性、太監劉朝交通亂政，先後典重兵。公與刑部尚書王紀等先後論：姦相典兵，外戚典兵，内監典兵，必爲國患。居無何，此三人者皆敗。

而魏忠賢新專國命，廷臣『三案』異議者皆附之，其黨崔呈秀、魏廣微尤用事。公已歷官至僉都御史，而楊公爲副都御史。是時，吏部尚書趙公南星、侍郎陳公於廷、左都御史高公攀龍、吏部都給事魏公大中，皆負海内清望，羣小畏忌之。公同郡阮大鋮者，謁忠賢，進百官圖，曰：『某宜先驅，某宜後擊，某宜正攻，某宜旁射。』忠賢大喜，按圖殺諸君子，往往多用大鋮之策。

崔呈秀初巡按淮揚，賕累巨萬，高公攀龍劾之，遂父事忠賢。魏公大中亦劾大學士魏廣微。於是，崔魏教忠賢速殺楊左諸人。事未發，會楊公奏忠賢二十四罪，忠賢大怒。公復草疏，論忠賢及廣微罪『三十二可斬疏』，未及上，忠賢詗知，怒甚，欲殺之，未得當，乃先二日罷兩人官而逐之。廣微嗾忠賢劫公裝以逮，忠賢不應；已而，覘公就道，惟襆被而已，廣微私自喜曰：『幸未劫也。』

先是，給事中傅櫆與東廠理刑傅繼教結爲兄弟，因繼教通於忠賢。櫆欲殺公等以媚忠賢，乃曰：『左氏客有汪文言者，並游楊魏之門，今鍛鍊文言爲納賄，則諸人可殺也。』遂上書論之。公奏辨數四，乞罷歸養親，不許。忠賢既急欲殺楊左兩人未得，乃先令兩人罷歸，而中朝拷掠文言，文言不服，遂殺之。

御史徐大化者，忠賢黨也，論楊左妄議移宮，且受熊廷弼賄，誤封疆，又受屯吏金。故事：御史巡視屯田，屯吏餽金數百，御史受之以爲常。公獨卻不受，諸御史皆慙且恚。至是，大化誣奏之。

忠賢矯旨逮楊左入京考鞫，緹騎至桐城，家人環泣生祭。檻車出郭，父老擁馬首號泣，壯士數百人潛行，欲伏闕訟冤，行至黄河，公知之，固辭謝，乃還。容城孫鍾元先生欲脱公於客氏，以告公，公曰：『吾雖不肖，豈能求生於媚人之手乎？』至則下詔獄。

許顯純者，素無賴，尤疾惡士大夫，謁忠賢求爲獄吏，入獄者多不得免。至是，嚴刑訊公，坐贓二萬金。是時，熊廷弼亦兵敗下獄，爲狀告於朝曰：『楊左兩人，乃皆前日劾我者也，何以余爲通賄？』而畿輔好義者，皆設部分募，應鹿太公。鹿太公者，太常卿鹿善繼父也，太公爲人好氣樂義，日夜醵金爲左公償賕。初，公視學畿輔，畿輔人德之，故争應太公。金入未畢，而忠賢已殺公於獄。是歲天啓五年，七月二十四日也。卒之夜，長虹亘天，里中星隕如斗。而楊公漣、魏公大中皆死。

閱二年，烈皇帝嗣立，誅魏忠賢、客氏、崔呈秀，而褫阮大鋮、魏廣微職，贈公右副都御史，賜祭葬；再贈太子少保，謚忠毅，予三代誥命，建專祠，並祀鄉賢祠。

初，大興人史公可法幼貧賤，公爲督學，史以童子試見公，公奇之，曰：『子異人也，他日名位在吾上。』因召之讀書，而時時餽遺其父母。一日夜歸，風寒雨雪，見史隱几寐，解衣覆之，勿令覺，其憐愛之如此。及公逮繫，史已舉於鄉矣，知事不可爲，乃衣青衣，佯爲家奴納橐饘者，賄獄卒而入。見公肢體已裂，抱而泣，乃飯公。公呼而字之曰：『道鄰，宜厚自愛，異日望子爲國柱石。今子殉硜硜之小節，而攖姦人之鋒，我死，子必隨之，是再戮我也！』史拜且泣，解帶束公之腰而出。數日公死，遺骸潰爛，識其帶，乃棺而斂之。其後，史果以功名顯世，所謂『閣部史忠正公』者也。而公諸子亦皆有文章、節義，自有傳。

馬其昶曰：吾鄉戴田有先生有逸才，喜前朝軼事，以史筆自詭。嘗記薛大觀及一壺先生、畫網巾者，信乎其辭之能也。戴以文字得罪死，其書世不恒有，左忠毅公傳最其少作，余取其文，爲要删而存之。

倪太僕傳弟四十五

倪公諱應眷，字申之，號吉旋。

始祖元末由浙江遷居舒城，其後復遷桐城。九傳至公。

舉萬曆三十五年進士，授上杭令。地産毒草，挾怨者輒食之以詐取財物，公令罪人掘草以贖，草遂絶。擢監察御史。

萬曆末，孝端皇后薨，疏稱：『母儀曠邈，宜慎積漸，無致大柄旁落。』時訝其語激。及光宗宅翼室，貴妃請封皇后，乃服其先見。光宗崩，疏引春秋許世子不嘗藥，以討正紅丸之罪。熹宗新立，上言：『皇上沖齡嗣服，情識初開，必慎選内侍，定職掌，擇老成端正有氣節者，日侍左右；知飢渴，察寒暑，慎起居，遠聲色；於大禮竣後，選經明行修、有道術者，宏開經筵，以廣論思。』又反覆論勤政、納諫、謹微諸端，累數百言。李選侍之移宫也，羣議鼎沸，公獨疏陳仁義宜兼盡。楊漣去國，復抗疏請留，一時推爲敢言。崇禎初，累遷至南太僕正卿。

晉太僕少卿，璫禍起，削奪歸。

年八十卒。贈工部侍郎，祀鄉賢。

子：祚善，字永錫，崇禎中以明經授永興令，遷岳州通判、金華同知。值許都倡亂，首犯金華，登陴設守，縛斬郡内姦民數十，賊駭退，以功擢處州知府。其初，莅永永治，至岳而永破；莅岳岳治，至金而岳破，故永人、岳人皆立去思之碑。

元善字資生，副貢生，户部司務。

嘉善字受之，天啓二年進士，改庶吉士，授簡討，以太僕忤璫削奪，遂乞假歸。崇禎初起官，歷中允、右諭德。

諭德次子田玉，字度如，爲休甯教諭。設義塾，葺學宫，多求遺書及古禮樂器，與諸生講習其中，資其膏火，祀休甯遺教祠。

馬其昶曰：公在朝侃侃，可謂忠矣。其初仕上杭，上杭民爲生立祠〔一〕。越十餘年，倭寇來犯，戒勿毁。其居鄉年八十，里父老祝之，爲鐫仁壽碑東郭外。其入民如此，此豈能虚致者哉？

葉尚書方巡撫傳弟四十六

葉公諱燦，字以沖，號曾城。其先永樂時自婺源來遷，營宅兆項家河。桐城之葉有峽山、陶沖、樅鎮、葉家河之别，而人文獨推項河。六世諱奕，廪生，公祖父也，有厚德，嘗得罪鄉貴人，弟交走京師直其事。交子維蕃，號實齋，儀徵訓導，以行德惠落其家，捐地宜民門内，祀唐邑尉張孚卿，公再從父也。父諱應和，廪生。

公少時家貧，塾師教以進取文，不習，潛誦莊子。及舉於鄉，課徒自贍，經其指授，悉有繩尺。萬曆四十一年進士，官翰林院編修。校書秘閣，多所擩染。四十七年會試同考，遷國子司業。士習浮競，爲開示名理，進以古學。復召入，充講官。魏閹用事，遂落籍歸，築室峍屼峯下，若將終焉。當天啓中，婦寺亂政，吾鄉縉紳仕朝列者，類以伉直被禍，於時，公與方公赤城亦岌岌幾不免。崇禎初，起掌院事，教習庶吉士，轉南京吏部侍郎，晉禮部尚書。鳳陵工成，奉命越江告祭，以病請休。

公記誦不過人，穎悟獨絶，潛心理道，充然有以自樂。好蓄書，家藏數萬卷，皆手自讎勘，裝潢大帙。聞異本，必購致之。既致政，纍書若城，坐臥其中。崇禎初，里中盜起，至公宅無所得，惟牙籤充棟而已。

箸讀書堂稿八卷，天柱集、南中稿、廡下草若干卷。

年七十八卒。南渡後，賜謚文莊。

子：士璋，以父廕至户部郎中；士瑛，崇禎七年進士，早卒。玄孫諦昌，雍正時舉人。

初，公與方赤城最善，兩人微時，日相聚茅屋中，按膝密語，期許甚高。後兩人官位相埒，而俱以清節顯。

方公諱大任，字思仁，號赤城。

早歲不偶，萬曆四十五年，年六十五始成進士。除北直元城縣令，擢拜御史。監理昭陵，過西山，見魏忠賢營生壙踰制，抗疏糾之。忠賢怒，欲加罪，賴輔臣韓爌曲救得免。再疏請致仕，乃克歸，忠賢恨不已。天啓五年，輔臣馮銓阿忠賢旨，嗾御史王烘誣奏，坐贓千金，下撫按提問。會王恭廠災，廷議恤刑，擬城旦。踰年，崇禎改元，詔自配所復原官，年七十四矣。

當逆璫未甚時，公發其姦最早，疏稱：『臣高祖給事中方向曾劾巨璫陳祖生於孝宗之朝，臣從曾祖方克曾劾巨璫邱得於世宗之朝，臣爲國擊姦，實不敢容默，爲家世羞。』於是朝野傾矚。

再起復官，晉僉都御史，巡山海關。故事：按部但巡關内。公獨出關千餘里，與總督袁崇煥經畫方略。再晉副都御史，巡撫順天，出守通州，城賴以全。一子甫數齡，邏者得其家書，無一語私。上聞，嗟歎久之。圍解，遂得疾，請告歸里。

公性清峻，官至開府，家無千金之資。箸有霞起樓集。

馬其昶曰：文莊讀書堂稿在其裔孫處，後爲葉挺生吏部所得。吏部有弟在蜀，往余入都，從吏部詢之，則已寄蜀矣。縣書載公理學傳，不能言其詳。意其藏書多，性喜博覽，其遺稿必淵懿可觀也。方氏累世御史著聲，魏閹初熾，自周宗建一疏外，未有指名斥之者，副憲晚達，首折巨姦，雖由忠悃，抑亦家風使然哉！

方巡撫傳弟四十七

方公諱孔炤，字潛夫，號仁植，廷尉大鎮子也。萬曆四十四年進士，除嘉定州知州，調福甯州，入爲兵部主事。天啓初，廷尉方爲御史，與鄒忠介、高忠憲、顧端文諸公講學首善書院，天下欣然望治。於時，公亦歷官員外，擢職方司郎中。未幾，而逆閹用事，諸賢相次罷。邊事棘，樞曹選帥，率通賄得規避，公疏劾之。魏忠賢欲進封兄子良卿伯爵，公執不可，忠賢怒，削籍歸。崇禎改元，起職方郎中，遷尚寶卿。

丁廷尉憂，廬墓三年。縣民倡變，率鄉人討平之。時流賊俶擾楚豫，因益議廣儲積、備器械，爲固圉計，城賴以全。服除，補原官。

尋以僉都御史巡撫湖廣。始莅任，賊已由鄖陽渡河。公所部號萬人，備多力分，騎兵不及十一，擊賊李萬慶等於承天，八戰皆捷。

時總理熊文燦主撫議，納張獻忠降於穀城，授副將。嗣是，詐言求撫者踵至，公力争撫賊之誤，條上八議，格不行。踰年，乃有分地撫馭之命。

公嚴備，遏賊南下。未幾，獻忠復叛，知有備，引而西。又遏賊荆門、當陽，有來家河、神通堡之捷，獻陵竟得保。

已而賊屯興山，楊嗣昌檄楚、川、沅三師夾攻，賊宵遁。公知賊狡謀，下令楚軍將止屯勿進，而楚軍二將已迫嗣昌檄，違節制，深入至香油坪。賊果大集，楚師援絶，遂潰。先是，嗣昌檄楚將進兵，又調公駐襄陽，相距八百里。及聞楚師敗，約沅川二師赴援，二師嗣昌又檄調他去，公乃獨率麾下千餘人，疾馳抵竹山，而楚師已前潰六日，於是，公至亦被圍。嗣昌之代文燦也，亦專主撫，而公主剿，異議，至是遂劾公失機，逮下獄。

長子以智嚙血濡疏訟冤，得減罪，遣戍紹興。久之，用薦復官，命督山東軍務，未行而京師陷，遂奉母南奔，歸隱白鹿山。

前在圜中，與黄石齋先生論易。既歸，益潛心經訓，箸周易時論二十二卷、尚書世論二卷、詩經永論四卷、禮節論若干卷、春秋竊論二卷、全邊紀略十二卷、撫楚疏稿四卷、環中堂集十二卷。門人私謚曰『貞述』。

齊先生諱程，字遯元，嘗爲公記室，一時推楚撫奏簡爲『谷子雲筆札』。崇禎末，兵賊交困，每登陴東顧，痛哭失聲，作望南畿諸臺官詩十篇，音節楚激，得風人諷刺之旨。無何，不食卒，年二十九。

又齊子安，諱維程，慧悟絶人，寓目成誦，卒年亦二十九。兄維嶽，詩文與之齊名，惟捷敏遜之，亦早卒。

馬其昶曰：公初在職方，忤璫觸禍，後出撫楚，與督師異議，左牽右掣，不隕不止。嗚呼！八捷之功，不能當部將違制之一挫，效忠亂朝，才用未盡，可勝慨哉！

孫鄆城傳弟四十八

孫公諱繼陛，字我陽。才識開敏，萬曆中三中副榜。四十三年，授海門訓導，多所裁成，因廣學額。歲旱，建議開石閘南關外，引海水溉田，禾盡甦。而泛海商舶舊從五狼山入口，舟往往折壞，至是，俱從海門閘入，避峻磯急湍。明年大水，泰、通、海三州，如皋諸水由此出，田廬無損。商民歌之，號曰『孫公閘』，立祠祀焉。利河鎮近海，隄善潰，屢濬築，知縣嚴爾圭請以屬公，未期月隄成，大吏器異之。司訓四年，凡七薦，擢項城令，兼攝商水。

莅項城時，值河水漲，民飢，奏發銀萬二千，半振，半濬河。公請分振老弱，其丁壯有力者，悉令日掮土傅隄，計多寡給米，飢濟而工亦竣。

銅陽城積寇屯潁州，四出劫掠，大吏檄諸郡邑協治，皆莫敢動，公獨請復馬快及守城民壯之食，益募練三百餘人。詗知賊首出劫，率精卒夜馳抵城下，鳴金鼓，守賊驚，矢下如雨，皆伏不戰。天明，矢盡，急攻之，繼以火，城中草廬盡爇，賊死亡略盡，威名遠聞。

三年，調山東鄆城。

鄆爲盜藪，城圮久不治，姦民勾結白蓮教爲患，賊首宋尚營聚衆出没曹、濮、汶、壽閒。公先在都，聘勇士馬之龍等挾與俱。既視事，明日巡城，建大旗城上，募夫運土培高，上加甎八尺，周城濬深濠，外築土垣，爲重關。宋賊以六百人劫黄堆集，欲因以起事。公知其情，乘城嚴守，遣鄉兵往援，别設伏蘆子橋以待。鄉兵行不三里，果遇賊，因奮擊，賊卻；伏兵興於前，夾擊之，賊大挫。

已，復連九營十八寨，沿黄河上下五百里，各穴地爲窟室，外築棗樹營，深厚四十里，與白蓮教徐鴻儒及登曹賊爲犄角。詔河臣李若星會同壽張、濟寧、曹、沂各守道進剿。用公策，禁斷黃河船，賊不得南逸，大兵駐東、西、北三面，堅壁不戰，日進數里，賊益蹙。未幾，四十里棗樹營盡平，民大説，爲立生祠，勒石紀功。以老疾乞休。崇禎初敘前功，以員外郎徵，堅臥不起。鄉里休戚，勇於任負。與方赤城、姚心甫、何芝岳、戴允孚諸公結金蘭社，觴詠往復。

卒年八十八。

子隆光，敦内行，事孀嫂如母。

同時戴公，諱君采，字允孚。萬曆二十八年舉人，令青田，以惠愛爲政，不樂久吏，去官歸，鄉望甚美。邑中汪黃之變，田廬獨免焚掠。

鄧公諱士美，字實卿，以選貢授廣東靈山令，有廉愛名。年九十三。子：元盛，諸生，年八十五；元炤，字含甫，崇禎時副榜，深研經術，有春秋四家宗旨，年八十六。元盛子森秀，號樸菴，年九十七，文行爲當時所推。世德世壽，縣人無與爲比。

馬其昶曰：州縣令當末季，其難倍蓰。禍亂已蘊，乘間竊發，財權、兵符不己屬，一摇手舉足，文法吏持常格議其後，非才具恢斥，烏能勝其任乎？鄆城習水，初膺七薦，契闊武略，靖茲搶攘，賞卒不行，明之刑政其顛矣！

左侍御傳弟四十九

左公諱光先，字述之，一字羅生，號三山。天啓四年領鄉薦，入都，會兄忠毅公搆璫禍，微服歸。崇禎改元，謁選，得福建建寧令。課績最，擢御史。疏薦劉公宗周、鄭公三俊、倪公元璐等，而劾宗室朱術珣貪贓無狀，當罷斥。公在臺敢言，有忠毅謇諤之概。

巡按浙江，任滿且受代，忽傳中旨募兵，察其僞，捕得，伏誅，未幾而有許都之亂。許都者，金華人，家豪於貲，敢大言，交結聲氣，伺閒煽亂。連破東陽、義烏、浦江，乘勝攻金華。前所傳僞檄募兵，都之黨也。公既受代出境，聞變馳還。或阻之，公曰：『賊烏合初起，乘不備，擊之可破；不然，勢且益熾，何乃忍便文自營？』於是，徵兵集餉。素知遊擊蔣若來有將略，益激厲之。不十日，都窮蹙，生得，斬以徇，亂定。行抵南都，大司馬史公可法迎勞之，曰：『浙之靖，南都之福也。』

時燕京告急，公勉史公率兵勤王，既別，復貽書及之。已而燕京陷，福王監國，公被命安撫浙江。時馬士英貪定策功，出史公於外，再起阮大鋮，公争之，不可。會許都餘黨應募再逞，公與大鋮世讎，又嘗劾士英，故士英、大鋮誣以殺降激變，祁公世培爲具揭訟寃。而大鋮必欲死之，百計嗾黨交攻，朱術珣等皆起應之，復坐以通賄屬吏，逮之。亂亟道阻，間行走徽嶺得免。

鼎革後，益溷迹自晦，年八十卒。

嘗一日坐廳事，有遠使到門，致書數十通、布數匹，公曰：『此必建甯人也。』訊之果然。時公去官十餘歲矣，且在難，乃踰險千里而至。後祀建甯名宦。

公爲人廉清，居室甚整，對客亦時雜詼嘲。宦閩七載，蕭然就道。及按浙將歸，故事：御史歸，有謝薦儀，公曰：『昔先兄巡屯、督學，皆卻餽不受，今何敢愧先兄？顧念桑梓遭寇，骨月、故人不死於賊，且死於兵、死於歲，吾安能無意？』卒受之，歸以餉親族。其後，里人亦請祀鄉賢。

箸奏議二卷。

弟光明，字允之，號石樓。崇禎時，以選貢生爲黟縣訓導，遷福建武平令。縣地疲瘠，軍民雜處，吏從無得上考者。至則革羨餘，恤獄訟，以字愛得民。時江廣羣盜竊發，盡捐禄入，爲守禦備。益置社倉，振荒勸農，循聲大起。以兄侍御抗疏觸權姦，遂謝事歸里。箸十餘録、性學宗，藏於家。

侍御子：國鼎，字夏子，及弟國昌皆諸生；國治，號橘亭，以附貢考授州同。

崇禎時，又有汪參議、吳主事、璩侍御，皆有文學而擅吏能。

汪參議，諱國士，字君酬。崇禎四年進士。授福建閩縣令，禁火耗，免羨餘，一以簡静爲治。遷揭陽，課績最，擢户部主事。尋由郎中除山東備兵參議。值歲不登，殫心輸濟，民以不飢。乞骸歸，未幾卒。父諱世澄，受學羅近溪，故其學有原本，尤耽吟詠，箸簡軒十一集。子：鶴齡，字羽年；啓齡，字大年，皆能詩。

吳主事，諱國琦，字公良，號雪崖。年十五，封股愈父病。與汪參議同歲進士。令蘭溪，愛民好士，有玉蘭之瑞，士大夫作玉蘭詠勒於石。改漳州推官，疏沈獄八百餘案。擢兵部主事，值國家多難，草渡江九策，皆切中時務。晚歲精詩律。箸尚書音、易占、禮略，及懷茲堂、水香閣等集。子宏安，順治九年進士，翰林院庶吉士。

璩侍御，諱伯崑，字山甫。初，以副貢授江西武寧令。其地爲漢海昏侯封邑，明初，陳友諒餘裔又聚居縣西柯源洞，號桀滑難治，舊設銅鼓營鎮之。至則平情以處，頑梗馴服，大盜熊化元至詣獄自首。勸學課士，均田賦，定畫一之則，民賴其利。擢御史。有政略、石湖集。子：宣，諸生；宲，順治十四年舉人。

馬其昶曰：忠毅劾魏閹『三十二可斬疏』，未及上，禍作。侍御焚其稿，稿不傳，世爭惜之，然忠毅大節固不賴有是疏。當變起卒然，忠毅生死未可知，且太公、太母在堂，嗚乎悲夫！豈得已哉！許都跳梁，勢窮授首，南都以寧，而世猶或有異議，予是以論著之。

孫侍郎傳弟五十

孫公諱晉，字明卿，號魯山。始祖福一自揚州遷居桐城。父號寄寰，諱鼎祚，有厚德。家貧，公少英峙，出，遇左忠毅於道，弗辟。忠毅嘗夢之帝所，一少年躡其後。及出，見其貌類所夢少年，又弗辟道，奇之，問：『持杯何爲？』曰：『買油夜讀耳。』問：『能爲文乎？』曰：『能。』即歸，試以文，立就，因以兄子妻之。

天啓五年成進士，授南樂令。調滑縣，報最，擢工科給事中。以疏劾大學士温體仁任所私人典試事亂祖制被謫，體仁敗，復起爲給諫。崇禎七年，會推冢宰，錮者賄吏部，圖翻案，侍郎張始，懷宗懲魏閹餘黨，編逆案禁錮。

捷請臨軒奏之，首逆案中唐世濟、吕純如名以進，羣臣愕然。公厲聲曰：『昔錮是，則今舉非。捷即欺舉朝無人，將欺陛下何如主邪？』上曰：『科臣言是。』明日，復上疏論之。逆黨雖憾，亦以是不獲即逞。

八年，流寇南犯，公以陵寢爲憂。兵部尚書張鳳翼匿其狀，且謂公：『南人何憂賊？賊起西北，不慣食稻米，馬不飼江南草。』公奏劾鳳翼欺慢。又言：『安慶爲陪京門户，當亟增兵防守。』

累遷大理寺卿。特疏出劉公宗周、金公光宸於獄，薦史公可法於吏部。總兵黄得功被逮，疏請釋之，得出鎮鳳陽。其後，江左一隅竟賴史黄二公之力。

時賢路閼塞，公在朝嶽嶽，諸君子咸倚賴之，推桐城左公後一人也。

尋以兵部侍郎出督宣大。當時朝臣率輕外任，必與時齟齬者乃推出之，公獨曰：『主憂臣辱，吾何敢愛身？』至則修斥堠，嚴守備，籌兵食。嘗集將佐椎牛置酒大會，酒三行，乃按劍起，發音慷慨，謂：『諸君何以報國乎？』將士無不感激思自效。越二年，以疾乞歸。凡節餉十餘萬，封識如初，即日單車歸金陵。

亡何，京師陷，馬士英擁立福藩，出史公可法於外，逆黨亦攀附驟用，興大獄，目公爲黨魁。兄頤，字儀之，知浙江仙居縣，乃倉皇奉母避讎仙居。筮得遯之咸，因自號餘菴，又曰遯翁。

國朝舉舊臣，强起之，不可。築室龍眠山，率子弟讀書其中。長子中麟字振公，三子中象字易公，順治十一年同舉於鄉，明年，中麟成進士。四子中夔字臥公，六子中夏字威公，均有學行，而臥公詩名尤著。公家居，養親事兄無不備至。年六十八卒，學者私謚孝節先生。祀鄉賢。

馬其昶曰：予幼聞吾縣前明有孫大司馬，考之縣書，所敘述皆不得要領。後觀孫氏譜，慨然慕其爲人，公所建白，動關天下大計，而鄉里後進乃不能言其行事，予甚恧焉，於是採其大節，著於篇。

光給事傳弟五十一

光公諱時亨，字含萬。少有俊識，敢決事，性不能容惡。崇禎七年進士，初授四川榮昌縣。是時，流賊起陜西，天下大亂。榮昌之衝有石橋曰思濟，縣人謀醵金修橋，工費鉅，公告父老曰：『賊旦暮至而城圮，奈何？今當毀橋，具舟渡，而移橋石繕城，此兩便也。』於是，募役百數十人，運大石城下。中途一石墜地，裂有聲，鑿之，得石龜，色如紫玉，身隱隱有龍文，若字若卦畫，不可識。公蓄之池中，每池中氣與雲接，則天雨； 晴亦時有異光。城成而賊至，設奇計卻之。

徵入京師，賜對左掖門，略言：

近事之誤，莫如撫賊。賊猖而禍漫，賊撫而禍深。楚禍之深，皖禍之深，以獻革諸賊之撫耳，其誤皆惑於熊文燦之撫鄭之龍。以海與之龍可也，以腹心之地與賊不可也。今當布大信以傾賊黨： 募民之剽悍從賊者，歸而爲兵； 諭民之飢寒陷賊者，歸而爲農，其衆可寡也。

當對時，上爲起立注視者三。歷兵、刑二科給事中。旬月閒，彈劾權貴及言軍國事書凡百餘上。

桐城歲用兵，又年比不登，漕米三歲未輸。布政下檄補徵，民疲病，無以納，公疏請免之。

流賊陷山西，入畿輔，京師大震。時詞臣李明睿倡議南遷，公曰：『賊四面環集，乘輿將安往？ 請固守根本，定人心！』及城陷，公與御史王章巡城，章爲賊殺，公墮陴，折左股，匍匐入尼菴。夜半自經，尼救之，不死。過御河，與御史金鉉同投河，鉉死而人或拯公起，移時甦，遂潛行南還。至宿遷，大帥劉澤清遣軍士執之。

先是，阮大鋮名在逆案中，左魏之死，大鋮有力焉，公嘗切齒詬詈大鋮，至是，大鋮嗾澤清執之，坐以阻南遷罪，而與金壇人周鍾、武𤏡同日殺之。周武兩人固降賊者也，由是，野史亦遂稱公降賊。

唐王時，子廷瑞字輯侯血疏訟冤，給事中方士亮亦具疏辨曰：『執政以阻南遷爲名，蓋別無可文致，使時亨有臣闖實事，則一、六等案殺之有餘，何必借刃阻遷哉？以阻遷殺時亨，則時亨之無僞仕明甚。』疏上，樞臣黄公道周是其議，得旨昭雪，復官，並授廷瑞官内閣中書。

初，公自榮昌召入京，家人挈龜還里，避亂祁門。光氏之先，祁門人也。一夕，風雨震電，龜騰空去。或曰：『光公其不免乎？』及聞公死日，果符。

其後，康熙二十六年，戴編修入燕京，有役事館舍者，年八十餘矣，自言始事桐城光給事，都城破時，親從御河中救給事起，復拊膺歎曰：『豈知其送與阮馬殺乎！』戴爲文紀其事，並述公榮昌時治迹。

孫標，字霞起，號虛舟，康熙間諸生。逾六十，事母猶童時，澹於利榮，陶然自得天趣。

有片舫齋集。

曾孫成采，雍正二年進士。箸大易旁通十二卷。

馬其昶曰：公初墮阱及自經投河，屢死不得，卒隕命於姦人之手，事既已驗白，而野史誣載，至今猶被口語。余閱濳虛集，意編修平時持論稍苛，今所記當不妄。後見桐城軼事，紀被誣下獄及昭雪事甚詳。左侍御光先有野史辨誣一則，而公自爲祭影文述死狀，與左戴言皆合，其文載龍眠古文中，余乃據以爲傳，毋令蒙惡聲焉。當公之下獄也，法司會訊，獨御史必欲坐以阻南遷罪殺之。御史者，即初麗逆案，而後首迎降之張孫振云。

校　記

〔一〕生立祠　疑當作『立生祠』。

桐城耆舊傳卷六

張忠節公傳弟五十二

張公諱秉文，字含之，號鍾陽。少朗俊，風格標異，大父參政公許爲遠器。萬曆三十八年進士，授歸安知縣，調徽州教授，屢遷户部郎中。出守撫州，政崇簡静，得士如艾千子、陳大士、羅文止輩，皆負時望。父艱服闋，起湖廣荆襄道，遷福建建寧兵巡道，晉廣東按察使。海寇李之奇自閩犯粤，勢張甚，巡撫退保省城，命將出守，以公爲監軍，駐節虎頭門。檄修戰艦，練水師。躬犯矢石，海霧四起，颶風作，士皆殊死戰，生獲之奇。遷右布政使，調山東左布政使。

十一年冬，大清兵自青山口入畿輔，所過輒破，無留行，放兵南下。本兵楊嗣昌檄山東巡撫移濟南兵守德州，濟南空虚，遺卒不及二千。大兵下畿輔四十八城，遂自德州圍濟南。公率吏卒，募士城守，而連章告急於朝。督師中官高起潛擁重兵臨清不救，大將祖寬等亦觀望，於是，公等分門拒守十晝夜，外圍急，援兵竟不至。公遺書家中曰：『身爲大臣，當死封疆，老母八旬，諸弟善事之矣！』明年正月，城破，公擐甲巷戰，被箭死。妻方氏、妾陳氏皆自投大明湖中。

事聞，贈太常寺卿，建特祠。國朝賜謚忠節。

子：克倬、克仔、佑，皆有高節，不仕。

馬其昶曰：予讀惜抱軒集張公祠碑文，稱公與左忠毅公相繼成進士，皆死於忠藎，故世多言吾鄉人物風節之美，又謂：公行在明史傳，不待文而顯；爲之文者，以厲鄉人也。因竊本斯義，旁採公行事，爲之傳云。

阮忠節公傳弟五十三

阮公諱之鈿，字實甫。

崇禎中以明經爲江甯主簿，同郡諭德劉若宰薦授穀城知縣，未到官。

十一年春，張獻忠兵敗窮蹙，因襲據穀城求撫，總理熊文燦許之，縱其屯牧。公上疏言：『穀城當襄陽上游，今爲賊首獻忠所據，名雖就撫，實緣餉匱，欲積粟待時。伏乞陛下容臣到任，相機恢復。』獻忠既據穀城，不肯釋兵，處其衆數萬於四郊，居民驚竄。公至，盡心調劑，民稍稍安。已而，賊衆漸出剽掠，公執以告，即謾曰：『借餐耳。官不給餉，給餉當自止。』村民逃徙殆盡，掠及闤闠，日刃殺人。又於漢沔匯處立關，月榷税數千金。文燦所檄監軍張大經入穀城鎮撫，大經客瞽者諛獻忠：干支當大貴。獻忠益驕心動。當是時，熊文燦一意主撫，閣臣楊嗣昌新得上，力持文燦議。而公初至穀城，即上疏曰：

獻忠虎距邑城，其謀叵測，所要求之地，皆兵餉取道咽喉，秦蜀交會脉絡。姦民甘心效用，庫藏殫虚，民産被奪。臣守土牧民之官，至無土可守，無民可牧，無賦可徵，名曰縣令，實贅員耳。今廟堂之上專主撫議，臣愚，妄謂：剿撫二策，可合言，未可分言，致損國威、挫士氣。

又密報文燦，勸其設備，文燦不答。

及獻忠反謀益急，公單騎往説之曰：『將軍始所爲甚悖，今幸得爲王臣，當從軍立功，垂之竹帛，且不見劉將軍國能乎？天子手詔進官，厚賚金帛。將軍若有所疑慮，之鈿雖不肖，上書以百口保將軍，待將軍以不死。今將軍奈何而復懷他志邪？』獻忠怒，乃大駡公。

公痛事不可爲，憂憤成病，題數語於壁，自誓以死，謂獻忠旦夕必反也，而熊文燦輩方自以降獻忠爲奇勳。未幾，獻忠果反，劫庫縱囚，毁城入。公聞變，仰藥未絶。獻忠遣使索印，公堅持不與，遂殺之，縱火焚公署，骸骨爲燼。是爲十二年五月六日也。

後贈尚寶少卿。國朝賜謚忠節。

曾孫爲光，字暉吉，孝友敦行，尤篤於先。二子：世忠、世恩兄弟相代死，已見前愛雲事中。

馬其昶曰：公並時有阮大鋮者，籍懷甯，其人世所共棄，與公爲同宗。公既以隻身趨危城，折强暴，使從其謀策，獻忠流毒豈至是乎？不幸言不用死，史册書之，有餘榮焉。先是，大鋮官光禄卿，斥廢，終至尚書，公財一縣令耳。卒其所爲，榮辱究何如哉？

夏烈愍公傳弟五十四

夏公諱統春，字元夫。爲諸生，倜儻有幹略，與兄承春、偕春俱知名。崇禎八年，保舉賢良方正，授黄陂丞。

嘗攝黄安、黄梅二縣事，皆有治狀。

十五年，賊犯黄陂，公已遷麻陽知縣，未赴，乃督衆拒守，凡十五晝夜，賊忽解去。公度賊必再至，時衆已罷休於家。閲五日，賊至，公出拒戰，不勝；城陷，復巷戰，力竭被執。賊欲屈之，公指賊渠罵曰：『吾職雖小官也，肯從賊反乎？』賊怒，斷其右手；即左手指賊而罵，賊又斷之；復罵，則斷其舌；瞋目視之，則更剜其目。且死，猶以頭觸賊，僵起撲地者數，賊遂支解之。

事聞，下所司議贈恤，會京師陷，未果。國朝賜謚烈愍。

妻姚氏，副使之蘭女，聞變，抱子投後園池中，池水淺，不死。從一婢一僕，負公骸骨歸，晝則伏巖谷，夜行。一日，賊入山大索，迫不知所之，一老父前行，因隨之，忽不見，見一石窟，倉皇入。少頃，大風起，拔一樹覆其上，以是得免。

子鼎，字象九，父死時甫九歲。又七年，補縣學生。負才跌宕，不爲小謹。嘗捐地建烈女祠，輯節烈信實略，又箸明史外紀、梓峯文集。

馬其昶曰：予閲桐城軼事，内載桂王時有吳中黄者，名國瓚，性伉爽，習軍事。以新興侯焦璉薦，授南甯監紀推官，後以疾歸里。嘗上書言時政四端，其論賢才略曰：

崇禎中，詔舉賢良方正，當時在事諸臣頗厭薄之。臣本籍桐城，兩科薦舉九人，授職者二：一穀城知縣阮之鈿，一黄陂縣丞陛任麻陽知縣夏統春，皆宣力致命，克全大節，焉得謂賢才之無其人、薦舉之不足用哉？疏入，褒納。明重科第，不由是者率爲時所賤簡，故中黄云然。

孫節愍公傳弟五十五

孫公諱臨，字克咸，侍郎晉弟也。少孤，娶方巡撫孔炤女，而師事侍郎。放邁不羣，書史寓目便了指趣，談説娓娓，善屬辭，曉聲伎，吹簫度曲。妻兄方密之嘗規之，夷然不屑也。時寇氛初熾，雲閒夏瑗公、陳大樽、徐復菴輩共結社，講求治亂禦侮之略，公見而傾心，因喜談兵，騎射擊刺之事無不習也，亦無不自以爲能。一夕酒酣，感時事激發，引一指然燭上，自誓：『不滅賊者，有如此指！』遂改字武公。金壇蔡生以千觔力聞，過公，公出所引角弓令挽之，生喘息，終不彀。公就取弓，一引遽滿，開合者數，色不少動，生大驚服。自是，常衣短衣，騎生馬，左右箙箙，插弓矢，人莫知其儒者也。巡撫開府楚疆，屢戰賊，公每雜騎士中，躍馬深入，横槊賦詩。已而，巡撫被譾下獄。

侍郎督師宣大，邊事棘，且請病，移書戒勿妄言兵。由是，意稍沮，益縱情聲色，嘗偕方直之，大雪中挾妓遊鍾山下，戎服騾馬過通衢，避不及者或至顛仆。

未幾，明帝殉社稷，南渡立國，姦人柄政。公走雲間，與陳大樽輩謀舉兵，聚米而談，閒製木牛流馬，能自運轉。凡陳徐向所爲兵家言者，公一一親習其事，轉以詰兩君，茫如也，故兩君益心重公。

未數日，松江破，三吴兵散，遂從新安下嚴瀨，將往依兄台州，會蘇松巡撫楊文驄募兵龍泉山中，素善公，以書招之，遂入其軍。上書唐王，言關外情形甚悉，授副使，監文驄軍。

順治三年七月，大兵乘勝取閩，楊公入衛仙霞關，公隨至浦城。大兵及之，自知不免，拔簪與妻方氏訣曰：『吾義不令楊公獨死，汝自爲計，歸報太夫人矣。』遂馳去。騎問爲誰，抗言：『我監軍副使孫某也。』被縛不屈死之。

方氏從一老婢，匿草閒，轉入田家，聞某日有二義士死，哭曰：『此必吾夫與楊公也！』公與楊公既同死，横屍道旁，土人因就死所合瘞之，刳大樹，表官爵、姓氏其上。久之，兄子韋走閩，就土人所表樹求屍，得之，屍已毁，不可别，遂並裹其骨歸。

乾隆中，賜謚節愍，祀昭忠祠。

箸肆雅堂集十卷，新城王文簡公爲之序。

死時年三十六。

子：中礎，諸生，伉爽有父風，祀鄉賢；中岳，守高不仕，箸臥游齋集。

曾孫建勳，字介酬，號邵山。其才兼資文武，康熙時武進士，御前侍衛，署陝西興漢鎮總兵。有驍騎集。子顏，字求俊，號咫菴，乾隆二十六年進士。咫菴子起峘，字孚如，號岌之，嘉慶十六年進士，蘇州府教授。爲人短身清羸，音辭亮越，喜藏書，手自勘校，有推經齋劄記。

馬其昶曰：縣北三十里有山曰楓香嶺，其上雙忠墓在焉。雙忠墓者，士人呼楊孫二公葬地，予嘗過而弔之。楊公貴陽人，文采跌宕，好推轂士類，與馬士英有連，然卒能死義，固清議所許。

胡監紀馬參議胡通判左沅州傳弟五十六

我朝自甲申定鼎以來，其時福王猶偷息於金陵，唐桂流離於閩粵，一時從行播越、殉節諸臣，其孤忠有足憫者，而在吾鄉可紀者，凡得五人。

其一曰胡監紀，諱如理，字即公，號潛峯。淵雅有器量。大學士史公可法督師維揚，開禮賢館，招致四方士，辟公爲記室，參畫露布、封事，敘功授監紀推官。大兵破揚州，督師死難，公殉之。其僕胡央以軍功得守備，亦赴火自焚。揚人合瘞同時死事者骸骨十一人，表其墓，公及其僕與焉。每歲寒食，挈黍飯樽酒而弔者纍纍不絕。

其一爲先九世從祖，諱懋功，字長卿。萬曆四十三年副榜貢生。淹通羣籍，有高名，尤精天文、象數之學，箸天文占驗二卷、介石齋稿二卷。福王時，大學士高宏圖薦授浙江杭州府通判。唐王稱號，尚書萬元吉薦同守吉贛，有功，歷擢江西道監軍僉事，湖西道兵備參議。順治三年秋，大兵久圍贛州，援兵頗集。萬元吉議：待水師至，乃出合攻。水師久屯不至，九月，公督師出戰，遇截，焚舟，赴水死。又一月，贛州破，通判胡公死之。而先是七月，福建監軍道副使孫武公臨亦殉難於衢州。

胡公諱縝，字瑟若。由拔貢生中崇禎十二年副榜貢生，任江西臨江府推官。從閣部楊廷麟守贛州，其兩弟繹、納與俱。繹，諸生。納以守備協守贛南。城破，兄弟奮勇接戰，勢窮生得，不屈，呼曰：『吾殉國難死矣，弟等可自裁。』兩弟皆泣曰：『如兄言。』遂共死。

其一曰左沅州，諱德球，字球如。歲貢生，謁選，授廣西奉議州同知。有以道遠寇賊充斥勸無之官者，公毅然曰：『國家多事，羣思爲其易，誰爲其難者？』挈妻孥之任。尋遷湖廣沅州知州。及丙戌秋，大兵下沅州，觸石，腦裂以死，妻任氏及一女皆死。老僕侯氏曰：『吾非不能死，顧吾死，誰殯吾主人者？』出囊中裝，具棺斂，越一歲始歸。嘉慶閒，祀府鄉賢祠。

公之未死也，老僕爲言城不可守狀，公曰：『吾年六十餘，老矣！豈以偷生愧地下兒耶？』先是，甲申之變，公子諸生旗字天章，聞烈皇帝殉社稷，痛哭不食，嘔血數升死。

而是時，桐城又有曹先生者，家樅陽。年二十，授書山中僧舍，聞之，亦痛哭，即散遣其徒去，終身不離僧舍。距其家數里，未嘗一歸也。人不知其名，知其字曰維周。爲僧種菜，計其傭以食。僧前後易者數十人，而曹先生在僧舍種菜如故。

馬其昶曰：大哉！皇清之褒忠，不以異代歧視也。順治、乾隆中，屢録明季殉節諸臣，各予專謚、通謚有差，於是，通判胡公得謚節愍。其同時致命、大節同而不獲上聞者，猶不可勝數。然觀曹先生，食貧作苦數十年，而見者且以爲傭也。嗟乎！彼求仁得仁者，夫又何怨乎！

周方姚陳王尹趙汪笪齊許吴傳弟五十七

嗚呼！吾邑當明之季，死義不屈者多矣！而其事略可紀述者，自胡監紀諸公外，吾又得數人焉。

曰周日耀，字磐石。外兄左忠毅公被逮，周獨隨檻車至京。忠毅死，扶其櫬歸。順治元年五月，聞李自成破京師，仰天大慟，絶粒七日，嘔血數升死。乾隆四十二年，祀忠孝祠。

曰方承萱，字孟相，以拔貢生爲休甯訓導。流寇擾境，大吏檄令城守，城得全。明年，聞懷宗殉社稷，慨然曰：『職有大小，忠無崇卑，古不云乎，主辱臣死。』遂絶粒死。

曰姚孫極。其父曰姚之章，有厚德，朔望集鄉人，爲講孝讓，不肖者多改行。崇禎十年，流賊犯桐城，被害。時孫極年十六矣，以身翼父。父死，哭駡賊，亦死。

又有姚孫林，亦以不屈死。

曰諸生陳力，字列卿。父子俱被執，度不能兩全，謂賊曰：『吾父老矣，請殺我以釋父。』賊俱殺之，至死駡不絶。

曰諸生王夷吾，字爾須。見賊殺其母，以頭觸地者三，曰：『母死，奚生爲！』奮力與賊搏，被數創死。

曰諸生尹楷，字聖木，事母孝。母死於賊，守母屍三日不去。賊復至，擊賊中項。賊怒，矢石交下，遂死。

曰諸生趙之葵。少與方君簡友善，君簡知其賢，使其子逢月師事之，兩人遂成刎頸交。君簡以守母柩死於賊，時逢月客金陵未歸也，趙聞信，白衣冠，縋城下，往哭之。發笥，得絹，爲之斂。斂未終，賊至，叱曰：『爾何爲者？』曰：『吾爲死友斂耳。』賊怒，殺之。逢月爲並祀於家。

當是時，又有汪阿喜者，汪祐僕也。本壽春人，歲饑逃亡，祐憐而養之三十餘年。及賊至，俱被執。賊隨釋之，喜曰：『我與主俱出，何忍獨歸？必欲拘吾主者，請以我代。』賊不許。亦不去，賊擊而遣之，如是者再，終不去，賊遂殺之。

曰笪光宏，字宏生，有介節，自其父兩世皆師事方明善先生。建會館孔城，講學其中。及賊至，不屈死。

曰諸生齊維熊，字子祥。猝與賊遇，勸之降，不可；叱之跪，亦不可。賊批其頰，曰：『死耳，何相辱也？』駡不絶口，死之。

曰諸生許世珠，字赤斐。挈妻子避亂山中，苦飢，乘閒下山，遇賊被執。且撻之，罵曰：『毋撻我，王師旦夕至，若屬不知死所矣。』賊殺之。人有自賊來者，謂：『頃一儒生，賊掠不從，殺於道左。』其妻哭曰：『必吾夫也！』疾往視之，果然。於是，呼愴痛絶，死於世珠之旁。時人哀焉。

曰吳晉昭，字克明。率鄉民團練被害。妻孫氏及子光璘皆以死殉之。光璘妻李氏，亦殉夫不食死。光濯妻許氏爲賊逼，以不受辱罵賊死。人謂其一門五義。

馬其昶曰：士遭亂世，遐陬窮巷之中，倉卒捐其軀命者可勝道哉？彼其孤忠幽憤，蹈死若飴，雖無所知名，豈不浩然常存乎？今取其言行有可載者具於篇，非謂其人之止於此也。

左武康傳弟五十八

左公諱國柱，字子正，一字碩人，號醒園，忠毅公長子。

忠毅被禍，公甫弱冠，誓不與崔魏共生。懷宗御極，誅魏忠賢，隨世父抵長安，具疏鳴冤。忠毅得贈恤，予祭葬，廕一子入監。崇禎十二年，中副榜貢生，上疏改蔭子，授浙江武康縣知縣。

武康舊苦徵兑漕糧，公參酌條例，復三十六圖之舊制，以便里甲，改官兑以省民財。事竣，餘米八百石，呼窮黎給之，民不肯受，讓公，公不可，以之修學宫。時年比不登，武康有條編，夏税南糧、南絲、白糧、漕運、海鹽諸役，督催一時，公力請歸併，請改折，積困用蘇。莅官二載，民戴之若親戚，吏憚之若師。訟，大者立決，小者亦有所縱舍。考滿，且内召，會國變，遂挂冠歸。民畫像祀之，立去思碑，祀名宦。年六十二卒。

子六人。

幼子雲鳳，字未生，號隘居，與方靈皋侍郎爲石交。侍郎誌其墓，以爲名待，不與其家譜同也。

少好老莊，以遺物自遂爲宗，爲文章要渺閎放，不知所從來。性高簡，問疾弔喪，非戚屬不往。每登城，循雉堞而行，不欲見衢肆中人。侍郎坐南山集被逮，急其難，偕赴塞上，遂羈死京師。

平生重氣類，有人倫鑑，常稱邑中胡嘉及兄子文廉，其後，二人學行果異於衆。子：文韓，字秀越，諸生，有藹齋詩集。始居縣城，忽返東鄉荷莊舊宅。與劉海峯先生交最篤。及卒，海峯爲之傳，甚悼惜焉。文廉，字策頑，號賁趾。諸生，舉孝廉方正，賜六品冠服。

初，武康公與弟眠樵、鶴崖、霜鶴稱『龍眠四傑』。

眠樵諱國棟，字子直，崇禎末諸生。國變後，匿影江湖，歷游燕、秦、梁、楚、吳、越。歸，築抱蜀堂於三都館之側。三都館當龍眠山口，忠毅別業也。卒年七十。里人私謚和節先生。

鶴崖諱國林，字子忠。順治二年舉人，選儀徵教諭，遷廣東南雄推官，持法平。再遷河南同知，未之任，留充廣東鄉試分校官。尋卒。箸陵江草。子之稷知任邱縣，有清名。

霜鶴諱國材，字子厚，忠毅公季子也。當南渡時，馬阮用事，重修三朝要典，詣闕上書力争，以爲『大逆營進，欺蔑君父，頓翻前案，公道難泯』。揭出，衆咸稱忠毅有子。流寇圍桐城急，巡撫史公檄調池陽、甯安兵增戍守。城賴以全者，以忠毅於史有恩，而霜鶴請救之力也。後更名櫟，隱居龍眠山。卒年八十。箸越巢文集二十卷、易學及他雜箸數十卷。二子：暉相。

馬其昶曰：以忠毅之大節，聞者莫不致慕。夫想慕其人，則樂道其子孫，人之情也，況其子孫又自有立身居官之懿美，則彌樂道之矣。當流賊之擾，吾縣獨得完城，而室家保聚，不可不知所自也。

姚職方傳弟五十九

姚公諱孫棐，字純甫，號戊生，副使弟四子。崇禎十三年進士，授浙江蘭谿令。蘭谿素困糧運，自邑漕轉至南都，三易船，十金而致一石。公請撫按具題改折，又清覈田畝，絶飛寄、隱匿諸弊。民感之，爲立生祠。調東陽。邑有巨室子許都者，雄於訾，意望非常。所與遊，皆當時知名。陰蓄死士，僞爲中宮牌劄，募義勇。公見文牒，疑之，約鄰邑爲備。甫定議，都已反，劫宣平，破義烏，乘勝攻東陽。東陽故無兵械，縣人皆洶懼，把總某開門迎賊，城陷。公使主簿宋琦請師杭州，而自走樓村山中，集義士趙鳴皋等數千人，圖恢復。城中有獄囚三十六人，脱械不走，公子文麗陰與結。十七年元旦，公率義勇至城下，城内囚及居民應之，而主簿亦偕援兵至，賊破走。敘復城功，擢兵部職方司主事。賊再來攻，皆擊卻之。都窮蹙，詣紹興府推官陳公子龍請撫，而巡按左公光先惡其陷城，並其黨三十餘人斬之。

弘光南渡，馬阮使人持彈章示公曰：『左光先殺降有罪，能證之，將增秩。』公曰：『左公君子也，寧同坐死。』馬阮怒，誣公激變、左殺降，逮下廷尉。會王師南下，事解。

乃歸隱龍眠山中，築頌嘉草堂。每歲迎春東郊，邑令莅止，士女懽集。公偕老友數輩，設幕張筵於河之中流。子若孫數十人，奉杖履，稱兕觥爲壽。龐眉皓首，被服都雅。旁觀者如堵牆，咸嘖嘖歎息，以爲盛事。

公自號瑞隱，人稱瑞隱先生。年六十六卒。祀鄉賢。

箸亦園詩集。

長子文烈，字覲侯。康熙初以舉人官雲南楚雄知府，有治迹。

次文勳，字集侯，號丹楓。順治八年拔貢生，祀鄉賢。

次文然，自有傳。

次文鼇，字駕侯，號蟄存。隨侍公東陽，有圬者何德成罪當笞，奇其狀，爲請，得免杖，且厚恤之。許都陷東陽，德成與都有舊，常左右之，因得免難。復以計盟獄囚，破賊。及馬阮以激變都謀陷公，獄甚急，走哭鳴父冤。會事解，乃奉父歸隱。德成後貴爲四川提督。

生平澹於榮利，大臣將舉應鴻博及山林隱逸，皆固辭。康熙十年，大饑，鬻田以振。夢神付一兒，明日，家人報：『生子矣！』因名曰粥郎。十八年，復大饑，刊小揭募米，使粥郎捧簿至人家求募，人争應之。以孝行得旌，祀忠孝祠。

次文燕，字翼侯。順治十八年進士，知江西德安縣。

粥郎名士圭，雍正中以薦授河南密縣，皆有迹。

馬其昶曰：公初遘陽九，仕宦蹇連，亦不幸矣；我朝開基，懸車歸隱，高風碩德，見推人瑞：時各異也。余每讀張太傅集跋瑞隱窩手澤後，述迎春東郊事，輒低徊不置云。

方密之先生傳弟六十

方先生諱以智，號曼公，巡撫孔炤長子。

崇禎十三年進士，未授官，而巡撫爲楊嗣昌劾罷下獄，先生懷血疏，膝行號泣長安門外，閱兩載，疏無由達。上尋釋巡撫，而授先生翰林院檢討。

會李自成破潼關，先生自請效力行間，范公景文復疏薦之，召對德政殿，語中機要，上撫几稱善。以忤執政意，不果用。俄京師陷，先生哭臨殯宮東華門，被執，加刑毒，至兩髁骨見，不屈。賊敗，南奔。值馬阮亂政，修怨，欲殺之，遂流離嶺表。自作序篇，上述祖德，下表隱志，變姓名，賣藥市中。

順治三年，桂王稱號肇慶，以與推戴功，擢右中允。扈王幸梧州，擢侍講學士。明年，拜禮部侍郎、東閣大學士，旋罷相。固稱疾，屢詔不起。

嘗曰：『吾歸則負君，出則有親，吾其緇乎！』未幾，就縶平樂，其帥欲降之，令冠服置左，白刃置右，惟所擇。先生辭左受右，帥更加敬禮，解其縛，始聽爲僧。先生既隱於禪，名曰弘智，居浮山稱愚者，在天界爲無可，入匡廬爲五老，在壽昌爲墨立、爲藥地，又合浮山、匡廬而號曰浮廬。康熙十年冬，赴吉安，拜文信國墓，行次萬安歿。學者稱文忠先生。

先生之閉關高座寺也，友人錢飲光亦客金陵，遇故中官爲僧者，以錢桐城人，問曰：『君鄉有方以智者，識之乎？』曰：『吾友也。君豈曾識邪？』曰：『非也。昔侍先皇，一日朝罷，上忽長歎曰：「求忠臣必於孝子。」如是者再。某跪請故，上曰：「早御經筵，有講官某，其父巡撫河南，失機，問大辟，某薰衣飾，容止如常時，不孝如此，能忠乎？朕聞新進士方以智，其父孔炤亦失機繫獄，以智日持疏求救諸達官，此亦人子也。」言訖復歎。未幾，釋孔炤而辟河南巡撫。外廷亦知其故乎？』飲光以告先生，先生聞之，伏地哭失聲。蓋先生在懷宗時未及柄用，其見知已如此。

先生生有異稟，年十五，羣經子史略能背誦，博涉多奇。所與遊，皆四方豪俊。凡天人、禮樂、律數、聲音、文字、書畫、醫藥，下逮琴劍技勇，無不析其旨趣。箸書數十萬言，名流海外。方氏自先生曾祖明善爲純儒，其後，廷尉、中丞篤守前矩，至先生乃一變爲宏通賅博。其三子：中德、中通、中履並傳父業，於是，方氏復以淹雅之學世其家矣。

先生所箸書曰易餘二卷，切韻聲源一卷，通雅五十二卷，物理小識十二卷，藥地炮莊九卷，諸子燔痏若干卷，幾表若干卷，浮山前後集二十二卷、前後編十六卷。

弟其義，字直之，號次公。好俠，工爲詩，力能挽五百斤弓。嘗客黄靖南侯所，較射，連發皆中的，侯大驚。國變後，以悲憤，年三十一遽卒。次公子中發，字有懷，縣學生。隱居白鹿山莊，五十年不近城市，年八十三卒。

馬其昶曰：通雅、物理小識諸書，文淵閣皆箸録，提要稱其援據奥博，明一代考據之書罕與並。而山陽汪文端公亦嘗語徐六襄先生：『浮山愚者學博而精，其所箸書實開本朝經師門徑。』嗟乎！先生躬豪傑之才，遭逢季運，以佔畢稱，豈其志哉！

吴鑑在方叔茂劉長人王永宣傳弟六十一

吴公諱德操，字鑑在，號㒟客。諸生，才氣跅弛，與從叔道凝以詩文相矜尚。明末渡江，選過江詩略。嘗北走燕趙，憤國步多艱，慷慨談用世籌策，漳浦黄忠端公薦授福建長汀令。桂王時，擢監察御史。時劉承允擅國，挾桂王之武岡，公與給事中萬六吉力主留駐全州之議。會承允矯王命，自晉公爵，而封其弟承永及錦衣指揮馬吉翔皆伯爵，御史毛壽登争之，承允脅王杖壽登，因及公與劉湘客、萬六吉等，並奪職。旋起原官，巡按廣西。在臺錚錚，有西臺封事二卷。久之，擢大理寺丞。間關轉徙，遂卒於粤。

方叔茂，諱孔時。郡庠生，大欽子。爲諸生，左忠毅嘗上其治平十二策，漳浦黄公稱其切時弊。肄業國學，陸萬齡請祀魏忠賢，配孔子，司業朱之俊以聞，留書切責之俊，即日南歸。崇禎時除台州同知，又舉賢良方正，皆不就。國初，屢膺薦辟，堅臥不出。

卒年八十五。門人私謚介節先生。

劉長人，諱元勳。幼穎邁能文，好孫吳兵法，睥睨同輩，補縣學生。會賊勢盛，詔諸生習騎射，史公可法拔隸麾下，攝都司，乞假歸娶。方公孔炤撫湖北，招致，以親老辭。史公檄提餉繁昌，甫入城，而守備徐際相亦率衆至城下，薄暮大霧，城守者疑賊至，誤發礮，傷百餘人。際相急報，言民叛，請遂攻城。公下城説之，事得解，繁昌爲立生祠。史公以憂去，巡撫鄭二陽强留之。黄將軍得功既破賊，言二陽檄公佐剿餘賊遁匿英霍山中者，敘勞，擢游擊。私念鄭不足與共功名，辭歸。及史公起淮陽巡撫〔一〕，特疏薦之，居憂未出。國朝定鼎，巡撫兩徵，皆不應，隱居孔城三十年。孔城者，縣北之一鎮，宋爲舒州，而唐拱嘗監酒税於此者也，明末被寇，市廛蕩然。公結廬其地，經紀稗販，殖財產通商，從而居者五百餘家，孔城復爲巨鎮。後嗣昌衍，六世孫開尤知名。

王君諱雯耀，字永宣，邱君諱山，皆諸生，有幹濟才。崇禎末，流寇攻縣城，危若纍卵，兩人屢籌守禦策獻之當事，邑令楊公爾銘、張公利民尤敬禮之。萬衆喧沸，得一言立解。駐防孫得勝、羅九武殘虐爲民害，大清豫王遣騎逮捕，兩營兵士三千欲掠城而遁，官民惶懼，王君獨以利害懾服之，俾釋戈就縛，斬於市。晚歲勸學獎善，鄉里服其義。卒年八十五。

先是，楊公爾銘行取入都，邱君客其所。時黄將軍得功方坐擅殺桐城守將張寶山被劾，君言楊公當上書白其事，楊猶豫未決。君又以告縣人孫司馬、光給諫。于是，楊公用諸君言，卒具疏，敘黄將軍功，天子乃任黄爲都督，東南得保，自邱君也。

國朝定鼎，縣人念保城功，祠楊張二侯，並附祀王邱二君，及廩生李灼、府學生員胡文燦、縣學生員朱汝霖、職員胡來虞等十人。

馬其昶曰：世每患乏才，天下大矣，才有不見收者，其在下未嘗無人也。淪棄不用，其所表見者微。余次數公事，蓋深惜之。

蔣誰菴周農父傳弟六十二

蔣先生諱臣，初名姬允，字子仰，後更名而，字曰一个，號誰菴。少通敏，有名諸生中。崇禎末，應賢良詔至都。會大學士張至發典試，發策語譏諸賢良就徵者，先生乃箸書上之，略曰：

僕，江淮之賤士也。尚氣誼，矜廉恥，遇公卿貴人未嘗折節。閒頗留意當世之務，推明治亂之理。數不第於有司，�飢窮困。

會主上有詔顯巖穴之士，或以僕薦。僕自以親老子獨，内顧其私，不足以備天子驅策；而亦以事不出於當世貴臣意，必陰爲沮壞，則僕且無以自見，故遜避不敢居。有司承檄，驅迫就道。比至都門，問大禁而後敢入。得明公所爲試録策讀之，故遂未敢陛見。

方今主上聰明神聖，御極之初，虚己延佇，以聽於士大夫。而士大夫莫有建一籌、抒一策，以副上意，且相與護交持禄，罔上行私。主上不得已，稍厭其所爲，而僉壬之徒陰用以自結，日夜伺臣下之短，以中傷善類。數年以來，凡士大夫之負才藝、飭廉隅者，無不以陰謀中之。引用一二輭靡、柔滑、憒憒者，又使投匭告密之徒�派然於國，而天下之仁賢於是乎空矣。人心離散，海内困窮，盗賊充斥幾半天下。國家養士數百年，而食報乃爾，甚可痛也。所賴主上神聖，不終以士大夫爲可厭棄，以爲天下之廣，豈無傑士？率繇舊章，庶幾一遇。

而明公之言又如此，則是天下遂已無才矣。

且夫薦舉而得賢，猶是士大夫之徒也。古之取人也，或取於屠釣，或取於亡人。今稍使一二被褐懷玉者參乎其閒，豈遂非我族類，而惟恐驅之不速？主上即賢於堯舜，豈能以獨運致太平哉？則奈何不以汲引人材、保全善類爲心也？不取之士大夫，則所謂耳目心膂者，乃別有所託，其可昭之史册乎？

伏惟明公起家外吏，致位綸扉，自嘉靖以來，六七十年未嘗有也，天下想望丰采。兩年於兹，無所表見，而獨以此策著聞，然則明公之心，路人知之矣。

今天下寇氛日熾，吏治日偷，士風日卑，民窮日甚，皆烏程在位七八年閒所致，豈有他哉？媢嫉而已矣。然烏程機智警敏，才猷練達，使移其才能爲天下國家計，猶足以集事。明公自視警敏練達孰與烏程？無能改於其德，而意欲似之，天下其謂之何？明公誠能風諸有位，慎其別擇，其有茂材異等者，密以上聞，待之不次，集思廣益，豈惟致治之理則然，於明公相業必且有光矣。

自明公欲以格繩之，而銓曹所創之格遂與詔旨悖。明詔固曰：守令尤屬親民，所舉務求允堪民牧，不言堪佐領也。果其不堪，罷歸可也。以守令薦之，而以佐領授，無乃使詔旨不信於天下乎？且所甄敘，不但以所舉爲格，且以舉主爲格矣。銓曹不畏主上之詔令，而畏政府之意旨，士安得不止於千里之外？然則詔旨徒頒，不及逾年，且廢格不行矣。

明公無以僕在舉中，疑僕自爲。僕雖無似，徒步歸山，上奉老親，箸書自娱，猶足以垂名後世。所慮者，主德之弗宣，而治平之無日耳。草茅之人，不識忌諱，不敢聞其説於天子，而私獻之下執事，惟明公試垂聽焉。

先生既上書，以此名重都下，范公景文復薦之於朝。又撰漕屯鈔足國三議，倪公元璐奇其書，疏請授官。召對平臺，策足兵裕餉累千百言，天子善之。退，復寫所箸書以獻，命授户部司務，晉主政。

甲申國變，閒道南歸。大學士史公鎮淮陽，欲留參軍務，私歎曰：『奈何以一騶虞將五狼乎？』因爲策淮上軍情數事，固辭歸。

先生性孝，母怒，必長跽，俟解乃起。

箸無他技堂稿十六卷。

長子愚，俊達有父風。

周先生諱歧，字農父，號需菴。

少與方爾止、密之，錢飲光，吴子遠數輩友善，以博雅好奇聞四方。嘗取孝經，更採集曾子語，佩而誦之。

崇禎十七年，遵義知府何剛疏論兵事，因薦錢塘進士姚素允、桐城諸生周岐。應召入京，上書宰相，言時政得失。尚書馮元飈薦參宣督、侍郎孫晉軍事，以功授開封府推官。參陳元倩軍，復以按僉事銜贊大學士史公軍務。尋謝病歸，築土室龍眠。

箸孝經外傳、執宜集、燼餘稿。

嘗與豫章陳士業書曰：

僕歸入龍眠，二百里清流翠石，諷詠其間，以畢詞賦餘事。排比各體，凡傳記、序説可六十餘卷，既成視之，猶天之南箕，虛無所用。

嘗見鄧徵君元錫函史一書，筆力過諸作者。上編惜失在敘置，學者不便考獲。今次第增損之，續以本朝，可當廿一史約也。下編二十篇，經世士所必資。自隆慶辛未後闕如。欲篇各續之，第百年來天官、地理之災祥，水利、河漕之徙決，土田、賦役之繁簡，兵刑之得失，官制之宂耗，邊防之強弱弛飭，僻在山壤，無所資考，又傳聞異詞，汲汲未能究也。敝邑邇年民賊兩訌，江以北無尺寸乾土。僕以獨子奉母，流離江干，向時脱稿半塵土矣。

近復移家金陵，得聞足下近狀。去城居山中，惟善貧，每與密之夜論，彈指刺刺。

吾道偃蹇，乃如是邪！雖然，今者臥子高臥雲間，維斗濯足平江，足下獨步宜豐，密之上下其閒，僕得介而次名姓焉。天下未大窮也，書疏尚可數數，足下無厭。

蓋其爲書自喜如此。

子：瑄，字式玉，年十四補縣學生。師，字合萬。兄弟並工書畫，有文名。

初，先生與族人梅山諱曰赤字子組，同受知於溧陽陳百史，陳後登政府，既薦先生，而梅山堅以疾辭，不赴徵辟。嘗一參吳橋范文忠公幕府，已而范公殉國，作弔忠稗言數十章，惻愴欷歔，號稱詩史。

馬其昶曰：崇禎八年，舉賢良方正，自阮忠節、夏烈愍、白靖識外，又有姚訓導孫森、吾家桐鄉先生之璋，及蔣誰菴六人。是年，誰菴、農父又同膺薦辟，固皆一時之儁也。觀其激卬論列，摛藻斐然，豈不陵厲無雙哉？然則謂薦舉之不能得人，吾不信也。

姚休那白靖識方羽南鄧顛崖陳朗生傳弟六十三

姚先生諱康，字休那，原名士晉。

先世自婺源遷居桐城白苓潤。桐城之姚族有三：曰麻谿，曰苓潤，曰官莊，先生苓潤姚氏也。

少孤，母吳氏守節。稍長，爲諸生，才雋辨逸，何文端公客禮之。文端誌吳江周忠愍公墓，出先生手，史家遂據爲傳。文端告歸，數年被召再起，强與偕，先生知世不可爲，題臥猿詩以諷，文端因固稱疾返。後復參史忠正公幕，未幾復歸，得免揚州之難。

屏居田野，作忍死録，記其家曾祖以下四世事，語致悲痛。所爲文，代草與自爲者各半，凡十餘卷。其學長於史。自其小時，塾師授以經，則寐然睡；即讀史，則心開，讀至數十百行，無不貫綜。人所略視不省，獨加詳焉。其論是非成敗，每與人殊異。爲文法太史公，亦不純似，取愉快己意而止。

崇禎時，流寇起秦豫，躪及楚皖。先生脱身走江渚，閒取閱唐書黄巢傳，始末與流寇類，因思所由致寇與防禦之所由失，或莊或諧，雜以俚言，皆援唐事比論。以客京師久，親見諸公營私負國，故痛之也。又嘗評貨殖傳，皆刻行。

順治十年卒，年七十六。自先生存時，史忠正公預題其葬所曰『明讀書人姚康之墓』。

門人周行恕，諱孔忠，事母以孝稱。母嘗曰：『人多子而養缺，吾一子養周。』有潔癖，至不與人同巾櫛，坐處無纖塵。不喜與貴顯游，氣陵其上，然遇長者，必折節禮下之。師事休那先生，執義甚恭。喪耦，鰥居十餘年，無子。預營棺衾，自題處士碑於先兆側，不以累人。

白先生諱瑜，字瑕仲，一字安石。清和有識裁，博聞廣記。性善飲，至數斗不亂，語及時事，默不應。酒酣，閒與親交徒友論前古得失，悉中情窾，苟措諸政而必當也。崇禎中，以歲貢生舉賢才，入都廷對，稱旨，授雲南府推官。丁艱，服闋補登州，尋告歸。

隱居大龍山中，去樅陽三十里許，石塘環其下。居民種杏爲業，花時遠近爛漫數十里，有杏花村，山下有白家灣，爲先生故居。宅畔有香海棠七株，因以爲號。方公潛夫爲作七棠先生序，亦『五柳』之遺意云。

年六十卒，學者稱靖識先生。

謝頤齋，諱國楨，字屏石，亦高士也。天啓閒諸生，才思焕捷。值世變，退居土室，吟詠自娱。寫録天文、地志、方伎之書盈尺許，字畫楷正。晚歲篤好禪理。

年八十二。

方先生諱鯤〔二〕，字羽南。

少爲諸生，以才穎發名。後益耽思經籍，謂文藝非儒者所急也。會豫章葉兼山講易桐城，與之語，歎其夙慧，盡以授之，由是冥契開解。箸易盪二卷，推河洛縱横之圖，以測古人制樂用兵之法，往往悉合，黄石齋先生歎爲前古未有，四庫書存目。

先生與姚職方交最暱，其諸子文烈、文勳，皆從受經。

年八十卒，學者私謚文濳先生。

同時，童先生諱鋐遠，字方平，箸易學管窺，門人張廷璐爲刻行。

鄧先生，諱森廣，字東之，號顛崖，崇禎閒貢生。

重氣誼然諾，以匡濟爲任，於時人罕所推讓，下筆娓娓如懸河。皖撫張公亮、黄公配元重其才略，競延致之。晚歲隱居不出。嘗一參制府幕，爲起草，活百餘人，不自言也。

子銍，字田功，號楞岑。順治閒貢生，知唐山縣，以循卓聞。有集杜詩三十六卷。

鄧先生同時有文譽者，曰范先生，諱世鑑，字子明；趙先生，諱相如，字又漢：皆天啓閈諸生。好學淹雅，尚風節，文藻絶麗，兩人齊聲，時人語曰『范經趙史』。趙先生崇禎四年草治平十二策，阻於勢要，不果上，箸有事林偶記及史略若干卷。而范先生識姚尚書弱冠時，見其論事書，激賞之，持示人曰：『此異日救時才也！』其識鑑如此。

又有王先生，諱彭年，字幼公。世居東鄉之炭埠。早惠，年十二補縣學生。研窮陰陽、象數、兵農、漕馬、關塞之故，風流雅尚，不爲諧謔。崇禎十年，流寇至縣，被執，得釋，妻童氏駡賊斷臂死。後二年，舉於鄉，會國變，賫志没。子來雝，字以清，縣學生，左侍御奇其才，以女妻之。言行端謹，爲鄉黨所宗。

洪先生，諱明瑞，字祥卿。隱居篤學，自稱『有明遺民』。子世治，高雅有父風，箸孤芳自賞集二十卷。

陳先生，諱昉，字朗生，農家子。負奇，嗜酒，喜駡人。爲詩險僻，類長吉。嘗讀薛包傳，慕之，以宅讓兄，已乃鑿石搆軒，顔曰『石舫』，内祀魯仲連、李太白、元次山、黄魯直、王文成五人。平生好急人難，已而絶不與通。

明末亂起，或告寇至，時方飲酒，則大駡。既被刃，未殊，頸血黑。一寇就視曰：『此陳先生也。』爲合其創，傳以藥，掖至村媪家而去。其居在樅陽市後，時挂酒瓶樹上，往來就樹飲。醉則拾敗葉、破瓷片，書所得句，吟數徧輒棄去。晚年，更架小樓石舫之巔，造長梯達石磴而上，度酒食稍具，即去梯獨坐，經時不下樓。自爲喪制，親題銘旌曰『閒翁石舫老人之柩』。一日大醉，卒。

有三子：高、瑜、度，事親皆能順志，雖極貧，誓守敝廬不去。高字琬，次號蓉青，度字官儀，號曉青，皆頗工詩。然父詩瑰異，其子詩則清瘦；父稱酒狂，三子皆循循狷謹，風操特殊矣。

馬其昶曰：休那憤世罵譏，靖識口不臧否，羽南潛心易象，顛崖、范、趙思捷才麗，石舫佯狂麯糵，皆得自免於亂世，既明且哲，以保其身，斯可謂大雅君子矣。

校記

〔一〕淮陽　當爲『淮揚』，下一篇同。

〔二〕鯤　序目作『琨』。

桐城耆舊傳卷七

錢田間先生傳弟六十四 白渠先生

錢先生諱澄之，字飲光，初名秉鐙，字幼光，號西頑道人。父諱志立，字爾卓，明萬曆間諸生。師事趙樅江，學行甚高，嘗闢館聚徒講易。五子，秉鐔字幼安，秉錡字湘之，並有文譽。先生其季也。

少以名節自勵。有御史某巡按至皖，盛儀從，謁孔子廟，諸生迎迓門外。先生忽前扳車，御史大駭，止車，因抗聲數其穢行。御史故閹黨，方自幸脱逆案，内懼，不敢究其事，先生以此名聞。

是時，『復社』、『幾社』始興，比郡中主壇坫者，宣城沈眉生，池陽吳次尾，吾邑則先生及方盇山、密之諸公，而先生又與陳臥子、夏彝仲輩聯『雲龍社』以接武『東林』。先生體貌偉然，好飲酒，縱談經世之略，嘗思冒危難，立功名。

南都立新主，阮大鋮柄用，刊章捕治黨人，先生於是亡命，走浙閩，入粵，崎嶇絶險，猶數從鋒鏑間支持名義不少屈。漳浦黄忠端公薦諸唐王，授吉安府推官，尋改延平府。桂王時，擢禮部主事。己丑特試，授翰林院庶吉士，兼誥敕。撰文指陳，皆切時弊，忌者衆，乃乞假間道歸里。結廬先人墓旁，環廬皆田也，自號曰田間。箸田間易學十二卷、詩學十二卷，四庫皆箸録。

卒年八十二。

先生嘗問易漳浦，依京房、邵康節説，究極數學，其後兼求義理。其治詩遵用小序首句，於名物、訓詁、山川、地理尤詳。自謂箸易學、詩學成，思所以翊二經者，而得莊周、屈原，乃復箸莊屈合詁八卷。蓋先生生值末季，故離憂抑鬱，發憤箸書，而以莊繼易，以屈繼詩也。又有藏山閣詩集十卷、文集三十卷。

初，先生避禍吳中，長子法祖字孝則，隨母方踪迹之，遇兵亂，方赴水死。先生後入閩，孝則家居，以盗入後母室，奔衛母，被盗死。

從孫：源啓，字致一，號信齋；源逢，字湘舟，號鐵華，兄弟齊聲。信齋工繪事、書法，宗華亭。鐵華有澡雪齋詩。

錢氏自田間以經學聞，其後，乾嘉間有白渠先生者，亦深於經，而無所知名。

白渠先生諱彛，字秉之。以經學教授四十餘年，老乃得儀徵訓導，未赴官，卒。於諸經皆有纂述，箸易概二十二卷，書概二十二卷，詩概三十二卷，周官概二十卷，儀禮概四十卷，禮記概四十六卷，孝經概二卷，都三百卷。輯録先儒成説，皆手寫，字畫拙醜。其自爲説，則别出之曰經疑七卷，有刊本。

子榛能傳其業。

馬其昶曰：先生負瓌特之才，鬱無所試，以墳典自娱，研經爲文，視先代諸公堂廡大别。望溪少時承其緒論，後遂蔚爲儒宗。當先生衆辱御史，其猶明之遺風哉！而卒以經學文章開啓學派，亦考流别者所宜知也。白渠經概稿本，今存余家。

馬兵部傳弟六十五

先九世伯祖兵部公諱之瑛，字倩若，號正誼。幼孤，與弟恕菴皆依祖太僕公。恕菴公諱之瓊，字孔璋。兄弟篤愛也，痛不逮事父，乃益致孝於祖。太僕嘗臥疾半載，兄弟更替侍側，不暫違。恕菴性剛直，多任恤之行，以諸生終。

而公淵雅有德量，舉崇禎十三年進士，知廣東陽江縣。初至，訟者獻酒一甌，實皆金也，察其異，卻之，卒置於理。秩滿遷去，或持上金卮一雙，拜曰：『公在官，民不敢有私謁，今願報德。』笑曰：『此豈山陰一錢邪？』亦卻之。度嶺，聞南渡政亂，避居池陽。順治十八年，以薦授山東定陶令。康熙八年，課最，擢兵部督捕主事，未行而卒。祀定陶名宦。

公治定陶，值李化鯨陷城後，四郊灌莽，絃誦寂如。單騎詣賊壘，降其魁，餘黨平。縣多豪族，舊額賦地隱占三萬餘畝，前令因以虛額加賦。公履畝清丈，盡除虛加，益捐金，給牛、種，數年，報墾踰千頃，賦均荒闢。農事既舉，加意教化，月有課，季有考，親自率厲。又平反姦民造僞印事發諸連坐者百餘家。

同縣潘木崖先生，嘗至劉家口渡河抵曹縣，距定陶四十里所，遇曹父老，問曹民安否，曰：『噫嘻！曹何敢望定陶？定陶，天堂也。』問其故，曰：『陶有好官曰馬公，自公視事，上官但以教下縣，胥吏不煩至；即至，亦怵令清嚴，無敢犯。』又爲縷述他善政，曰：『定陶，天堂也，曹何敢望！』潘先生聞而歎曰：『政之化民，其速郵邪！觀曹民慕歎若此，即定陶可知矣。』

公居鄉，有大興除，必以身任。流寇之難，預請具矢石，繕樓櫓，厚積聚，偕諸士紳及弟恕菴捍禦甚力，城卒以完。

公强記博覽，尤工詩歌，方儀衛謂足與『江左三家』方駕。箸秫莊集四十卷，平居口不言詩。

先是，天啓時，公及從父爾升、子翼，從兄君璧輩，幷以文采知名，號『怡園六子』。怡園者，太僕别業也。三人皆諸生。爾升諱懋學，重躬修，譔下學編，高忠憲公歎爲篤實。子翼諱懋贊，左良玉兵亂入皖，不屈死。君璧諱之瑜，與蔣臣輩知名『復社』。晚棄儒冠，卜居湖濱，時時御小艇，投竿以漁。有耦耕漫筆、琴旨、湖上草堂詩。

兵部六子，教思自有傳。恕菴二子，長爲西屏公，諱國志，字勷公，以貢生考授州同知，箸懷亭詩集。西屏子爲雙岑公，諱庶，字少游，以清正見推鄉里。博涉子史，箸懷亭瑣記四卷。

其昶謹按：先太僕公一子，是爲孝子公。孝子公二子，長兵部，次恕菴。其昶出恕菴公後。自太僕以下稱中二房。中二房最相親，不似他族，服盡則疏，以余家丁少，因加厚，又中二房同祖太僕故也。風化日漓，懼後生不曉前規，乃略述於此。

姚端恪公傳弟六十六

姚公諱文然，字弱侯，號龍懷。崇禎十六年進士，改庶吉士。流賊陷都城，間道歸，隱居養親。

本朝順治三年，以安慶巡撫李猶龍薦，除國史院庶吉士，改禮科給事中，數言政事便宜。其才施無所不通，而於錢穀刑律尤精，務爲國家崇寬仁、惜大體、鞏固基本。初入諫垣，即疏請嚴敕撫按遵恩詔清刑獄，勿任有司稽延；或條赦外有可矜疑原宥者，許專疏上陳。畿南盜熾，公言：直隸與山東、河北接壤，盜軼境外，難越捕，請改保定巡撫爲總督，兼轄直隸、山東及河南懷慶、衛輝、彰德三府。又請定例：會試下第舉人，得揀選。皆議行。轉工科給事中。

八年，章皇帝親政，求直言大臣，以巡按澄清無效，議停止。公言：『巡按不得人，不聞都察院大臣指劾，反使朝廷察吏安民之大典坐是罷廢，徇私溺職，莫此爲甚，願賜召對，面議同異。』疏入，憲臣及御史甄別有差，臺班一肅。是年，西北大熟，江浙水災鉅，公請改折漕米，以災輕重定改折多寡；明布折漕規則，防官吏爲姦，改折外重徵火耗，或先已徵米，又收折價，及重折輕解諸弊。上嘉納之。

十年，遷兵科都給事中。公既以忠誠自竭，所請多施行。而性故澹退，未幾，乞養歸。

康熙五年，起補户科。

六年，疏請嚴禁川楚諸省官吏，不得藉採木搜取民間屋材墓樹。又言：『一部可結之事，宜一部徑結；一疏可結之事，即宜一疏通結。如各省錢糧考成已報完者，部臣議覆時，可即與開復，以省奏牘。』報可。

九年，命以四品服俸仍任給事中。凡臺班内陞，例皆回籍候補，内陞留任自是始。公歷言官，惟户科最久，擢官皆在法司。

十年，廷鞫總督周有德、編修陳志紀，而兩江總督麻勒吉亦逮繫至都。先是，公疏：請免大臣鎖禁城門，存國體。從之。及是，復言麻勒吉情罪未決，不宜遽辱。上韙其言，命自後赴鞫者概免係縲，著爲令。擢副都御史，遷刑部侍郎。

十二年，調兵部督捕侍郎，充會試副考官。尋以京口將軍柯永蓁爲副都統張所養奏劾，奉命往鞫得實，永蓁罷任。是年，遷左都御史。

十三年，長沙新降復叛，公言：『長沙距辰沅近，當擒獻賊使之際，必請兵救援。彼見荆州、武昌頓兵不渡，謬謂國家棄此土於度外，一旦賊使再至，望絶而降，固非得已，宜深原其情，以開反正之路。』又言：『耿精忠、孫延齡與吴三桂相脣齒，中閒獨隔阻廣東。耿逆將士舊駐其地，熟悉形勢，恐乘不意夾攻，則廣東勢危。而江西毗連閩粵，若賊侵據贛州、南安，則餉絶郵梗，宜駐重兵，通聲援。』上從其議。是時，秦中已定，獨平涼未下，公言：『從此進討湖南，兵勢有餘，請停調蒙古、關東兵，而益堅招撫，明大信，以徠平涼。』前後所建白甚衆，不少依違。

又，其言從容諷諭，故聽者易入，而尤推本君身，惓惓以節慎起居爲言。孝仁皇后梓宫奉安鞏華城，盛暑，車駕屢幸，密疏切諫，且引唐太宗作層觀臺望昭陵，納魏徵諫泣而毁觀事，語甚切至，上亦受之，不咈也。

十五年，擢刑部尚書。當是時，國家規制初立，天子大聖寬仁，公矜恤民命，惟恐一物不得其所，於是，乃稱曰：『刃殺人一時，例殺人萬世，其可忽哉？』因益推明律意，虚心鉤稽，不骫法，不市恩，如錘之稱物，不有杪忽之爽，且寧於其出也微昂，入也微沈，所以廣上恩德於無窮也。每退食，輒攜招册盈尺以歸，校擬恆至夜分。嘗刺一人非法，争之不得，退而長跽自責。

在位二年薨，年五十九。賜祭葬，謚端恪，祀鄉賢。

公爲人精密有大量。養親家居近十年，不以一事干有司。至繫地方利害，則移書反覆，必得請乃已。晚歲洞明生死，泊然無所戀繫，獨其惻隱牢結，病中猶口授疏，請更定二例，恐其或有寃濫也。

箸疏稿八卷，文集十卷，詩集十二卷，白雲語録六卷，雜箸十二卷。

雍正八年，入祀賢良祠，特敕加祭一壇，建專祠本邑，歲時有司致祀。

馬其昶曰：世言慈不刑，懦不兵。豈以二者之用，非猛鷙莫勝邪？然三世爲將，道家所忌；及司刑名法比者，或往往子孫即廢：又豈二者之不可爲邪？公之宅心何其哀矜惻怛之甚也！後嗣彌盛，名賢相踵。我朝刑律定自公手，凡前代殘苛，遂以剗除，澤流無極，可謂大仁。余讀公病中日記一册，儒生訟過自刻，莫能及也。

王參議陳兵部吳提學傳弟六十七

王公諱大礽，字以介，一字定爾，號願五。幼慧，涉目成誦。年十二，畢『六經』、史、漢，方廷尉以公輔器期之。順治四年進士，授編修。恥隨俗奔競，乞病歸。家居九年，閉門静修，亦時争利害於官府，止防兵，革里役，鄉里賴之。功令敕補，乃起江西參議。督視漕務，罷一切苛細。政暇，輒自課士，專以譚藝爲樂，奬成甚衆。尋復告歸，築西園，日觴詠其中。

箸西園雜録、有懷堂集。學者稱文靜先生。

子玑，字其人，號蒿伊。雍正閒以貢生爲欒城令，歲革羨餘千金，濬井數百溉田，民祠之。遷紹興府通判，求百年湮廢之迹，開濬紹興三江門及杭州城河，士民撰濬江頌勒石西湖之孤山。特旨命佐大臣治下河水患，專濬丁溪草堰，省帑金四萬。擢彰德府，致仕歸。詩才雄健，能世其家。

彰德孫諱洛，字仲涵，甚有文譽。雍正十一年進士，吏部郎中。有瀹靈集、懷坡詩鈔。初，王氏遷桐城，至參議七世矣。其兄弟行有諱文燦者，字蔚然。生三歲，父焚爲史忠正公裨將，擊賊遇害。母攜之，轉徙十年，忽相失散。既寄籍粤西，入蒼梧學，徒步訪母，得相遇於雲南曲靖，因偕歸蒼梧。康熙二年，中廣西舉人，任廣東清遠縣，政聲大起。以母老，改象州學正。子地錕，三十五年舉人。孫瀚滄，雍正十一年同榜進士，均蒼梧籍。

陳公諱焯，字默公，號越樓。

父祀鄉賢，諱朝棟，號皤石，明萬曆閒諸生。家世儒學，以爲：士苟操行弗篤，不獨象山、慈湖之徒流爲禪趨，尊事程朱亦無當也。父有嬖姬强名他人子，揣父意，推産讓之。箸三易露箋、清越樓日録各十卷。

公之生也，母夢緑星掬手中，寤而生，因名其居曰『緑星』。七歲能屬文，年二十，遊吳越，閒作寶帶橋望月歌，吳人王子稼譜入管絃。明末，建海屯之議，兵科陳公子龍上其策，授以部職，辭不就。

國朝，以拔貢生爲中書舍人，退，請與鄉試。順治九年進士，殿試，讀卷官擬進呈第一，以曾官内閣引嫌，改置第五，授兵部主事，乞歸養。

親歿，廬墓三年，湯文正公嘗展謁墓所。又於城内西山高處構滁岑，王文簡公過縣，留宿滁岑，論詩甚驩。風雨中登其閣，望龍眠諸山也。

工於詩，善草隷，箸滁岑詩文前後集十卷；又輯古今賦會若干卷，宋元詩會一百卷，采録九百餘家，文淵閣箸録，謂足與吳之振、顧嗣立二書相輔。嘗修安慶府志、江南通志。

年七十四卒。學者稱文潔先生。

子堂謀，字大匡，號絡翁，歲貢生。爲束鹿縣丞，巡撫于清襄公器之，及督河，奏以自隨。詩文博麗，與陳檢討維崧、吳祭酒偉業爲忘年交。箸北谿詩集。

次子臺略，字綏四，縣學生。友孝慈仁，潛心儒學，喜言易，有易學辨疑。子翯鑑，雍正二年進士，臨海令。

同時，有陳絅菴、陳二如，皆不知於兵部何族屬也。

絅菴諱光，字季白，縣廪生。制舉文爲一時楷式，晚歲窮研性命。箸治平要覽、古事彙考等書。

二如諱式，字質生，康熙初貢生。寓白門，與里人胡栲峯、何道岑、張蔚喬、吳南蒼、方樓岡、邵村、姚丹楓、龍懷、盤青輩爲『潛園十五子』之會。平生耆杜詩，箸問齋杜意十五卷。

栲峯諱如牲，字子兑。順治八年副貢生，考授浙江臨海令。時防臺兵數萬，所過縣出民夫舁之，多累死，因條陳大府，通得免役。子天章、正宗，並知名。

時在下能詩者，又有：

諸生丁漢公，諱倬，字彼雲。好古博學，與錢飲光、方爾止善，有髻山堂集二十四卷。子舟巘，高才早逝，有掃煙樓遺詩。

許畫林，諱七雲，字耕華。康熙四十六年，以諸生進迎鑾詩三十章。有芋畹集、越遊草。

周鶴田，諱南，字汝爲，諸生。喜言經世之略，以父磐石明亡殉義死，遂不求仕。聖祖御極，伏闕陳便宜十事，給事中胡悉甯劾奏之。朝旨嚴飭悉甯，謂其議有可採，不以違禁致罪。後客粤帥幕，一日，飲酒高會，帥出歌者十餘人，持扇索詩，因援筆寫付，各詠七言一律，坐客皆驚其工速。有鶴巢詩文鈔。

王蜀隱，諱之楨，字以寧，諸生。負才豪宕，尤與龔芝麓尚書善，其子伯通昆季皆出其門。

劉雲芝，諱允升，字巖遇，亦諸生。少時賦七言百韻詩上合肥李文定公，文定奇之，館於家。其子丹壑編修自謂才不及也。有懷古堂詩稿。

吳公諱子雲，字霞蒸，號五崖。高甸之吳分兩宗：曰『寶慶』、曰『榮華』，公『寶慶』股也。

祖諱汝亮，貧不廢學。父諱先攀，號恂菴。明末總鎮駐師皖城，麾下馬進寶肆虐縣境，民憤，格鬬，進寶羅織三百餘人，以叛聞，恂菴力白其冤，乃免。

公登順治十二年進士，歷廬州府教授，國子監助教，勤於訓課。再遷户部郎中、河南提學道，增秩以參議用。年五十，遽歸。

能孝事繼母。其督學及同考鄉會甚有鑑衡之譽。制府石公文桂、尚書翁公叔元、閣學楊公瑄、修撰彭公定求，皆其所得士也。

弟玉藻，字冰持，以恩貢授内閣中書。兄提學歿，遂乞養歸。父母皆年逾九十。既終喪，乃起赴官，補成都同知，攝雅州、温江、屏山，皆以清廉著聲。

提學曾孫元念，字在宫，乾隆中知雲南建水州。有土官亡，其弟欲奪其子位，饋酒，置金其中。君召至堂，啓甕出金，令建橋，而斷以子襲。鄰州盜逸至境，獲之，不自爲功，還其州官。擢户部員外郎，告歸。户部從子臣弼，字萝霖。乾隆四十五年副貢，官五河教諭。孝友端謹，鄉里服其識量。

馬其昶曰：參議、兵部清操高節，雅癖於文，各有令子，箕裘克紹。提學韜榮，餘慶在後。皆一時之傑也。滁岑據全郭之勝，他處登望，或止半面，此獨得其全。今其遺址爲法蘭西教堂。

程太常吳吏部龍修撰孫糧道傳弟六十八

程公諱芳朝，初名鉦，字其相，號立菴。

順治四年進士，殿試一甲第二，授内國史院編修，遷秘書院修撰，繙譯『五經』。九年，會試同考，轉左春坊左諭德。十一年，提督北直學政，遷國史院侍講學士。初，安南國明嘉靖中降安南都統使。康熙三年，黎維禔卒，公以侍讀學士充正使，往安南諭祭，仍册封黎維禧爲安南國王。尋進詹事府少詹事，轉太常寺卿。嘗奉宣，於御前伏几作大字，上嘉其端勁，意方嚮用，而公遽移疾歸。

年六十六卒。

子仕，字松皋，官建甯知府，有梅齋詩集。

吾邑科目昉唐曹夢徵及宋李伯時兄弟，至明而大盛，自永樂甲申劉瑩第進士，訖崇禎癸未，凡八十人。入我朝，太常首以一甲二名及第，至今二百六十年，又一百五十三人。其舉於鄉者，明一百六十五人，我朝六百二十八人。

自太常後，其以一甲二名及第者二人：康熙己丑戴編修名世，戊戌張宗伯廷璐，而編修又實舉是科會試第一。編修之前，舉會試第一者，己未有馬編修教思，其後又有吳吏部。

明以來重科第，會試第一曰會元，鄉試第一曰解元。桐城之解元七人。

其在前明爲劉教授璽、趙都憲鈛。

國朝康熙二十九年江南鄉試，同考廖騰煃首薦桐城劉捷卷，主司欲置第二，廖不可，曰：『寧擯落耳。』而是科第一即捷兄輝祖也。其後九年，方侍郎苞亦舉鄉試第一。又十二年，廖以御史典江南試，以書屬輝祖，必欲得捷，而輝祖病，阻書不達。廖求捷卷不得，太息累日，及揭曉，則捷已褒然舉首矣。捷桐城人，寄上元籍。又五十七年，爲乾隆戊子，張曾敭字譽長，舉鄉試第一，官貴州貴西道，司空廷璩孫也。

至光緒戊子，而姚永概復領解焉。

吴吏部諱貽詠，字惠連，後戴編修二十四年成進士。少孤，家貧，值長夏，或至日晡不得食，未嘗有戚容。舉於鄉，年四十八矣。又十年，乃成進士。子賡枚與試，題名至，躍然曰：『子不先父，我固知若遜一籌也。』選翰林院庶吉士，改刑部主事，徙吏部。性恭謹，終日無忤。屬文精整，莊寫，不草書。著芸暉館詩文集。

賡枚後六年亦成進士，官監察御史。

自程太常以下，得第者百數十人，皆由正科、恩科。

其以大臣子賜舉人，會試中試者一人〔一〕，爲方傳穆，勤襄公子也。

以召試舉人通籍者三人：

乾隆四十一年，召試張曾太，後知福建歸化縣。四十九年，召試張曾獻，至山西冀甯道。

嘉慶十三年，龍汝言，字子嘉，由寄籍廩膳生應天津召試，賜舉人，十六年復應五臺召試，授中書，十九年成進士，殿試一甲第一，授修撰。纂輯祕殿珠林、石渠寶笈三編。二十一年湖北正考官，二十四年會試同考，尋坐校字不慎鐫職。道光元年，起用内閣中書，授兵部主事，進員外。未幾卒，年五十二。箸賜研齋集十二卷。本生父諱驤，積學不遇，好行任恤。子森，字書樓。同治初官浙江龍游縣，率鄉勇剿賊，力戰死。

先是，張文和公子閣學若靄，癸丑廷試，世宗親拔第三，文和辭，乃改二甲第一，並頒諭旨示中外，仍照一甲例授職，爲編修。由是，縣人遂無有以一甲三名及第者。

自張閣學後，二甲第一有糧道孫公，諱起端，字心筠，節愍五世孫也。少孤貧，炊火恆不繼，閉户自精。性孝謹，無圭角，犯而不校。嘉慶二十四年進士，選庶吉士，改部職，轉御史，出爲貴州糧儲道，再攝按察、布政。清廉自守，嘗出死罪囚之誤坐者，定讞寬嚴不失。洪楊造亂，上言：黔粵界連，宜練精兵合勦，並嚴懲居民傳習邪教者。皆不果行。

糧道孫曰慧基，字積甫。同治七年進士，由庶吉士改河南武安令，盡心災振。性忮懻，一言之忤必復，惟順母，能娱適其意，亦以孝稱。

馬其昶曰：士蔽於科舉久矣，光緒三十一年，詔罷鄉、會試，興學堂，而人心猶若隱慕於此，誠積重難返之勢也。救時者痛人才由此壞，鄙夷之，不屑道，然兩朝選舉又未嘗不得士。余粗述其概，亦考吾鄉掌故者所不得略也。戴存莊孝廉鄉舉，上元梅伯言先生致賀書，謂科第不足重人，得其人乃爲科第重耳。閒嘗披覽邑志，見選舉表臚列諸人名氏，而迄今顯晦懸絶，有不知其誰何者，念梅先生言，爲之慨然。

戴成都劉廣昌楊邯鄲錢蒼梧傳弟六十九

戴公諱宏烈，字山民。

少孤，母孫苦節育之。工爲詩，格律精渾，與弟研字導及並知名，人稱『龍眠大小戴』。

順治八年舉人，授成都令。時兵燹初定，成都當省會，又併入華陽地，繁劇倍他邑。土著少，秦楚遷民占籍，客主違言，調劑安輯，威惠大行，墾田數萬頃，户口歲增千餘。訪遺迹榛莽中，修復之，民趨令罔後。以勞卒官，貧不能斂，士民輟舂巷哭，賻金歸其喪。

劉公諱鴻都，字爾雅，號西麓。少負儁才，事繼母至孝。順治十一年，選拔貢生，授山西廣昌令。廣昌土瘠，居民稀，至則盡力開墾，給牛、種，設義學勵士，邊徼荒遠，弦誦聲達於衢巷。總憲魏敏果公敬禮之。致仕歸，與里中耆宿相酬唱，爲後進矜式焉。

卒年七十八。

楊公諱臣鄰，字欽四。康熙六年進士，知邯鄲縣。值軍興旁午，撫綏疲氓，甚有惠愛。大吏下檄墾荒，懼其擾累，力請免行。母憂服除，補光山。歲饑，振糶有法，又建義學，士服其教，民歌其德，擢知光州。解組歸，足迹不履公庭。

明末處士楊先生，諱臣諍，字古度，疑其兄弟行，不知親屬何等也。强記博聞，箸有禹貢箋、禮經會元，未見傳本，惟龍文鞭影二卷，盛行於鄉塾。

錢公諱旆，字叔岂，號彭源。自少失父，以孝友著稱，夜讀恆至雞鳴。康熙二十七年進士，授四川蒼梧令。邊區瘠荒，到官，首革苛税，招流移開墾，勸民種桑，户滿三百株者給錢寵異之。地故高燥，經旬不雨則苦旱。親履田隴，相地平，窪者爲築堤堰蓄水，置桔橰，教民用溉。行之再期，民稍蘇復。乃大起孔子廟，置義學數十椽，集才彦士，親爲講説，月課藝者再，遠近慕效。大吏奏其績狀，將徵入都，遽以疾卒。櫬歸，道旁有失聲者。

馬其昶曰：一代革新之際，民罹塗炭，不有賢吏，其能存乎？凋殘之所由復，國本之所由固，以此。迨其後數傳，民生樂利，或相與忘之。君子曰：此其功不在汗馬闢土地者下，余故擇其尤著者書之。

姚開化階州峽江傳弟七十

姚公諱文燮，字經三，號羹湖。

父珠樹先生能詩，有高名，諱孫森。明天啓閒副榜貢生，崇禎八年舉賢良方正，爲龍泉訓導，祀鄉賢。方宫詹拱乾曰：『姚子位不副德，將留餘以餉其後邪？』及生公，而才氣陵轢一時，談天下國家之故，恢恢如也。

順治十六年進士，授福建建甯府推官。民俗獷悍，睚眥讎殺，案積無數。公片言立剖，未數月，囹圄爲空。有方秘，盜殺其家數人，盜就撫，秘乘閒復讎，前官坐秘死，公得其情，活之。未幾，有叛民殺武弁，案繫千餘人。公疑其獄，坐數人罪，餘釋去，督撫大駭，公固言非叛。久之，事得已，蓋鄉民持械逐盜，弁適過，盜殺之，從騎後至，執爲民叛，公固疑之，及獲盜訊供，盜自伏殺弁也。耿繼茂建藩，其下怙勢，多不法，貸民錢，因奪其女妻。公悉使訐發，自捐錢償還，民婦得歸者百數。藩戚某尤横，或訟之郡，郡守懦，被侮。公自請案治，執法加等，自是藩人斂迹。時方議修邊海戰船，費鉅，斂民錢，民大譁。公密白上官，民得免費。

秩滿，改知直隸雄縣。渾河泛溢，浸及城東南隅，樓櫓傾圮，田廬漂没，暴龍爲害。公至，作文檄之，水退，歲大熟。修城築堤，造橋以利涉者。地近京畿，旗人圈佔膏腴地，民勿敢争，公争之。旗人上請，於是，户部司官至，牽繩量地，繩所定處，民不得有。公拔佩刀斷繩，辭不稍屈。未幾，有詔退地還民。雄俗輕死逐利，往往親族促使自裁，訐訟不已。公敕鄉約：死者即埋葬，毋得生事，遂無死者。立屯丁爲團長，以守望盜賊。又請免狐貢，報墾地，蠲耗羨，減鹽引，恤驛政，清逃人，撫循瘡痍，境内獲安。

擢雲南開化府同知，尋攝曲靖府阿迷州。吳三桂叛，陷賊中，密與建義將軍林興珠有約，林不及期發，事覺，繫之獄，乘閒遁還安親王軍。林先以謀告王，王以聞，聖祖召至京，賜對甚詳。滇平，乞養歸。

年六十六，母喪，毀卒。

公神爽聰令，告歸後，以詩畫自娱，皆有名。隱居黄蘗山，龍眠之奥區也，爲梁沼亭軒，倚山而樓，前爲耕樂堂，營生壙其側，自書碑曰『黄蘗山樵之墓』。

著箕湖文集十二卷，詩選十卷，四六偶存二卷。

次子士藟，字綏仲。康熙二十七年進士，授編修，典試湖廣、直隸，終左贊善。著泳園詩文集。

贊善子孔鍹，字翰，擢陝西葭州知州。

葭州子興滇，字南召，山東曹州知府。

曹州曾孫元之左都御史，自有傳。

階州公諱文熊，字望侯。

父諱孫棨，字心甫，明天啓二年進士，官御史，有直節。錦衣項震殺妻，立訊，伏辜。執政私震，忌之，左遷上林院典簿。歷吏部主事、福建漳南道。故相國林釺歿，勢豪奪其遺産，清還之，復爲勢家所中，左遷。再起荆南道按察司副使，終尚寶寺丞。祀鄉賢。

公康熙六年進士。廷試策問錢穀，因舉直省分合數以對，且陳轉移之法。置二甲。授浙江江山縣，調蕭山。耿逆亂，閩浙歲用師，民困輸運，公固請撫按折價交納，嗣以爲常。

遷陝西階州知州，悉除無名之徵。上官督催急，吏驕横，公縛其吏撻之。

降調歸，卒祀鄉賢。

先是，蕭山蝗起，公移文於神，忽大雨，蝗盡死。又有逸盜自歸獄，曰：『夢父謫我，不可累好官。』其神化如此。蕭山祀之名宦，復爲祠合祀公與賈公國禎，水旱就禱輒應。道光七年，巡撫劉公以聞，奉旨：禦災捍患，於民有功，封賈昭應伯，公昭感伯，亦祀階州名宦。

子士陛，號別峯，康熙三十二年舉人，有才名，早卒。箸空明閣詩集四卷。

曾孫興泉，字問樵，號虚堂，諸生。以賦落花詩知名，人稱『落花先生』。有一枕窩詩三卷。

峽江公諱文焱，字彦昭，號磐青，龍泉訓導諱孫森子也。年十二，賦金陵感懷詩，人目爲仙童。康熙八年，舉順天試，授長洲教諭，再聘浙江同考。吳中大饑，監視粥廠，胥役無一弊漏，釐別男女，尤盡心醫藥。遷峽江令，民泣送塞道。峽江征糧，舊設里長，督花户，城中復設保户，督里長，鄉民輸税，咸主其家，歲斂費數千金。公一禁革，聽民自輸，其弊遂絕。郡守下其法列縣行焉。其聽訟，不事鞭撲，以寬簡爲治。

長子士躄，字東膠，康熙二十九年舉人。母疾，刲股和藥，弗效，哭踴血溢，不自覺痛。修譜牒，篤宗誼。嘗客蘇州，見鬻婦以償官逋者，傾橐助之，復得完聚。又買山，埋露棺數百具。其急義率如此。子四，皆工爲詩：

孔鈉，字鐵也。雍正六年舉孝友端方，至惠潮兵備道，署江蘇按察使。有西堧詩鈔十卷。

孔鉼，字道沖，號歸園。七年舉品行才猷，至贛州知府。有抱影軒、心香齋、南陔詩選各二卷，叱馭集一卷。

惠潮、贛州政績均可紀。

弟孔鐧，字梁貢，號于巢，廪貢生。有華林莊詩集四卷，四庫書存目。

孔鋠，字範冶，號三崧。雍正十一年進士，授編修。乾隆戊午順天同考，拔盧學士文弨。京察優等，當遷，以母老，遽乞養歸。有小安樂窩詩集。

贛州子興臯，字渭川，號花龕，乾隆三十九年舉人，有香巖詩鈔。

峽江子當雍乾時，長房稱盛，乃其後遂替矣，而次房陜州代興。

陜州諱莆，字勤若，於峽江爲玄孫。嘉慶初，以縣丞投效南河，白蓮教起，用軍功擢知商城。鋤强卻饋，歲旱，糶振有法，大吏檄列縣仿行。遷知陜州，以勞疾乞歸。鄉里義行，率首倡焉，曾不惜費。

馬其昶曰：開化列國史循吏傳，幹才優裕，兼嫻文雅。嘗輯龍眠詩傳，蒐採甚勤，猶自病其隘，未遽傳書，潘蜀藻先生資之，以成龍眠風雅。又刻通雅、古事比及易盪諸書，斯誠藝苑之鴻功、薦紳之高致已。階州、峽江同時並峙，姚氏人文蔚然盛矣。

江參政彭副使孫東昌傳弟七十一

江公諱皋，字在湄，號磊齋。祖諱之湘，字楚望。明萬曆四十六年舉人，爲四川峨眉知縣，有惠政。父諱楫，字葦渡，諸生。兩世皆祀鄉賢。

公中順治十八年進士，授江西瑞昌縣，遷九江郡丞，擢甘肅鞏昌府，改廣西柳州府，尋爲四川提學副使。丁艱服闋，補陝西平慶道副使。運給軍糈，歷隴塞賀蘭諸險，作籌邊九策。秩滿，遷福建興泉道參政。

性喜吟詠，以詩擅聲者二十年，然公故長於吏能。

初在瑞昌，河水舊繞城下，決徙他去，民病没，里居不蕃。公築隄濬壅，使復故道，城南煙火復盛，衣冠之族亦輩興焉。閩楚告警，姦民乘閒剽劫，大吏議發兵，公曰：『是迫飢寒耳，急則資寇。』親出誘諭，盡解散之。

守鞏昌，會王師入蜀，民困於兵，乃謁帥約：軍士無符信者不得至境。一日，有數騎入村漁奪，悉縛詣軍斬之，由是，肅然莫敢犯。

及守柳州，時新收粵西兵留鎮本州，軍士多掠婦女，哭泣思歸。公白大府，分別資遣亂離，得聚者數百家。

而其罷採木事，民尤喜稱之。柳州山勢峻險，斤斧所不及。時方修太和殿，採木使者且至，長老驚恐，以謂：『往代採木南荒，震天岋地，僵仆無算，今將奈何？』公曰：『無然。奉上旨，孰敢匿諱？』亡何，使者至，公令鄉民前導，偕使者視木。行數里，至絶巘下，巨木挺出巖壁，馬不能前，解鞍步登，使者有難色。公曰：『上命也，守臣當以身殉。』短衣持節，扶兩吏先登，使者强隨之。路絶，足半垂外，仰視木猶萬仞。公顧使者曰：『何如？』使者喘息咋舌，曰：『是不可取！』公曰：『木具在是，賴使者爲上言不可取狀。』使者還奏，得免。

王纘緒者，故巨家子，經亂，奴四人據其産，孱弗能理，寄食僧舍。公至寺詰得之，捕奴。奴入院司爲吏，懼，獻金二千乞免，公陽受金，召吏至，出金於廷，一訊即服。付金纘緒，奪還其産，民歌誦焉。

其在興泉，坐前任事左遷，遂解官歸。康熙五十年，上垂念老臣，敕部列奏，公與焉，加恩復職。

卒年八十一，祀柳州、慶陽名宦。

著文三十卷、詩四十一卷。

仲弟廣譽，字繡聞，康熙二十四年進士，臨邑令。季弟筆，字紹文，十七年舉人，時有『三江』之目。

初，楚望公令峨眉，有兩生以父讎誣陷瘐獄，雪其冤，活之。夜夢老父來謝，是夕生公。後見公成進士始歿，年八十五，祀峨眉名宦。公視學四川，過峨眉，嘗謁拜祠下。康熙時，江氏又有硯崖先生，諱爲龍，字我一。三十九年進士，令宜春。雅尚文化，刻邑志，建義學，政教燦然。卓異，擢兵部主事，遷吏部員外。箸六經圖十六卷，四庫書存目。

彭公諱𧄍，字孔哲，號粥岑，孝子寶之後也。

祖諱湯，有盛德。嘗遇盜，解囊與之，且戒曰：『速行，毋爲人所迹。』盜感愧。

公中順治六年進士。時兩廣未平，甫釋褐，即以僉事備兵蒼梧。躬馳炎瘴，單騎到官，決獄勤敏，期年，四境威服。粵西平，敘功，遷汝南道副使，尋以蜚語罷。

公起寒素，能自建樹，撫育幼弟，恩義甚備。

年五十六卒。學者私謚孝靖先生。

孫公諱元衡，字湘南，節愍孫也。少孤，力學。

以明經爲山東新城令。邑苦水患，濬小清河、孝婦河，以殺減水勢，築長隄遏其衝，捕蝗振飢，全濟甚衆。稍遷四川漢州知州，一意撫綏，流亢還集，增户四千有餘。會鑪蠻煽動，籌備轉運，甚有方略。康熙四十二年，再舉卓異，徙臺灣府同知。思以文化被邊俗，首建文廟，設義塾，又置盪纓船以偵噍沙，開米禁，通利民食。秩滿，遷知東昌。歲比不登，買穀數萬石，減價糶之，民以不飢。母喪去官，送者塞途。歸里，起宗祠，置墓田，與族人同其緩急。學宮傾圮，復捐金修焉。卒，祀鄉賢。

工爲詩，箸赤嵌集、片石園詩各四卷，赤嵌集四庫存目。

玄孫世昌，嘉慶七年進士，潯州知府。

孫氏節愍後爲盛。當康熙時，公兄弟行能詩者，有安其先生，諱曰書，貢生，有墨樵詩概；鴿峯先生，諱曰高，字紀常，諸生，有意香齋詩集。其後，乾隆時，節愍玄孫又有良忠，選拔生，弟良懿、良惇皆舉人，良慧進士，良棻諸生。兄弟孤貧厲學，恆枵腹誦詠，皆工書，時人語曰『孫氏五良』，而良懿字仲山，書名尤著。

馬其昶曰：孟子以仁術言政，此善言也。雖有仁心，無術不濟。參政鋤姦字良，才性通敏，其庶幾乎！副使蹶起，亦一時之俊也。東昌所居職辦，惜紀述皆略，難覩委備，要可謂績效灼著者矣。

左潞安遷江建陽傳弟七十二

左公諱文言，字衍初，府學生諱暉字峙匡長子，於忠毅公爲曾孫。以廪貢考取教習，選授直隸完縣令，再遷山西潞安府。潔躬率屬，問事必究其蘊，以此周知閭閻利病。嘗有盜夜持刀入室，公據案治事如故，神氣閒定，盜逡巡退。徐遣吏迹得之，一訊具伏。

箸椒堂文略。

弟文高，字迓平，號二松。廪貢生，雍正六年舉孝友端方，召見賜宴，并賞給香貂藥餌。

特授廣西遷江令，吏畏其嚴清。縣境接壤上林，有樊氏者嘯聚爲亂。鎮兵至賊穴，地通遷江，因密召父老告曰：『賊起上林地也，利害所及遷江也，鎮兵不能分防，宜自爲計。』皆曰善。於是，會合鎮將，伐木樹栅，掘壕塹困賊，而自率鄉勇深入山洞討之。賊方椎牛釃酒待期約，猝相遇，驚潰，捕斬甚衆，三月事平。

移疾歸，遽卒。

有紉椒詩集、櫸溪文略。

弟宰，字維三，號巢松。

康熙五十年舉人，知福建建陽縣。建陽地磽确，賦薄，萬曆時乃加重。國初，耿藩從逆，民逃徙，已而田墾，歸之佃民，而官按籍猶責徵田主，其本族及同圖甲之里長皆被累。前令李六成因每畝報虚荒若干，資挹注，繼任者訟其冒免，請復征，公獨力言大府民困無田之賦，奏請豁減，遂爲永利。

箸忠毅公年譜二卷。

初，峙匡公七歲能文，承父霜鶴先生遺教，博綜經史，尤篤行誼。及生公兄弟，同時并以文學、幹濟著稱。

其後，潞安子世壽，字山年，雍正七年，舉品行才猷，授直隸懷來縣。遷江曾孫其章，號墨溪，舉嘉慶初元孝廉方正。子德修，字達泉，嘉慶六年進士。三從子元烺，字保臨，道光二十四年進士，四川彭水知縣。

侍御四世孫世瑯，字挹青，令羅田。羅田民德之，爲生立祠，勒石頌焉。弟世經，字仲孚，姚郎中稱其詩。三從弟世容，字學沖，乾隆三年舉人，姚郎中稱其善經義，各爲之序。學沖子殷薦，字德旟，覃思博覽，於山川形勢、儀器圖象之屬，皆究其藴奥，箸有甲子新書、桐城地脉記、修予齋集。

孝子公光前七世孫德慧，字欽斅，號石僑，舉嘉慶九年優貢，授吴江教諭。矜重名節，文辭博贍，時與閩人鄭兼才並稱『二教諭』。

而諸左乾隆中宦達者有：

武平令光明玄孫、宗人府主事諱衢，字賡唐，十七年第進士，官京師，與紀文達、錢詹事諸公結文社。

又，武平五世孫寧紹台道諱周，字逸澴，號問莊，三十四年進士，由檢討轉御史、給事中，改官浙江，坐署布政時失察屬吏左遷。子堅吾，字叔固，一字君朐，監生，劉海峯先生其外祖也，有至性，言論笑語翛然若魏晉人。

馬其昶曰：忠毅之後，自明末以逮我朝嘉道閒，文儒、吏績時時有聞。『君子之澤，五世而斬』，今不啻五世矣。而孝子、侍御、武平後，又代有興者，太公之遺澤遠哉！

王砭崖左硯農周筆峯三先生傳弟七十三

王先生諱瑜，字石仲，號砭崖。性篤謹，人見其言笑舉止類迂生也。讀書務明先聖之微旨，不慕榮利。見人過不言，輒閉目自訟，人往往化服。順治中，以歲薦任上元訓導。於皇極、通書各有詮解。每月朔，必集諸生會講，興起甚衆。

舊志先生列理學傳，別『理學』於『儒林』，以爲尊之，非通識也，今不承用，而以左周二先生學派略與先生爲近，故類及之。

左先生諱正誼，字龍媒，號硯農，郡廩生。祖諱光前，左氏所稱爲孝子公也。先生亦以孝稱，事母數十年無忤。自少喜讀宋賢書，以倡絶學爲事，一時問業者比肩門下。

有四書五經講義，及性善致知、養氣知言、先天圖説諸篇。

祀鄉賢。

子之毅，字素臣，學行不失世守。康熙二十一年武科進士，直隸宣化府守備。

族子之柳，字箴我，以明經司教宿邳二州。甚孝養寡母。有友旅卒，收育其孤如己子，再立其家。

箴我子敷，字念臣，號慕陶。工詩，喜游覽，歷三峽、峨眉之奇勝。有峩雪詩集八卷，文二卷，論史唾餘四卷，蜀道記五卷，蜀話三卷，吟閣資談九卷，唐詩别僞十數卷。

周先生諱大璋，字聘侯，號筆峯。

祖諱天鳳，篤内行，四子皆孝謹，有父風。至先生，益研窮性理之學，治科舉業，必資之經史百家，評定諸籍，一時傳習殆徧。嘗以四書大全所輯異同得失，紛錯百出，爲芟取其要，一以朱子爲宗，成四書精言四十卷、正義十九卷。評論左氏義法辭令，爲左傳翼三十八卷。又病學者徒騖華藻，文日工，身心日益喪，以爲朱子文與道兼至，復選輯朱子古文讀本六卷。皆行於世。

雍正二年，年五十四成進士，授湖南龍陽縣，築濱湖圩隄，時集諸生講學明倫堂。諸生素讀其書，至是，親見講授，益樂就之。悉紀所聞，爲龍陽講義。年老，請改教職，選華亭教諭。大府聘修江南通志，書成，復聘主講紫陽書院。其教學者用白鹿洞規則，未幾，返華亭，卒。

箸修凝堂文鈔六卷。

同族虛中諱芬斗字汝調，紉齋諱芬佩字汝如，孿生兄弟也。虛中雍正十三年舉人，四川敘州知州。紉齋乾隆十年進士，浙江龍游知縣。兩人並以科舉文知名。

其後，又有鶴亭，諱大魁，乾隆十五年舉人，爲泗水令。民歌曰：『公作吏，清如水。愛下人，如己子。』年老，請改全椒教諭。子捷英，號墨仙。十六年，高宗南巡，獻文賦，荷賜尚方文綺。逾二年，充選拔貢生，考取景山教習。早世。有墨仙稿。

存齋諱卜政，字時亮，虛中門人也。從事性命之學，淹貫經史，學歸熙甫、徐思曠爲文，金壇王罕皆極稱之。乾隆二十六年進士，嘗主講永平書院。

卒後，門人私謚曰『文安』。

箸古文十卷，詩十二卷，三禮會通、左氏詳著、史斷、四書周易講義。

馬其昶曰：姚郎中有言：『諸君皆欲讀人所未見之書，某則願讀人所嘗見書。』如三先生者，可謂能讀人所常見書者矣。周名稍顯，王左當鼎革初，潛修樂道，倘所謂『碩果不食』者邪？噫！風會隨世移易，宋儒義理書，在今日又恐翻爲人所罕見者矣。

諸方張葉傳弟七十四

方位白先生，諱中通，號陪翁，藥地老人仲子也。郡諸生，考授州同知，與兄田伯、弟素伯並有高名。田伯先生，諱中德，號依巖。素伯先生，諱中履，號合山。當馬阮亂政，黨禍起，田伯年十三，撾登聞鼓訟父冤，不報。父出亡，偕諸弟徒步追從。母病，嘗溲以驗差劇。箸古事比十三卷、遂上居稿十卷，其他未刻者尚數十種。位白先生箸數度衍二十四卷、音韻切衍二卷、篆隸辨從二卷、心學宗續編四卷、陪翁集七卷續四卷。

初，藥地老人廬墓合山時，重編周易時論，閒衍極數示諸子。位白退，即變數十圖以進，老人喜甚。因益考求天人、律歷、音韻、六書之學，發明勾股出河圖、加減乘除出洛書。後玩泰西書，乃合筆、籌、珠三法，窮差別於九章。已，復得尺算法於其弟，精思數日，盡其變。及書成，老人書而示之曰：

漆園天下篇云：『明於本數，係於末度。』吾謂數自有度。易曰：制數度以議德行。神自無方，準不可亂。舍日無歲，無內無外。秩序變化，原同一時。因其條理而付之中節之謂度，故曰一在二中。物自獻理，誰能惑我？然則數乃質耳。度也者，其大本之時幾乎？泥於數則技，通於數則神。汝既知數，即可以此通神明、類萬物矣。專精藏密，勉之勉之！

於是，遂以數度衍名其書。

又嘗與廣昌揭暄論難日輪大小、得光肥影瘦之故，及古今歲差之不同，須測算消長以齊之。一晝夜，人一萬三千五百息，每息宗動天行十萬里有奇，別録爲一書，曰揭方問答。

次子正珠，字浦還。康熙三十一年，以明經召對，問律吕之蘊，示以中和樂諸法器，進父中通數度衍並自箸乘除新法，奏對稱旨。兄正瑧字韡上，弟正琇字揚光，正璆字序左，皆敦行力學，知名於時。

素伯先生天才捷悟，少隨父崎嶇嶺嶠，時人擬東坡之有蘇過。晚築稻花齋於湖上，離世遠俗。嘗曰：『吾所箸，惟古今釋疑一書，討論經史、禮樂、法度，以及曆象、算法、聲韻、醫藥無不備，頗自謂無謬於道。』其後，張文端公以其書十八卷進御。

子正瑗，字引蘧，號方齋。康熙五十九年舉人，官至陝西潼商道，以幹濟稱。嘗春月攜賓從泛舟，出關觀桃花，暮夜關未閉，坐劾免歸。署所居曰『瀟灑園』。箸方齋補莊、連理山人全集。

潼商子：

張盤，字弗諼，號新莊，諸生，淹通經史。

張登，字芸墨，號緒堂，乾隆十七年舉人。令平羅，濬桃花渠，溉地數萬頃。及改官主事，仍留治一年，以竣其役。

新莊子賜豪，字染露，三十年舉人。令清溪，莅官四十日，即以病自劾歸。有味佳居詩文鈔。

田伯先生子：

正璟，字芥帆，令五臺，署繁峙，又署朔州，有清操。聖祖臨幸臺山，寵錫宸翰。

正璓，字玫士，性敏，萬言過目能背誦。

正玢，字弢采，雍正二年舉人，選無極令。縣有木道溝，沙流壅塞，爲疏決之，民得溉利。擢福州同知，以循良著稱。

張先生諱裕葉，字侍喬，號華巖。乾隆六十年副榜貢生，爲歙縣教諭、滁州學正。撰開方捷法，凡算中積求邊者，不過一乘一加，而所得之邊與古法等。又以己意製燥濕表，能預知晴雨。其學通經史，旁逮藝術雜家。精醫方，施治輒效。閒推日月五星、天首天尾、北極出地，決人命數，多奇驗。年五十三卒。箸爾雅補註、通雅刊誤、開方表各若干卷。

又，余晉齋諱熙，箸八線測表圖說一卷，遵數理精蘊發明勾股和較割圜、八線、六宗、三要諸法，括爲圖說，主於明淺，以便初學，四庫書存目。

葉先生諱棠，字漢池，號松亭。

生道光時，獨究心天文、輿圖、算數，不喜爲科舉學。邵陽魏默深聘修海國圖志，因得從歐洲人士討論，聞見益肆。

其自爲渾天恒星赤道全圖、天元一術圖説已刊行，數理闡微、勾股論、經解藏於家。縣學生鄭君福照，字容甫，傳其學。嘗以所作勾股術演開方論略，是正海甯李壬叔。李固算學大師也，覽其書善之。又嘗學詩於方植之先生，雅潔有家法。

馬其昶曰：算數之術，後起益精。吾縣在前唯位白所撰，四庫著録，又胡襲參司業從宣城梅徵君問難，有梅胡問答。嘉道以還，張葉稍顯。科學未興，孤士閉門，厥難倍哉！非由天悟，未有能與於斯者也。今學堂普設，自勝衣乳臭，莫不攘臂言算學矣。

方氏三詩人傳弟七十五

方先生諱文，字爾止，號明農，一號嵞山，萬曆進士、户部主事諱大鉉子也。當明之季，以諸生及從子密之皆聲振天下。

先生性亢爽，有天趣，每見人詩輒改竄，其人不樂，不顧也。嘗自以生命壬子命畫師作四壬子圖，中陶淵明，次杜子美、白樂天，皆高座，而己呈詩卷傴僂於前。其詩任性靈，雖民謡里諺、塗巷瑣事，皆以入詩。箸畚山詩文集五十卷、説文條貫十八卷，一時如施愚山、孫豹人、王阮亭諸公，皆盛相欽重。

其後，方氏以詩名尤著者二人：一曰南堂先生，諱貞觀，字履安，箸南堂詩集八卷；一曰息翁先生，諱世舉，字扶南，箸春及堂詩集二卷、江關集一卷。兩先生皆少詹事坦菴曾孫，而孝廉章鉞孫也。

坦菴諱拱乾，字肅之。崇禎時官少詹事，國朝以薦起，補宏文院學士，尋除少詹。平生篤交誼，嘗急人難。晚年謫甯古塔，撰絶域紀略，號甦老人。甦老人七十自壽曰：『老人，冏卿子，七歲能屬文爲詩，長登進士，官翰林，至少詹事。娶相國女，至今猶共哺糜。生兩女六男，亦皆掇科名，男女孫百幾十人。老人所徼於造物，可謂厚矣。』其自喜如此。

詹事長子元成，字孝標，號樓岡，順治六年進士，官侍讀學士。次亨咸，號邵村，順治四年進士，官監察御史，坐科場案謫甯古塔，王阮亭稱賞其詩。尤工書畫，人得其寸縑，珍若璆寶。兄弟並知名。次育盛、膏茂、章鉞，亦皆舉於鄉。次奕箴。奕箴孫世儁，乾隆初進士，官湖南巡撫，子保升，翰林院庶吉士。

南堂先生胸次瀟然，布素終身，若忘其爲華胄者。善行楷書，與汪退谷、王篛林、盧雅雨友善。孫文定公嘉淦在翰林時從之學詩。先生詩初近張籍、王建，後浸淫貞元、大歷閒。以南山集被累出關，放歸後，詩益平淡。乾隆丙辰，詔開博學鴻詞科，文定首舉先生，以老不就試，賦詩謝之。而是時，息翁先生亦舉詞科，謝不就。

息翁先生學博而性疏曠，少遊京師，事秀水朱竹垞，多見古書祕本，名日起。先生爲詩，好自改竄，晚年定稿，少作無一存者。酷耆韓詩，爲韓詩編年箋注十二卷。又有李義山詩注、漢書補注、世說新語補注。年八十餘，猶於廣座中伸紙濡墨，頃刻賦數十篇，精采不少減。其從子宜田撫浙時，請之不往，復書曰：『野人方與諸朋舊劇談高會，掀髯鼓掌以爲樂，女乃欲爰居享我邪？』竟不肯往。

馬其昶曰：三先生之詩不必同，要其有以自樂，極困阨不悔，則三先生者皆然。詩之爲道至精，其出也一肖乎人，彼其中或且熱而不寧，吾未知其詩何如也，然則三先生之賢亦遠矣。

潘木崖先生傳弟七十六

潘先生諱江，字蜀藻，號木崖。少孤。母吳氏高節博學，箸有松聲閣集。先生生而天才雋妙，十歲試文郡邑，羣士推爲聖童。後益博極羣書，歷遊齊、岱、京、楚，與海内名流相結，主盟壇席者三十餘年。康熙十八年舉鴻博，以母老辭。後兩徵遺逸，皆不就，隱居北郭之河墅。年八十四卒，張文端公題其碑曰『詩人河墅先生之墓』。其詩法白香山，亦時出入錢劉。耽耆風雅，尤留意兩朝文獻，遇人一韻之工，稱賞不容口。戴編修名世初未知名，先生奇其才，悉發藏書資之，卒傳其學。先生輯龍眠風雅六十八卷〔二〕、續二十八卷，桐城鄉賢實録一卷，木崖詩文集五十餘卷、續集十五卷。又六經蠡測、字學析疑、詩韻尤雅、記事珠，均佚。子仁標、仁樹，孫義炳，皆能世其學。

同時詩人，又有祝樸巢、李芥須二先生：

樸巢諱祺，字山如，文端師事之。家貧，得錢即償書直。匿名迹，遠權勢。所爲詩，博奥蕭遠，有樸巢集。

芥須諱雅，字士雅。高祖諱春，字初陽，景泰元年舉人，授應山令，治行第一，行取御史。先生性卞急，詩文沈酣宏肆，亦文端所敬禮也。寄籍廣東生員，選拔授江西崇義教諭。歸，築東皋草堂於東郭外。無子，依女以居。耆酒而不能恆得，因仿陶潛、顏真卿故事，作乞米行投同志，時應者十許人，程太常兼金代秫，復作後乞米行以謝之。年八十二卒。臨卒，乞潘先生河墅以葬，遂葬河墅。後，潘先生又瘞鶴於墓左，謂其孤高清潔，與鶴宜也。嘗偕友人何存齋編龍眠古文一集二十四卷，鄉先輩詩文得不泯者，潘、李、何三先生力也。

存齋爲布政公孫，諱永紹，字令遠，廩貢生，與毛西河、宋漫堂爲友。

馬其昶曰：當李何輯録時，自言家藏文集無慮千種。及道光中，徐六襄先生編桐舊集，已謂按目而稽，十亡七八矣。況更兵亂，寧可復問邪？而龍眠風雅、古文一集猶幸有傳本，施愚山學士謂『全集繁而易失，選本合而易行』，信哉！是蓋後死者之責也夫！

張湖上先生傳弟七十七

張湖上先生諱載，字子容，文端公仲兄。少倜儻有風概。明季諸生，年四十輒棄去，隱居松湖之隈。濱湖田數十畝，宅一區，門臨大泊，可畜魚，歲發荷花數萬挺。長隄左右接山麓，隄外爲大湖。當鼎革初，張氏方貴盛，而先生獨率妻子躬耕湖上，與世相忘，家纔足稻粱。經年不見賓客，不入城市，或婚嫁將會姻親，輒作惡曰：『予豈耐衣冠而與人拱揖邪！』惟疏節闊目，存大意而已。

晚年，以田付諸子，自以漁爲業。每歲十月後，湖水稍退，則集莊農，具舟楫，結罾網，即以魚爲雇值。先期大設酒饌以勞之，妻治具，僮僕持壺觴，先生勸釂，茆檐之下，談笑移時，各盡懽去。

性至孝，母遺手繡佛像，構一亭事之。有僧詣門募施，笑曰：『彼以我佞佛邪？此吾親也，吾故事之。』

性不能多飲，常微醺。體貌頎然。爲書學鍾繇，至老目視不衰。嘗作輿圖，詳沿革，方寸中字數百，小於蟻脚，文端時年五十，自謂不能辨也。鄉人化其行，松湖數十年無盜。每貽文端書，輒勸以歸休。

年七十有八，與妻同時卒。

子廷珠，自稱松山樵者，高達有父風，卒年八十。

馬其昶曰：文端在朝，時時有江湖之思，尤喜於公卿閒述先生行事。然吾竊怪：其不慕榮利可矣，即何至衣冠聚會亦屏不與？豈其性真不堪邪？抑有所不得已於中者，而姑託是以逃也？其殆以明之遺民自處邪？嗚乎賢已！

張獅崖李古塘吳伯颺三先生傳弟七十八

張獅崖先生諱度，字齡若，一字仲友。世居拔茅山，與張太傅不同祖，慮無以別世族，自署曰『蓬蒿舊家』。事親孝，介特寡合，淡於世榮。書畫皆絕，人手鈔至二三千餘紙。箸蟋蟀窩詩集十卷。姚端恪公爲諸生時，延禮賓塾，課其長子。歲飢，或日餔不具食，課誦自若。其後，諸子生，次第從受學，二十餘年交如一日。端恪五子二女，不名他師，嘗稱曰：『賓無二主，主無二賓。張先生殆有道而隱於教授者，不然，其才藝術業如此，何乃終爲一家一塾之師哉？』世之爲師者，視其塾若傳舍，弟子亦數更其師若舉棋，聞張先生之風，可以興矣。

李古塘先生，諱蒽，字長康，與獅崖同時。工書善畫，平淡高逸。詩學東野、閬仙，家無儋石之儲，怡然自得。

陸東洲諱振，山水、花卉、人物，人争傳寶。卒年八十八。舊志以冠國朝藝術之首，今不見其所作。

其後，道光時有吳伯颺先生，諱犖，字牧皋，諸生。性和介，人與之處，皆化服焉。家貧，以繪事遊客公卿閒，不立資産，得一金輒以施貧乏，囊橐常虚。或詐取其金，雖覺，不以悔也。年老益困，姚按察、光布政，吾家工部、通守諸公，月日有餽，非其人不受。其畫自以意得於山水，不專事摹擬，縣人藏者多，有時雜僞迹，惟視款字蒼勁以辨之。

咸豐後，惟張新安，諱世禄，字二谷，以字行。始工花卉，後更肆力山水。張故顯族，家中落，老年謁選，得新安令。

馬其昶曰：吾縣以畫名者，舊志：明成化時有丁南羽，諱雲鵬，其畫佛盛傳於世。南羽實休甯人，舊志誤也。我朝推方邵村、姚羹湖，然世不恆見其迹，見者必賞異，以爲大家云。而張閣學花卉、姚總憲折枝並工絶，其位望皆通顯矣。余略取布衣之士，類記之於此。

校記

〔一〕試　當作「式」。

〔二〕六十八卷　按，四庫禁毀書叢刊本龍眠風雅爲六十四卷。

桐城耆舊傳卷八

張文端公傳第七十九

張公諱英，字敦復。康熙六年進士，丁父憂歸。十二年，以編修充日講起居注官，累遷侍讀學士。十六年，上始選儒臣置左右，設南書房，命公入直，賜第西安門內。當是時，三藩擾亂，凡戰陳、兵餉方略，一皆取斷宸衷，而上尤勤學問。故事：經筵有常期，上日御乾清門聽政，後即適懋勤殿，召儒臣講論經誼。無期時，公率晨入暮出，暫退輒復宣召，或輟食趨宫門，小心慎密。久之，上益器重，每巡幸，輒以公從，一時，典誥之文多出公手。遷翰林學士，乞假歸，築室龍眠山中。

居四年，特召起，授兵部侍郎，調禮部，充經筵講官。坐事降級，優旨留任。俄遷工部尚書，再調禮部。公自躋卿貳至典秩宗，皆兼掌院學士，並管詹事府。尋坐不詳審編修撰擬諭祭都統佟國綱文引用悖謬，罷尚書，仍管翰、詹，教習庶吉士。三十一年復職，先後充國史館、方略、一統志、淵鑑類函、政治典訓總裁官，三十六年會試正考官。再乞休，不允。三十八年，拜文華殿大學士，兼禮部尚書。

聖祖在位久，天下治安，一時宰輔諸臣如公及李公光地、熊公賜履、魏公象樞、陳公廷敬、張公玉書，類皆敦崇寬大，而公尤以勤慎結主知，立朝數十年，未嘗一日去上左右。介特内含，絶遠權勢，雖異趣者莫能媒孽其短。上嘗語執政：『張英終始敬慎，有古大臣風也。』

公爲人淡静寡欲，喜讀白傅、蘇、陸三家詩，喜佳茗，公退，日手一編，蒔花，鼓琴，雜賓自遠。自其壯盛，即有山林之思，作芙蓉雙溪圖記見志，時時形諸詠歌，四十年冬，遂請告歸。瀕行，賜宴暢春園。公既歸里，冬日城居，自餘三時多在龍眠雙溪間，自是，徜羊山中者凡七年。爲聰訓齋語、恆産瑣言，教子弟以務本力田、隨分知足之義，而於擇交、積德尤諄諄焉。其書世多有，故不具。

四十二年，聖祖南巡，迎謁行在至江甯。上將返蹕，爲公留再宿。是時，總督阿山欲加錢糧耗銀，供南巡，江甯知府陳公鵬年持不可。總督既積怒知府素强項，欲因是以罪供張故不辦，扈從王大臣及侍衛多言知府誹謗巡游，罪不赦。及公見上，盛稱鵬年，總督意沮，陳公得免罪，反以是見知，竟爲名臣。

四十六年，再迎駕清江浦，扈蹕江甯。

踰年薨，年七十有二。賜祭葬，謚文端。世宗即位，贈太子太傅。雍正八年，祀賢良祠，又祀鄉賢。

箸易經衷論二卷、書經衷論四卷，四庫著録。又篤素堂集、存誠堂集共六十卷。

子六：廷瓚、廷玉、廷璐、廷瑑、廷瑑、廷瓘。瑑，附貢生。瓘，候選訓導。餘皆至大官，自有傳。

附貢子若潭官檢討。訓導子若霍、若霈皆舉人。若霈孫元宰編修。

馬其昶曰：予幼時，大人授以聰訓齋語，謂讀之可淡榮利、就本實，因益爲言：張氏當隆盛時，其子弟無不謹敕謙約，可爲大臣家法。其後，恭讀世宗庭訓格言，乃知聖人之言，其遠如天，其近如地。公之書切近敦篤，殆本其所陶淑於聖教者以垂訓與！曾文正公亦嘗舉二書教人，而番禺梁按察鼎芬言：『張公書，不善讀乃爲鄉愿。』余謂立朝與居鄉異節，公之書，所以誡家也。其保全陳公事，余得之湘潭志，爲表著之。

馬編修傳弟八十 中書公

公諱教思，字臨公，號嚴沖。先九世伯祖兵部公有才子六人，公次居四。少而卓犖，博學淹雅，嘗雪夜侍外舅蘗地老人建初寺，梅花盛開，承命賦七言詩三十篇，當夕立就。年垂五十，始舉康熙十八年進士弟一，授編修。廿一年，同考會試，故事：校閱者必取前科元墨爲程式，因逮見己卷。及榜發，得士十二，皆知名，而金檢討德嘉又實爲榜首。公在館，纂修鑑古輯覽，分撰唐、五代、遼諸史論贊，於唐史論昌黎諫佛骨、宣諭王廷湊，直節與顔魯公、段太尉等耳，不得僅以文臣目之，徐尚書乾學歎爲知言。尋充會典纂修，署日講起居注官。

性不能造請報謝，嘗讀史，笑鄭莊爲人何其僕僕車塵馬足閒也，以是得簡伉聲。適院中有所彈劾不當，遂拂衣歸。

園居杜迹，益殫心撰述。邑中傜賦贏縮及大利害，輒昌言於縣令。與巡撫薛公雅故，或以急獄奉兼金求解，峻辭拒之。自是，戒門者：客至，絶不通謁。

性至孝，舉念輒在先人。及卒，方孺人哭曰：『先夫之清操介節，人所知也；其孝德，人所不盡知也。』於是，學者僉曰：『孝且介，德之懿也。』上私謚曰文懿先生，祀鄉賢。

箸文集二十卷、左傳紀事本末四十卷、等韻捷要二卷、古學類解八卷、羣書集粹十六卷、蠹齋雜組六卷、皖桐幽貞録一卷。

公兄弟皆賢而有文：長一公，諱敬思，工書畫，有虎岑集十二卷；次永公，諱孝思，號玉峯，有屏山詩草三卷；次愚公，諱繼融，號舫齋，有菜香園集十二卷。公與諸兄齊名，時稱『四馬』，而一公、愚公詩尤專家。

其後，一公以次子鳳翥字紹平號恆齋爲弟禹公諱日思後。恆齋詩格雅健，有復初堂集三十卷。

當是時，馬氏又有梅坡先生，諱書思，字笏陳，公族兄弟行也，善畫，工篆隸，卜宅江干，不關世事。子元文，字季甫，詞翰敏速，以訓導參陝甘總督年羹堯幕府，馬上日可作字二萬。年將奏薦擢官，忽謝去。不逾時，年果敗，人以此服其識鑑。

中書公諱樸臣，字春遲，號相如。

父髣山，諱霳，字千仞，編修次子也。豪俠好義，嘗有故人死，族人侵其産，千里走使責之，卒爲經紀成家。箸杜詩考證十卷、髣山集十卷。

公少傳家學，言語妙天下，與弟湘靈並有高名。遊學吴越，詩篇一出，輒流播浙東西之口。年五十，舉雍正十年順天鄉試，授内閣中書。會詔舉博學鴻詞，工部侍郎張公廷瑑具疏薦之。

是時，桐城薦舉鴻博者八人。惟方恪敏公由詹事王公奕清薦，臨試，以平郡王掌選，引嫌不試；方先生貞觀以老不試。其與試者，若劉先生大櫆，由内閣學士方公苞薦；葉先生酉，由太常寺卿王公㴶薦；以及江先生有龍、姚先生焜、方先生辛元，皆不録罷歸。

先是，康熙己未，公從祖繼融績學有名，徐公乾學將舉應鴻博，固謝不就；時潘木崖先生江亦以親老謝薦者，遂不及舉，張文端公每引爲恨。至是，再開特科，吾邑舉者數人，試未入選，而公則又垂得復失。時謂媢嫉者特去其三人，故卒不遇也。

公天才雋逸，詩文散佚，殁後蒐得二卷，德州盧都轉見曾序而行之，爲報循堂詩鈔二卷。

湘靈諱蘇臣，字波賢。嗜酒，喜爲詩。縱論當世利病，氣鬱喉吻間。嘗遊滇南萬里，詩益奇。自訂其稿曰湘靈詩鈔二卷，海峯序之，以爲必傳。

江先生諱有龍，字若度，號涵齋，與海峯爲古文學。安徽巡撫趙公國麟薦舉鴻博，以優貢肄業國子監。乾隆九年順天副貢，授江甯教諭。居喪，以毁卒，年四十五。毛詩、『三禮』、『兩漢書』皆有論注。

姚先生諱焜，字伯鸞。高祖克齋，講宋儒學。父諱孫枝，少工舉業，讀其先世語録，遂棄去，以純儒自處。至先生，學益肆，由副貢中雍正元年舉人，充明史纂修官。任興化教諭，江蘇巡撫高公其倬薦舉鴻博。後遷山東甯陽知縣。箸處齋詩集。

方先生諱辛元，原名蕃，號雪泉，上元籍，附監生。與望溪侍郎爲從父兄弟。其試鴻博，由户部侍郎吕公耀曾薦。

雖不録，然皆其知名者也，故并著之。

馬其昶曰：昔先伯祖編馬氏詩鈔七十卷，作者四十六人，閨閣三人，其篇什僅存不能成卷者又二十三人，得詩四千三百餘篇。吾族不繁，然風雅之林乃若此，其中，兵部秫莊集最盛。秫莊集四十卷，詩近萬篇，存於詩鈔者猶十卷。然兵部至工詩，不以詩名，編修兄弟彬彬繼起，至中書益有聞，蓋一時門才，於斯爲盛矣。

姚羅田朝邑傳弟八十一

姚公諱士基，字履若，端恪公弟四子。康熙十一年舉人。授湖廣羅田知縣，以慈愛爲治，不輕笞辱。地患盜，立保甲法，使牌長自逐盜。催科不責胥吏，悉以牌示，卒無逋賦。他所興革皆實政。將行取而病，且卒，問：『天旱，今有雨否？』言訖而歿。民巷哭，爲祠，歲以公卒日祀，又請祀名宦。箸松巖詩八卷。

端恪五子：

長諱士塈，字注若。康熙閒官刑部郎中，河南有大獄，上擇可使勘獄者，咸舉以對，上曰：『此故尚書姚文然子邪？宜可使也。』果得其情以報。

次諱士堂，字佩若。康熙八年舉人，爲内閣中書，入武功館纂修方略。從狩口外，途次以小臣蒙顧問。

次諱士塈，字庭若，號深園。幼穎異，勤於考史，以明經貢於鄉。作不可録戒淫泆，建石梁挂車河以利涉。

自刑部、中書、深園，皆好急難施與，里人皆請祀之鄉賢。端恪子五人，三祀鄉賢，一祀羅田名宦。

而是時，羅田弟朝邑公亦以循良著稱。

初爲碭山教諭，以興學變士風，詔賜冠服。擢陜西朝邑令，首革陋規，改設計口授鹽之法，官民稱便。

朝邑界域東盡黄河古岸，舊距蒲州門止里許，後河去古岸西徙數十里。朝人渡河耕，蒲人伺熟輒刈之，各持梃刃火器鬭，由明嘉靖至是，大獄數起，死者不可勝計。秦晉自兩巡撫下各祖其部民，文移駁詰，公固請會勘。是時，兩邑聚者萬人，洶洶争論，諸大官未及發，公抗聲曰：『秦晉民健鬭，而官復激之，咎在官。殺戮近百年矣，仁者不爲也，今能和衷以謀善後乎？』衆少定，公乃徐言曰：『蒲人死不恤，争界於河，以曲朝邑。設河身再西，越朝邑縣治而去，將縣治亦蒲有之乎？賦若干責辦朝邑，而蒲人坐收無賦之利，以此言之，曲在蒲。』諸公咸曰：『姚令言是。』乃從公所畫界，植柳爲識。

尋告歸，卒。

公諱士塾，字庠若，端恪弟五子也。端恪諸子後多顯者，尤以羅田爲盛。初，羅田行取入都，其子康熙二十九年舉人孔錞，字振修，方家居，心動，即日首塗，至一日父歿，特旌孝子。而中書子孔鏞，字祝如，亦嘗以孝行旌，官四川合州知州。其兄銳，嘗知雅州，稱幹敏。卒官，合州來攝其篆，兄弟相代爲政。

雍正初，合州子淮字書巢復知雅州，亦有聲，後至浙江杭嘉湖道。朝邑子鈐，字卿如，爲貴州湄潭令，教民以竹製水車溉田，終處州知府，有葭齋詩集十卷。

刑部五世孫維藩，字价人，嘉慶十六年進士，由庶吉士改石樓令。少受學惜抱先生。性淡静，不營田宅。石樓瘠小，上官議調補汾陽，辭不就。

馬其昶曰：余聞之妹夫姚永樸，端恪公嘗燕居，諸子侍食，或擲箸微有聲，公徐問曰：『近者汝兄、汝師曾誦若過乎？』對曰：『未也。』公曰：『噫！汝方日矜，人誰汝誦？小失不箴，終取大戾。今於長者側忽肆如此，忘恭甚矣！過以習增，驕由漸致，小子戒之！』凡公所以訓類此。傳曰：『世禄之家，鮮克由禮。』自古賢士之興，豈不以義方哉？

張工部傳弟八十二

張公諱芑，字武仕，號雪芩。祖諱士絅。父蔚喬，諱秉哲，順治十一年舉人，有學行。子四，公其季也。

康熙二十二年，選授湖廣武昌通判，攝知府事。二十七年，督標材官夏逢龍爲亂，露刃圍官廨，署布政使葉公映榴死之。公聞變，出駡賊，被執，父老數百人走哭，賊不敢害，因之。授以官，駡裂其劄。絶食三日，夜半，有老民懷飯以進，得不死。夫人孫氏奉姑懷印間行，匿民舍，潛歸印於公。會葉公柩歸，公紿守者同出送。登舟哭拜畢，躍入江中，守者拯之，不死，因益急。頃之，賊犯荆州，監守者胡定海義公，陰釋之。夜奔武穴，録狀達部，請師剿賊。時蘄州、武昌相繼叛，公率衆討平之。進駐道士洑，飭器械，具芻糧，招徠流散，賊由是不敢東下。七月，振武將軍瓦岱等帥大兵抵蘄水，公迎謁，因隨師進剿，與賊戰黄州，提督徐治都敗之於金口。逢龍遁，公察知踪迹，白將軍親往禽取，磔之，餘黨悉平。事聞，復原官。

居一年，乞養歸。母終，起補襄陽通判，遷四川嘉定州。亂後土曠，招墾，增萬餘户。創書院興學，變荒陋之俗。遷工部員外，以病去，遂不復出。

喜爲詩。性倜儻，以推解爲快，凡事見其大，不守小謹。嘗佩一刀，雜置書畫側。一日，客至，作畫方畢，手刀出室曰：『磔逢龍時，吾親持此割肉一臠，釃酒酹葉公也。』

子廷慶，字榮懷，恩貢生，以薦舉授湖北安陸縣。調江夏，冒雨塞金口隄，泥没至胸。終湖北糧儲道。先是，工部平夏逢龍亂，楚人請祀名宦，並建專祠。命下，適糧道君至，奉主入祠，觀者榮之。

次廷珩，字瑲聞，雍正元年進士。殿試二甲一名，上曰：『汝文字，置二甲屈矣。』即授檢討，入直南書房，充日講官。未幾患疾，以小臣被異數，遣太醫臨視。終不起，賜治喪金。

次廷球，字澤臣，用薦舉爲令福建，歷永福、福清。值漳浦不靖，被檄往招撫，流涕諭之，民感其誠，率就撫。擢知龍巖州。祀名宦。

次廷琬。

次廷璇，字清紹，亦以薦舉得職，擢運判，分司通州。有符生，高材能文，以私謁，不應，徐曰：『汝毋乃貧乎？曷不語我而見怵於利？』遂厚資之，生感厲爲善。後，争事於上官不得，竟投劾去。

工部從子有孚，字守愚，號鶴田。以明經授臨淮教諭，遷四川南川令。山邑僻遠，居民少，令此者率傳舍視之。獨捐資，擴官舍，修治道路，招民開墾，而立義學，課其士之秀者。舊時，令所需一取之里長，皆革除之。爲治九年，四方就居者千餘家，民祠祀之。子桐，字荆南，雍正四年舉人，至萊州知府，以廉幹聞。箸武成日月表、戰國年系各一卷。曾孫元輅。

馬其昶曰：工部爲參政曾孫，與文端再從兄弟。文端以下，多由翰林爲京朝官，其登甲乙科者至今不絶。工部後，則往往用薦起，其任守令外吏者，亦至今不絶。當公之被執，一再矢死，其不死，非意所及也，折而再奮，卒建勳名，偉已！

張文和公傳弟八十三

張公諱廷玉，字衡臣，號硯齋，文端公次子。康熙三十九年進士，授檢討，直南書房。由洗馬五遷至刑部右侍郎，侍經筵，轉吏部。世宗御極，命同翰林掌院學士供几筵祭告文字。初，政殷繁，諭旨日數十下，公承命，應奉敏贍，悉稱旨。擢禮部尚書，爲諸皇子師，加太子太保，兼掌院學士，充經筵日講起居注官，轉户部。三年，攝大學士。四年，拜文淵閣大學士。明年，入文華殿。又明年，入保和殿，兼攝吏部尚書。七年，加少保。是時，方用兵西北，上虞内閣在太和門外，漏洩要政，乃設軍機處隆宗門内，命公與大學士鄂爾泰爲軍機大臣，其格式公所定也。軍機既立，爲承旨出政之總匯，而内閣之任遂輕。

公天才警敏，當軍興，羽檄交馳，所兼領皆要職，諸曹司及書吏抱案牘於旁，日常百數十人環立更進。坐肩輿中，仍披覽文書，吏人隨後取進止，無一事壅滯。上嘗曰：『爾一日所辦，在他人十日未能也。』賞輕車都尉。

十一年，文端公從祀京師賢良祠，復即家賜祭，詔乘驛歸行典禮。過直隸，疏言水災重，請加振一月。明年回京，上遣户部侍郎海望迎勞蘆溝橋。世宗崩，遺命公與莊親王、果親王、大學士鄂爾泰總理事務，且詔公他日配享太廟。

高宗即位，賜爵三等子，授皇子學，仍兼管翰林院事，侍經筵。時車駕謁景陵，公與王大臣留京，總理事務。自是，每巡幸，輒留鎮撫。三年，上將視學，舉行三老五更之禮，時惟公及鄂爾泰公位望可冀，公疏言：『名實難副，非其人不足當盛典。』議遂止。尋進爵三等勤宣伯，加太保。

十三年，以疾乞休。諭曰：『卿受兩朝厚恩，且奉皇考遺命，配享太廟，從祀元臣豈宜歸田終老？』公言：『宋明配享之臣，曾有乞休得請者。七十懸車，古今通義。』上曰：『不然。易稱見幾而作，非所論與國同體者。使七十必令懸車，何以八十有杖朝之典？且不聞武侯「鞠躬盡瘁」之訓邪？』公言：『武侯遭時艱難，與生逢太平者不同。』上又曰：『不然。皋夔與龍比，可信其異地皆然。夫既以身任天下之重，則不當以承平自逸。朕爲卿思之：不獨受兩朝恩渥，不可言去，即以朕十餘年眷待，亦不當言去。朕謂古人致仕之說，必道不行、言不聽，非得已者，若朝廷建官命職，皆預設求去之心，將膜視一切，國家誰與爲治？是不可不辨。』命舉所諭宣示朝列，公遂不敢復陳。然衰疾日甚，是年冬，詔許原官致仕。

於是，公登朝垂五十年矣，長詞林二十七年，主揆席二十四年，贊畫軍國大政不可數計。修三朝實録、玉牒、會典、治河方略、國史、明史諸書，皆爲總裁。自康熙丙戌迄乾隆丁巳，與分校者三，主順天鄉試者一，主會試者三，廷試朝考屢充閲卷大臣。

在刑部時，山東鹽販圖不軌，青州民用邪教倡亂，已逮捕者百五十餘人，公出按，戮七人，讁三十五人，餘黨不問。浙江、江西界連閩廣，流民入深山種麻，結茅居，號『棚民』，不隸州縣，爲良民害。公請編户籍，行保甲，録其膂力技勇及秀異之士，消慝弭患，遂以無事。

嘗條奏：刑部録犯不分首從，累無辜，請如外省例，分別收禁。又，凡引律文，多删節前後，影射比擬，請令都察院、大理寺駁正，草率者連坐。皆議行。

公既久典樞要，承殊寵，其後固稱疾求退，召見，奏及配享事，上意不懌，允頒旨並賜詩爲券。翼日，以老病，遣子謝恩，上遂發怒，未明譴。俄而公自詣謝，上疑人洩言，屢降旨切責。廷議：大不敬，請奪職。會皇長子定親王初喪，公求去急，上愈怒，謂無師傅誼，益以爲讓，公惶恐引罪，加恩，削伯爵，以大學士原銜休致。

家居六年薨，年八十四。既薨，特旨仍命配享太廟，謚文和。本朝漢大臣得與配享者，惟公一人。

公性簡静，無聲色嗜玩，在政府不與外吏交通，退食泊然。著澄懷園詩三十七卷。

子：若靄、若澄、若淑、若渟。

閣學公諱若靄，字景采，號晴嵐。文和舉子晚，及生公，年四十二矣。少有異稟，甫冠，襲一等輕車都尉。

雍正十一年進士，後三日廷試，上御懋勤殿閲卷，由進呈第五卷拔置一甲第三。啓封，知爲大學士廷玉子，上大喜，遣内侍就直廬宣諭，文和固辭。奏上，不允，乃請對。既入見，免冠頓首謝，復奏曰：

國家制科，三年一舉。天下應試士不下十數萬人，得舉者千餘人。聚數科之人試禮部，貢於朝者止三百餘人。此一甲三名，雖拔於三百餘人中，實天下十數萬士子所想望不得者。臣家受恩至重，今臣子又占巍科，臣誠惶誠恐，願推以讓天下寒士，即臣子亦幸留有餘以承方來之澤。

世宗動容嘉歎，爲改二甲第一名。

授編修，充日講起居注官，直南書房。乾隆三年，襲三等伯，遷侍讀學士。尋以儒臣襲爵非制，罷世職。三轉，官至内閣學士。

公工書善畫，又久直内廷，得徧觀古人遺墨，凡御府所藏，悉命題品鑑別。

上嘗宴公卿庶僚於瀛臺，泛舟至流杯亭，再與諸臣即事聯句，且曰：『大學士張廷玉父，曾侍皇祖西苑宴賞，今與其子若靄共陪此會，亦盛事也。』

十一年，扈蹕西巡，感疾歸，遽卒，年三十四。

有蘊真閣集。

弟若澄，字鏡壑，號默畊，亦工繪事。乾隆十年進士，授編修，直南書房。三充鄉、會試同考官，一主湖南鄉試，歷官内閣學士。有瀟碧軒集。

晴嵐子曾效，曾效子元弼，元弼子康伯，三世皆舉人。康伯無子，以四從子紹華字小傳爲後。光緒中，由進士至江西、湖南、山西布政使，屢攝巡撫事。篤於宗親，無宿怨，犯之不校。布政本生祖諱元偉，號湘帆，四川巴縣令，有厚德。巴縣祖，勤恪公也，與晴嵐同出文和。

勤恪公諱若渟，字聖泉，號壽雪。由貢生納貲爲郎，授刑部主事，入直軍機處，以郎中出爲雲南知府，遷四川建昌道，入爲太僕寺少卿，歷通政使、内閣學士。舊制：内閣非甲乙科者不得與。特旨：張若渟非他臣可比。補工部侍郎。嘉慶五年，進兵部尚書，改刑部。公居心縝密，尤練習刑律。年七十五卒，贈太子太保，謚勤恪。

先是，公外祖父姚端恪公爲刑部尚書，有名，及公繼職，人以爲不愧。有十一子。次子曾誼，至浙江按察使。

馬其昶曰：文端公相聖祖，當大亂初夷，惟以德惠覆露，元元之民咸得安業，國本固矣；世宗嗣統，繼之英斷，公於此時，復以精敏詳慎之才爲上倚任：非皆所謂其興應運者邪？夫依日月之末光，展采錯事，救過不暇，卒能恩禮始終，邀享侑非常之典，延寵後嗣，則高宗優老成、全國體，可謂厚矣，非國盛時，其遭際能若斯哉？

諸張傳弟八十四

詹事張公，諱廷瓚，字卣臣，號隨齋，文端公長子也。康熙十八年進士，由編修累官至少詹事。二十六年，典試山東，所拔皆宿學士。三十四年六月，上召翰詹八人至暢春園賜宴，時文端以尚書兼掌院事，公同時官翰林侍讀學士，又同爲日講官，父子並與宴。車駕三征絶漠，皆扈從。性謹厚，每遷除，悚然若不勝。先文端卒。

三子。次若霈，字雲舉，康熙四十七年舉人，由内閣中書歷任廣西梧州知府。梧故多巨盜，立弓箭社，練鄉勇，盜以稍息。擢蒼梧道，整鹽弊，創官消官運之法〔一〕，以能政聞。卒祀名宦。

宗伯公諱廷璐，字寶臣，號葯齋，文端公三子。康熙五十七年一甲二名進士，授編修，入直南書房，遷侍講學士。雍正元年，出督河南學政，爲諸生爭事，至與大吏齟齬。封邱士子控縣令以防河擅役諸生，上官置不理，相約罷試。公開喻，諸生即入試。而大吏先以『罷試』聞，坐落職。頃之，上意解，途次，起侍講，擢祭酒，遷少詹事。出提江蘇學政，再留任，前後凡九年，晉禮部侍郎。予告歸，卒年七十一。公持守堅正，無矯亢之行，表裏洞如也。屢以文學受知，閩、浙、江右三典試事，再與南宮分校，咸得士。而任江蘇獨久，去時，諸生泣別，所甄録武進劉公綸、長洲沈公德潛尤知名者也。

箸詠花軒詩文集。

子：若震、若需。

司空公諱廷瑑，字桓臣，號思齋，文端公五子。雍正元年進士，由編修累遷工部右侍郎。初在翰林，嘗充日講起居注官，擢侍郎，仍兼起居注事。不爲翰林，而仍職記注者獨公爲然。五年，視學江蘇，改補内閣學士，兼禮部侍郎，典江西試，尋乞病歸。

京畿大水，督臣請使稍給飢民食，俾築隄代振以工。公獨謂：飢民非有田在隄內，强使力作，受直無幾，不足以贍；彼富民有田，資隄蓄洩，反得巧避役外，事不平。夫民隄無異官隄，宜令官予半直，而有田資隄之富民更輸其半，然後雇直足以供朝夕，而輸錢、用力無偏倚。上是其言，允行焉。

公爲人顓謹持禮法，每當入朝，自書職名必再三讀之，視紙上字數不誤乃敢出。門生饋鐀，一無取受。其自奉儉薄，雖其家人皆竊笑之。卒年八十四。

子：若泌，雍正十三年舉人；若渠，副貢生。

副貢長子曾敭至貴西道；次子黼字惠常，乾隆四十二年舉人，令汶上。汶水南注會通河，舊築殺汶𤃫，民間歲費數千，悉蠲免，改官辦，汶人立石頌德。遷濟寧州，卒。

貴西子聰咸自有傳。

巡撫公諱若震，字宗岳，號樗阿，宗伯長子也。

雍正元年，以迴避卷中式舉人，初授浙江天台縣，有能名。

自康雍以來，民間多私銷制錢，世宗深慮錢法壞由銅貴錢賤，因收銅器，定制：非一品官，不得用銅。行之數年，銅器終不能盡納，私銷如故。乾隆初，罷銅禁。又數年，公已歷官至浙江布政使，奏行青錢，用錫合鉛入銅，毀之不能造器，姦民無所得利，私銷自絶。於是，在京寶泉、寶源二局，及各省鼓鑄局，皆一律改鑄青錢由此。十七年，大饑，告災，巡撫不允，公下檄屬縣開倉給振，而徑自奏聞。巡撫怒劾之，得旨嚴飭，竟允藩司之請。踰年，拜湖北巡撫之命，所居職辦。未幾卒官，賜祭葬。

宗伯次子若需，字樹彤，號中畯。乾隆二年進士，由編修進侍講。海峯序其見吾軒詩集，盛稱之。

子曾敞，字塏似，號櫺亭。乾隆十六年進士，授檢討。父憂歸，歲比不登，約戚黨出米，平價糶民，因以糶餘錢建倉儲穀，以備歲荒附郭糶穀之用，今所謂永惠倉也。服闋補官，進侍讀，充日講起居注官。自文端、宗伯、侍講至是，四世居職，士論榮之。初爲翰林，年最少，持己清峻，洞曉掌故，由侍讀四遷至少詹事。罣吏議，未竟其用，卒。弟曾敷，字師常，號秋浯，監生，有畫裏山樓詩鈔，亦爲海峯所賞異。

馬其昶曰：遭時承平，文學侍從之列，類皆從容雅步，養台鼎之望，而張氏諸公尤恂恂退讓長者，各自有其風類也。其學大抵範時守法，期中權度，不務爲名高，用此，多由翰林平進至大位，一時門閥遂莫與抗矣。

戴南山先生傳弟八十五

戴先生諱名世，字田有，一字褐夫，南山其别號也。世人隱其名，稱曰宋潛虚。

上世以皆雄。父諱碩，字孔萬，諸生。爲人退讓長者，顧善憂，坎軻不偶。爲詩百餘卷，嘗曰：『讀書爲善欲報，如捕風影，如吾等者，豈宜至此？』及生先生，而好學不事生産，曰：『是將復爲我也。吾終以憂死，我死，其及汝乎？然慎勿效我憂也。』

先生才儁辨逸。既孤，授徒自贍。以精制舉業發名，文稿脱手，賈人隨刊布之，於是，天下皆誦其時文。先生曰：『此非吾之文也。』

康熙二十四年行選貢法，以廩生考得貢，補正藍旗教習，授知縣。厥後，往來燕、趙、齊、魯、河、洛、吳、越之閒，所至，方聞宿學之士聞聲欽慕，而長洲韓慕廬、汪武曹，無錫劉言潔，江浦劉大山，宿松朱字緑，吳縣吳荆山，大興王崑繩，及同里方百川、望溪尤心折先生。

其學長於史，喜考求明季逸事，時時箸文以自抒湮鬱，氣逸發不可控御，於是，天下又翕然稱其古文，而望溪曰：『此猶非褐夫之文也。』

先生既負才自喜，睥睨一世，世亦多忌之。嘗遇望溪京師，言曰：『吾非役役於是，而求有得於時也，吾胸中有書數百卷，其出也，自忖將有異於人。人非屏居深山、足衣食，使身無所累而一其志於斯，未能誘而出之也。』因太息別去。其後屢相見，必以是爲憂。

年五十三，始舉順天試，逾四年，爲康熙四十八年，會試中式弟一名進士。總裁李文貞公喜得士，殿試一甲二名，授翰林院編修。

越二年，都御史趙公申喬劾南山集悖逆，逮繫獄。五十二年二月論死。無子，從弟輔世自京師以柩歸，葬於居宅之南。

先生夙負文譽，久遊公卿閒，及垂老搆禍，遂無肯有道其爲人者。上嘗問文貞：『自汪霦死，誰能爲古文者？』對曰：『惟戴名世案内方苞能。』叩其次，即以名世對，上亦不之罪也。

先生生平酷慕司馬子長之文，每引以自況，留心先朝文獻，網羅略備，將欲成一家之言，卒莫能遂其志以死，惟嘗紀桐城明末兵變事曰孑遺録一篇有刻本。

其答余生書，相傳先生所由坐死者，録之以存其實，其辭曰：

余生足下：前日浮屠犁支自言，永歷中宦者爲足下道滇黔閒事，余聞之，載筆往問焉。余至而犁支已去，因教足下爲我書其語來。去年冬，乃得讀之，稍稍識其大略。

而吾鄉方學士有滇黔紀聞一篇，余六七年前嘗見之，及是而余購得此書。取犁支所言考之，以證其同異。蓋兩人之言各有詳有略，而亦不無大相懸殊者，傳聞之閒必有訛焉。然而，學士考據頗爲確核，而犁支又得於耳目之所覩記，二者將何取信哉？

昔者宋之亡也，區區海島一隅，僅如彈丸黑子，不踰時而又已滅亡，而史猶得以備書其事。今以弘光之帝南京，隆武之帝閩越，永歷之帝兩粤、帝滇黔，地方數千里，首尾十七八年，揆以春秋之義，豈遽不如昭烈之在蜀、帝昺之在崖州？而其事漸以滅没。

近日，方寬文字之禁，而天下之所以避忌諱者萬端。其或菰蘆山澤之閒，有廑廑誌其梗概，所謂存什一於千百，而其書未出，又無好事者爲之掇拾流傳，不久而已蕩爲清風，化爲冷灰。至於老將退卒、故家舊臣、遺民父老，相繼澌盡，而文獻無徵，凋殘零落，使一時成敗得失，與夫孤忠效死、亂賊誤國、流離播遷之情狀，無以示於後世，豈不可歎也哉？終明之世，三百年無史，金匱石室之藏，恐終淪喪放失，而世所流布諸書，缺略不詳，毀譽失實。

嗟乎！世無子長、孟堅，不可聊且命筆。鄙人無狀，竊有志焉，而書籍無從廣覯，又困於飢寒，衣食日不暇給，懼此事終已廢棄。是則有明全盛之書且不得見其成，而又何況於夜郎、筰笮、昆明、洱海奔竄流亡區區之軼事乎？前日，翰林院購遺書於各州郡，書稍稍集。但自神宗晚節事涉邊疆者，民間汰去不以上，而史官所指名以購者；其外，頗更有潛德幽光，稗官碑誌紀載，出於史館之所不及知者，皆不得以上：則亦無以成一代之全史。甚矣，其難也！

余夙昔之志於明史，有深痛焉，輒好問當世事，而身所與士大夫接甚少，士大夫亦無有以此爲念者，又足迹未嘗至四方，以故見聞頗寡，然而此志未嘗不時時存也。足下知犂支所在，能召之來，與余面論其事，則不勝幸甚！

馬其昶曰：余家藏一寫本潛虛文集，又嘗見先生所輯四書朱子大全，獨取朱子一家之言，遠出他本上。先生存時，門人尤雲鶚氏刻文百十餘篇，今無傳本。余讀其文，悲其有史才而不自韜晦愛重以成其志也。趙公名臣，以剛直著稱，其子修撰熊詔，與先生同榜進士，坐同官許奏記注事落職，俄而卒。

方百川劉古塘二先生傳弟八十六

方先生諱舟，字百川。

少朗拔，風概非常。六歲能爲詩，十歲好左氏、太史公書，未冠通『五經』訓義，遂綜百家。與其弟望溪先生友愛甚，望溪師事之。

其所學皆以古人爲期，而顧不喜爲時文。望溪每遠遊歸，出所爲古文辭及詁經之言相質，先生亦不喜，曰：『古之爲言者，道充於中而不可以已也，而今自覺不能已乎？』徒友刊其課試時文曰自知集者行於世，韓文懿公見之歎曰：『二百年無此矣！』先生以諸生終，而所爲時文，自其同時以逮没後二百餘年，天下學子皆誦習之。

先生少貧，旦晝治事，暇則徜徉郊原墟莽閒，夜誦書，或危坐竟夕不寐。一時，名流傾向，先生遇之落然。江西梁質人、宿松朱字緑高談經世之學，證鄏經史，先生退發其覆，鮮不窒礙者。望溪謂：『兄盍曉譬之？』曰：『諸君子口談最賢，非以憂天下也。』先生既懷抱大志，未及一試，康熙四十年，年三十七，遽以疾卒。

初，先生幼弟林，字椒塗，夙悟，能屬文，未娶早卒。先生泣曰：『吾兄弟當共一邱，不以妻祔。』又嘗謂望溪：『異日，汝子與吾子相視如同生。』其娣姒或違言，先生曰：『汝輩日十反脣，吾不汝止，但欲吾兄弟分財異居，終不得耳。』及疾革，妻子環泣，斥去之。正命之夕，惟望溪在側，未嘗以子道希、道永爲屬。其後，望溪先生爲家訓，示道希等，令其從兄弟皆相服期，以謂受命於元兄，可以義起也。

先生嘗授經姑熟、登、萊間，學子課期，必請文爲式，積至百餘篇。亦間爲詩歌、古文，録四册，貯篋中。曾一示溧水武商平、高淳張彝歎，旋復收匿，蓋恐其弟及同學見而刊布之也。病篤，自啓篋，出所録四册文摧燒之。望溪入户，見鑪灰滿盈，退問侍者，始知之。

長子道希，字師范，以縣學生舉乾隆元年孝廉方正。季父望溪先生依古禮經定齋期喪次，遇期功，君必率諸弟出次惟謹，侍望溪側，不異孺子，望溪亦以孺子視之，嘗稱『其平生無一言一動使予心隱然不適者』。年五十四卒。弟道永，順天通判。

劉先生諱捷，字古塘。

先世懷甯人。祖諱若宰，崇禎四年及弟弟一名。父諱璜，遷居桐城，爲桐城縣學生員。兄諱輝祖，字北固，康熙二十九年鄉舉弟一。越二十一年，而先生復舉鄉試弟一，於是年五十四矣。

始爲諸生，督學邵嗣堯按試呼名，至先生，遽命笞責數十，衆大譁，郡中武生有同姓名者爲患鄉里，督學聞之未審。既誤責，則列其文四等，衆益譁。已而，督學發病死，先生對之未嘗有憾辭快語。貌精悍，好氣任俠，諸公貴人厚幣傳客之，一語不合，徑去。年羹堯巡撫四川，議加賦，固争而止。俄假他事去，曰：『其心神外我矣。』及督川陜，强與偕。既至，浹旬告歸。嘗居江南督學幕，有故人爲其姻家夜出千金請事，先生曰：『吾不意君視我何等也！』

其爲文，篤自信。始課試，必壓其儕。顧自謂所業弗善，中歲沈浸經史，試輒擯矣。守其道不變，久乃獲舉，爲禮部者猶不喜其文，磨勘停一科。其後，友人方望溪以南山集被逮，又護其妻子北上，失會試期，竟未一與禮部之試。年六十九卒。

子四人。兄北固，卓犖有志操，與百川、望溪交最善，箸藕浦詩文集。

馬其昶曰：余少喜讀百川遺稿，孤懷曠識，邈然有千載之慮，然是要未足盡先生。夫躬布素，外以憂天下，内篤倫紀，出其緒餘，且足爲法後世。觀其摧燒己作，自視乃若無有者，彼其志量可測也哉？劉先生制行不牽於衆，誠可謂自重之士。

方望溪先生傳弟八十七

方先生諱苞，字靈皋，號望溪。曾祖按察司副使諱象乾，避亂居江甯。祖諱幟，歲貢生。父諱仲舒，號逸巢，國子監生。與黃岡杜茶村兄弟、同縣錢飲光友善，箸詩三千餘篇。三子：長百川，次先生，皆有大名。

先生官至侍郎矣，而海内學者言德行、文章、經術三者，必推先生，故皆稱『望溪先生』。先生少貧厲學，安溪李公光地、長洲韓公菼見其文，盛相推挹，稱爲『北宋後無有』。年三十二，始舉江南鄉試弟一。逾七年，爲康熙四十五年，試進士弟四。且廷試，朝論翕然期其一甲，聞母疾遽歸，李公馳使止之，不可。丁父憂，尋坐爲編修戴名世序南山集（南山集悖逆）逮下刑部獄。在獄二年，著禮記析疑、喪禮或問。獄具論死，上曰：『方苞學問，天下莫不聞。』署『勿論』。李公亦力救之。出獄，隸籍漢軍，命白衣入直南書房。撰文稱旨，移蒙養齋編修樂律。上命與諸皇子遊，自成親王以下皆呼爲先生，充武英殿修書總裁。世宗嗣位，赦還原籍。初，蒙恩出獄，即迎母致養。母喪還葬，服除，授左中允，再遷翰林院侍講學士。孫公嘉淦以刑部侍郎爲順天府尹，兼祭酒，以勁直見忌。有自王邸來，屬先生：『劾奏即以代，不然與同禍。』拒不可。數日，孫公竟被劾下獄。先生言於文端公鄂爾泰曰：『孫侍郎以非罪死，公復何顔坐中書？』文端爲解，乃免。十一年，擢内閣學士，充一統志總裁，校訂春秋日講。

高宗登極，將追踐古禮，行三年之喪，詔羣臣詳議。先生因欲復古以次變除之制，臣工分差等除服。禮部尚書魏公廷珍上其議，大臣或不便，事寢。先生時領書局，就直廬持服，未再期不出；所教習庶吉士，二十七日内齋宿館舍，無敢飲酒食肉者。他部院未能也。時田文鏡方得上眷，先生奏：文鏡定徵收地丁銀，限四月完半，十月訖，無益國課，而農民苦累，請寬期：六月完半，訖十一月，仍舊便。又請：歲饑，有司得擅發倉穀平糶，勿拘『存七糶三』之例。皆議行。

尋命選録明以來『四書』文頒天下，爲士子程式。充三禮義疏副總裁。二年，遷禮部右侍郎，以足疾辭。詔數日一赴部，平決大事，又時奉獨對。

上方有意大用，而先生亦思以經術飾治。自初直南書房，時安溪李公方在閣，徐公蝶園爲總憲，遇朝政得失，輒啓告二公，引義侃侃。二公夙重先生，雖不能盡從，未嘗不欽其高論。至是，益感三朝恩厚：起罪廢，列卿貳，求所以爲不世之報。

奏言：通計古今食貨之源，見民生所由日就匱乏者數端，因請禁燒酒，禁種煙草，禁粟米出外洋；飭佐貳官督民樹畜，紳士相度濬水道，十年後可致饒給。又奏請：矯除積習，興起人才，願皇上以時延見廷臣，別其邪正，明示好惡，取人必以其類爲招。凡九卿、督撫中深信其忠誠無欲者，悉命舉其所知，繼以試驗。破瞻徇，繩贓私，加廉俸，久任。其聲績茂著者，則時賜金帛、進爵秩。而尤以六部之職各有其實，非獨循例奉法而已，必慎簡卿貳，各責以實，使日夜訓厲其僚屬，隨時進退之，則中材咸自矜奮。其指如此。當時以其言迂闊，不甚偉異也。

又嘗欲仿朱子學校舉貢議〔二〕，分經史爲三科：詩、書、易附大學衍義，春秋附通鑑綱目，『三禮』附文獻通考，以疑義課士。不能行。

及教習庶吉士，因請改定館課及散館則例。仍議格不行。

初，河督某故與先生善。其後，違衆開毛城鋪，臺省爭之，至下獄。先生奏河督之愎，河督大恨。禮部薦一貲郎入曹，親王莅部許之，先生以故事禮部必甲乙科，不肯平署，王亦怒。會新拜泰安爲輔臣，召尚書魏廷珍爲總憲，或謂是皆方侍郎所爲。由是，忌者日衆，凡所陳奏，皆合口梗之。河督因劾：方某嘗手書託致其門生河上事。上意稍不直之。

先生自知孤立，乞解任，許之。仍教習庶吉士，充經史館總裁。及庶常散館，先生請補後到者試，遂被劾徇私，坐免，仍在三禮館修書。

先是，高安朱文端公疾革，謂先生曰：『子性剛而言直，吾前於衆中規子，謂子幸衰疾，於世無求，假而年減一紀，尚有國武子之禍。欲諸公諒子之無他，而不以世情相擬耳。賓實既歿，吾病不支，子其懼哉！』賓實者，楊公名時字也。先生竟以是廢。及周官義疏成，以衰疾求解書局，賜侍講銜，歸里。

建宗祠，定祭禮，作祠規、祠禁； 設祭田，以其餘周子姓艱窶、婚喪之不能舉者。

年八十有二卒，祀鄉賢。

先生爲學，一本宋儒程朱之説，以求之遺經，尤究心春秋、『三禮』，以謂：『禮者，先王磨礲德性，而起教於微眇，使人益深於人道。若夫考世變之流極，窺聖心之裁制，則春秋之義具焉。』自少以至篤老，無一日不讀經。其治經，不爲苛細小辨，詳誦本經及傳注，而求其義理於空曲交會之中。

篤於倫紀，其立身一依禮經： 遇忌日必廢食； 遭期功喪，必準古禮，宿外寢。以弟椒塗亡，病未視斂，終身恨之，且卒，遺命袒右臂自罰。

先生長身怯瘦，面微有瘢痕，目視若電，厲言正色，後生憚不敢見。安溪李公入相，先生問：『自國朝以科目登兹位者幾人？』公屈指五十餘人。先生曰：『甫六十年而至五十餘人，其不足重明矣，願公更求其可重者。』時魏公廷珍在坐，退而曰：『斯人吾未前見，無怪人不樂聞其言也。』

其論文嚴於義法，非扶道教、裨風化者不苟作。讀其文，知其深於經，有中心惻怛之誠。

其箸書曰周官集注十二卷，周官析疑三十六卷，考工記析疑四卷，周官辨一卷，儀禮析疑十七卷，禮記析疑四十六卷，喪禮或問一卷，春秋通論四卷，春秋直解十二卷，春秋比事目録四卷，詩義補正八卷，左傳義法舉要，史記注補正，删定管子、荀子，離騷正義各一卷，奏議二卷，文集十八卷，集外文十卷，補遺四卷，又四卷。删定通志堂宋元經解，二十年始畢業，未刊行，無傳本。

二子：道章字用闇，雍正十年舉人，有學行，早世。次道興。

來孫恩露，字雨培，道光十二年副貢，就職州判。粵賊陷江寧，語家人曰：『吾受氣於天，受形父母，倘假賊手，是辱也。』乃先送母、妻及子出城，而己復反。門外有方塘，適楊氏妹攜女先躍入塘，夏氏妹偕其夫溶繼之。因削竹各書姓名，繫襟帶，具槀葬之，既畢乃死。

馬其昶曰：先生最負天下大名，顧亦多謗議，至今有之。湘鄉曾文正公曰：望溪古文辭爲清二百餘年之冠，其經術，雖乾嘉後諸家詆之，曾無損毫末。獨其經世之學持論過高，同時自朱文端、楊文定數公外，多見謂迂遠。余弟國荃嘗擬疏請從祀孔廟。昔望溪於乾隆初請祀湯文正公未行，至道光三年，湯公果祀。望溪志行殆伯仲湯公，躋之兩廡無愧色。

湘鄉實近代知言君子，不妄許。而吾友鄭杲東父以其義猶未盡，推其經術深，而病其經世之學將令天下終不用經術治世乎？『凡先生之言，有可以經世者，其深於經術者也；有未可以經世者，其於經術猶疏者也。』其論如此，余並著之。

孫麻山先生傳弟八十八

孫先生諱學顔，字用克，一字爾堯，號周冕，又號舫山。其先有曰以忠者，明初遷桐城，爲始祖。先生康熙閒人也。嘗築華農精舍於麻山，讀書講學其中，徒友相與稱華農子，又稱麻山先生。

先生堅苦立學，宗守程朱。同時有宿儒曰方閑阿，閑阿之友曰胡莫齋。桐城自明嘉靖閒何省齋倡學，其後，方明善繼之，聞風興起者數十輩。延及明季，或歧於釋、老，或騖於雜博，或降爲講章之學，而閑阿獨與其友莫齋以藍田呂氏鄉約教於鄉。於是，先生及里人方待廬皆師事閑阿，而亦與莫齋爲友。莫齋因搆尊聞書舍，館先生於家，教其子田，兢兢守朱子之遺法，於姚江之學不稍假借也。閑阿歿，先生及吳易光、易正兄弟輩作「同人堂」，祀朱子，以閑阿配。

先生性耿介，家甚貧，友人勉之習舉業，就有司試，爲書答曰：

道學之不明久矣！士苟有志振興斯文，則凡所爲者正宜拔本塞源，不當復爲徇俗欺人之説也。蓋人之爲心，理、欲二者而已。學文以苟一時之名，爲榮身、肥家、親戚交游光寵計者，欲之甚者也。立志不汙，求造聖賢之閫奥者，理之至者也。安有事出於人欲之甚，而可曰無害於天理之至者哉？自世衰教息，老、佛空虚之邪見，訓詁詞章之末學，先儒大聲疾呼，世之信道不惑者閒有之矣。惟所謂科舉之學，以窮經讀史爲利禄之媒，苟非識超等夷之士，何能不浮沈流俗，挾苟且之説以之自欺欺人哉？

於是，卒不應科舉，遊歷四方，以講學會友爲事。嘗言：「學道而遇飢寒，正可驗吾學之所得力，必於此而不隳吾業、屈吾志，然後乃可上達。」

先生後坐文字累，遭湖南之禍，繫獄六七年，竟論死，方待廬爲經紀其喪以歸。先生既没，遺書散亡，其後蕭文學穆搜得之，其族裔孫雲錦，號海岑，爲江甯知府，始刊行。

閑阿諱日新，字漢良。莫齋諱國釴，字鉉五。莫齋之子田，字雍則，亦能傳其學。

知府君以諸生從軍得官，所至有迹。其知通州時，張修撰謇尚微也，奇賞其才，爲成就之。祀通州名宦。

馬其昶曰：易曰：『亢龍有悔。』余讀麻山遺集，義嚴而詞厲，洵哉其爲亢也！然不可謂非特立獨行、遁世無悶者矣。進不行道於天下，退不能自保其身，時當末季，如明『東林』諸君子，以講學搆禍，無足怪矣。悲夫！先生乃生於昌明之時，而獨不幸也。

方渥源汪樸巢二公傳弟八十九

方公諱式濟，字渥源，荻港都司諱仲嘉曾孫也。祖諱兆及，字子詒，號蛟峯，順治十一年舉人，山東備兵僉事。父諱登嶧，字鳧宗，號屏坧，工部主事。兩世皆能詩，有述本堂、述古堂等集。

公少僑居金陵，七歲喪母，哭泣盡哀，經旬不索食。性亦工詩，兼精畫繪，王麓臺侍郎甚奬重之。

康熙四十八年進士，授中書，逾年歸省。適南山集事發，語連公本生王父，因以受禍，侍工部出關。族屬連坐者四人，邊帥欲分置各路，不令同處，公罄裝稱貸營護，戍得無分，用是益困。婢僕死亡略盡，苦寒，躬取榛棘爨火，久坐風雪中，兩手皸裂，工部憐而作詩。然工部性故朗豁，居絶塞十餘年，辭色不形恚激。同戍侍郎傅繼祖、鴻臚卿訥爾樸，每言見方君輒灑然忘其身之在難也。

公以吟詠承歡，又益殫心經學，父子間自爲師友。性謙厚，見人寸善，即自貶損，以爲弗如，家居時，母夫人命置妾，有婢具容慧，或舉爲言，公正色曰：『是吾見自襁褓中者，於心安乎？』諭其父母自擇配。族弟薪傳嘗同客，病疫，汗閉，見者皆避去，公獨抱持同臥，得汗而解，薪傳每言此輒流涕。三子：觀永、觀承、觀本，時有富室議昏者數家，皆謝之曰：『吾不欲以憂患累人也。』年四十二，以疾卒於卜魁城，邊人如痛親戚。箸龍沙紀略一卷，四庫箸録；易説未定稿六卷，陸塘詩稿二卷。子觀承自有傳。

汪公諱以岱，字文超，號樸巢。生一歲而孤。家饒於財，祖母陳、母潘俱寡居，族衆欲併其産，母賢而才，支拄數載，勢益危。一夕，聞窗外私語曰：『毋走孤！』母知事急，潛推兒覺，踰垣逸。盜入室索孤，母厲聲曰：『吾母子非汝世讎，汝曹欲得財乎？抑欲殺人自取死乎？財任爾取，如必索孤者，孤出走矣！吾今以頸血濺汝，明日向官府責汝曹償抵者我孤也！』盜方錯愕，則聞排闥鳴鉦，呼曰：『母無畏，兒已率衆捕盜來也！』盜倉皇遁。自其小時，應變才略如此。

性至孝，每見父畫像，哀不可止。既冠，即遊成均，屢試不獲舉，翻然曰：『吾以一歲孤，賴母得長，奈何既長乃離母外求哉？』遂遄歸。張文和公以茂才薦，詔授知縣，固辭不起。

家居奉母，建祠堂，置祀田，修家乘。縣中役法計圖爲保，按户苛取雜費。公創議設保田，用田息抵支，下户得免。復儲其贏穀備荒歉，鄉人賴焉。

年七十五卒。

孫志伊自有傳。

馬其昶曰：世人困阨輒改行，以謂天不佑善，怨誹不平；否則頽然自放耳。二公之所遭皆極難，而彊自爲善，後嗣勃興，余爲著之，此可以觀天道也。

左馬趙余楊陳傳弟九十

左公諱藻，字子畏，於忠毅公爲再從曾孫，而獨慕忠毅之爲人，故號曰慕忠。

其行誼乎遠邇，問其族之人，族之人皆曰：『是孝子也。』以父右宜公諱之誼，嘗過雙溪，見溺者，傷之，因遂積貲，建橋於雙溪。右宜走樅川，見暴骸纍纍，欲起義冢，因即買山瘞殣。他若育穉嬰、贖鬻女，凡力所能爲者，罔弗爲也。

以康熙三十二年舉人，考授内閣中書。年七十五卒，祀忠孝祠及本府鄉賢祠。孫行健，亦好施濟，父老癃病，奉事惟謹，煩汙之役不假婢僕，人謂其孝行世家。

馬公諱源，字伯逢，號菱塘。

父屏菴，諱方思，兵部公弟六子。母姚太孺人，爲端恪公女，有義烈之性。公生八歲而孤，適寢則哭於父柩，入幃則跪太孺人前，求進飦粥，又跪求諸父、諸舅解勸母也，見者皆垂涕。年十五，入邑庠，有名諸生中。屏菴嘗草族譜未竟，繼其遺墨，纂輯成書。以歲貢生教諭鳳陽，勤於講課，一準宋儒胡安定遺意，不納諸生贄金。歲荒歉食，取資於家。

康熙三十九年方膺保薦，以母老遂告歸。嘗築室北嚮，顔曰『陸舟』，夏則奉太孺人居之；築凝暉齋迎陽，冬則居之。羅田公士基歎曰：『寒燠燥溼不愆於時，几席琴書不移而具，如吾甥者，可謂就養無方矣。』年六十喪母，猶日爲孺子哭，廬墓三年。性好施濟，屢助振，邑里稱其仁惠。

雍正十年祀鄉賢。

弟潛，字仲昭，諸生，賅覽羣籍，通敏人事，戚黨咸資其計畫。有宕渠叢稿八卷。

趙先生諱館，字良冶。

師事潘蜀藻，爲學號鈍拙，獨能躬修。連喪父母，五六年不内寢，無寒暑皆齊衰。家故饒財，田宅逾萬金，兄悉據之，遂至露處，夫婦困辱備至，曾無一言怨怒。父有藏鏹數千金，兄陰知其處，兄戒勿取，或曰：『此乃公物，子發分其半，未爲不義。』以兄有言，遂不取。兄獨掘之去，封識如故。與人要約必踐，斗米百錢，時時以周寒生，人不知其囊篋實匱，以爲有餘貲也。戴田有編修以文章傲睨一世，獨推服良冶，稱曰『善人』。

余先生諱扶上，字羣若，號十松，縣學生。

性篤孝，四歲失母，哭奠如成人。父一再繼室，遇之皆嚴切。父没，母益甚。敬順久之，母更寬慈，病亟，執其手泣曰：『汝孝我至矣！吾何以報？願汝世世生兒皆賢孝如汝耳。』家貧，教授爲生。

有十松集四卷，方言訂誤二卷，正史彙集二十四卷。

楊先生諱廷驤，字漢幟。少孤，母脱簪珥買書教之。年十二，郡試弟一，補生員。母逾七十，病篤，晨夜哀禱，竟得愈。其後母没，蔬食水飲，廬墓年餘遂卒。平生頗事撰箸，邃於詩，有詩經輯略十六卷。子霞舉，亦有學行。

其善事親疾者，又有嚴蝠巢，諱紳，字用韮，國子監生，考授州判。母病瞽十餘年，朝夕舌舐之，目復明。凡里中義行，力所至，無不自竭。張文和聞而歎曰：『鄉里有此才，何可使終老乎？』將薦之，遽卒。有靈壽山人集。

陳先生諱紀，字封亞，號松田，乾隆閒諸生。幼孤，事母孝。母卒，貧不克葬，殯於野，因棲其側，淚落草枯。其居家，尤嚴祭祀，率子婦致齋，静聲斂容，奉將酒饌，毋遠毋逼，謂：『逼則神苦於讓，遠則神苦於取。』祭畢，傍皇有餘慕。餕餘酒饌，同祖以下得徧嘗焉，謂：『其物微而恩意流通，吾先人有知，必樂甚。知曾子事生必請所與，則知此矣。』家貧，不能備物，惟取其潔，謂：『費出太艱，吾先人所不願也。』居貧厲節，受取不苟，學者宗之。

其爲文，意旨潤遠，許玉峯載數篇陋室纂鈔中，餘均佚。

馬其昶曰：聖人以庸行爲謹，後世摛藻之徒喜稱奇異，豈知要乎？夫潛修砥行，既不自襮，又不遇立言君子張大其迹，則遂湮矣。舊志孝友傳述事不詳，櫽括贊詞，人可施用，欲傳其真，未能鑿空道也，故余所録亦寡。慕忠、菱塘同祀瞽宗，良冶友悌篤至，余楊以下並勤纂述，今别出之，其年輩先後所未詳也。

校記

〔一〕消　當作『銷』。

〔二〕學校舉貢議　當作『學校貢舉私議』。

桐城耆舊傳卷九

胡襲參吴生甫二先生傳弟九十一

胡先生諱宗緒，字襲參，號嘉遯，明參政曾孫。康熙五十年舉人，薦充明史館纂修官，中雍正八年進士，授編修，遷國子監司業。先生十歲而孤，家貧，母潘氏自課之，嚴而有法，自非經史，便不令寓目。先生由是感憤厲節，學修兼茂，旁逮律曆、兵刑、六書、九章、禮儀、音律之類，莫不究討。文詞矜慎，不闌入唐以後語。方劉並時，友善，古藻過兩家，其多不如。晚始通籍，遊客爲生，所至嚬笑語默，傾動坐人。嘗變姓名，履危地，脱骨肉於難。及教國子，益嚴師法，立教條，諸生皆服其德。

箸易管三卷，洪範皇極疑義一卷，古今樂通二卷，律衍一卷，數度衍參註二卷，晝夜儀象説、象觀歲差新論、測量大意、梅胡問答、九九淺説各一卷，正字通芟誤七卷，字典發凡一卷，正蒙解一卷，大學講義二卷，方輿考、南河論、北河論、膠萊河考、臺灣考、兩界辨共六卷，苗疆紀事八卷，環隅集十二卷，司業奏議一卷。

是時，有許多亭，諱雨田，字深稼，曾箸及將子編，先生及方侍郎皆賞異之。多亭少穎悟，日記數千言，羣兒共嬉，獨畫易卦、『三禮』圖。及長，博覽有文，乾隆二十四年歲貢生。箸慎餘堂文十二卷，十千居詩六卷、詞四卷，花閒談助若干卷。

都樹瞻，諱蔚，師事方位白。家貧厲學，有名諸生中。有蓼溪詩文集六卷。

而胡氏又有諱晟字伯存者，輕財喜施，窮研經史，有左傳分國紀事十二卷、周禮論要十二卷、詞林連珠三十二卷。

先是，爲左氏學者，明末有諸生高旦兮，諱華。其上三世皆爲諸生，有聲。旦兮少傳遺業，爲左傳紀事本末三十卷，義例詳整，別有從先堂文十卷、詩六卷。

吳先生諱直，字生甫，一字景良，號井遷。世居南鄉，爲高甸吳氏。

少曉悟，峻貌孤特，文如其人。劉海峯師事之，與世落落然。同時方侍郎負盛名，先生猶以爲不可意也。其學兼通音律，好游覽，足迹半天下，文益奧簡。不肯應舉，强之，中乾隆元年鄉試，終不赴禮部。日取四子書讀之，自謂：『精思積二十年，始於四子之言有契也。此雖文學之名，韓歐之譽，不足以易之，況科第之區區乎？』

嘗游京師，孫文定公、盧雅雨先生微服出，集市樓論證經史，先生飲酒樓下，聞之，大言曰：『誤矣！』二公驚愕，揖而問之，先生爲條辨疑義，具道其所以失者，二公皆服。箸四書雜辨五卷、學庸釋義六卷、文集四卷、詩集二卷、經義藥石四卷。

同時，爲古文自喜，有名稱者，莘農先生，諱尹，字无咎，連城張氏。乾隆元年，偕兄瑚同第進士，由庶常散館授福建長樂令。孤介有文，師事望溪，而文不純似。箸石冠堂詩文鈔六卷、經傳世案二十五卷。

詞章淹雅者，若山先生，諱自高，字慈受，麻溪吳氏，廷尉公應琦孫也。乾隆初監生，張文和公禮爲上賓，章疏恆出其手。上嘉其慎密，授以翰林院待詔，後至刑部員外。性强記，熟於朝章沿革。箸有善卷堂四六注、秋蔭軒集。

馬其昶曰：當康雍閒，方侍郎倡爲古文學，龔參、生甫二先生於侍郎不苟同，然皆能自立。龔參文成家，鄉里顧少知者，讀其文，知其行，固不爲世俗之爲。善乎！張瓶山之言曰：

學所以明道，而道藉文以著，若是者宜師古人。昔荆南樂秀才問爲文於歐陽公，公教以順時。此特外之，不與深言。爲文必取悦世人耳目，無論不得，就使得之，亦何足榮哉？

自國家設科目取士，士之揣摩迎合以求必得者，何啻萬萬？而其岸然自負，不爲順時之文者，數十人而止耳。彼順時之萬萬者，固往往八九得；而此數十人者，亦時一二得，不盡失。論其得之之數，此一二得者，誠不若八九得者之多，然彼以千百而得一，此以十而得一，校其得失多寡之數，如此亦可以思矣。

且夫論文而必主於順時，不順時者不取，將論人而必主於鄉愿，狂者、狷者不取。嗚乎！此又人心世道之憂，不但文之陋已也！

瓶山諱輔贇，字弼宸，連城張氏，乾隆三十五年舉人。負才奇特，著瓶山集八卷。

劉海峯先生傳弟九十二　王晴園　朱歌堂　張勖園　倪司城

劉先生諱大櫆，字才甫，一字耕南，號海峯。

縣東濱江地曰陳家洲，劉氏環居數百户，爲農業，多富饒。而明崇禎時有官歙縣訓導者，諱曰燿，字發伯，鄉里仰其高節。其子甡，甡子柱，先生父也。累世皆爲諸生，有聲，而先生遂以文名天下。

年二十餘，入京師，方望溪侍郎奇其文，以爲昌黎、永叔之儔，朝士望塵請交。出，督學者率請任校閲。雍正七年、十年兩登副榜，竟不獲舉。乾隆元年，方侍郎薦應詞科，大學士張文和公黜落之，已而悔。十五年，特舉先生經學，復不録。逾六十，乃得黟縣教諭。數年告歸，居樅陽江上不復出，年八十三卒。

先生修幹美髯，能引拳入口。縱聲讀古詩文，韻調鏗鏘，高談善飲。嘗謂姚郎中：『吾與汝再世交矣。』初，郎中伯父薑塢編修、葉書山庶子與先生三人交最篤，郎中從編修受經，而學文於先生。自方侍郎没後數十年，郎中復以古文爲學者宗師，由是，世並稱方、劉、姚，謂可繼明歸熙父氏。郎中之言曰：『今海内言文者，必首侍郎，侍郎不爲詩，先生則詩與文并至，能鎔鑄古人之異體，雄豪奥秘，才調獨出。』其稱之如此。卒，登國史文苑傳。著文集八卷、詩十二卷、古文約選四十八卷、歷代詩約選五十二卷、論文偶記一卷。

子介殤，以兄孫郡學生符琢爲後。

初，先生兄諱大賓，字奉之，雍正十三年舉人，爲山西扶溝令，遷貴州普定。姦民訛言擅亂，書門壁，頃刻攀引近百家。呼而切諭之，皆泣下，遂杖遣。提督欲聞於朝，争甚力，事遂寢。又秦姓民私刻縣印，詐取兵糧三十石，吏請驗收，卒不許，曰：『我豈以活人者殺人哉？』嘗自稱：『人性固有所不能，坐寬慈，雖罷斥無恨；若谿刻慘急以求遷，非余所能也。』其他行類此。

王先生諱灼，字明甫，一字悔生，號晴園，又號濱麓。少居樅陽，海峯奇賞之，從游八年，學鋭進。繼館於歙，與金蕊中、程易疇、吴殿麟及歸安丁小疋、武進張皋文交友。皋文顓志經學，屬詞喜儷體，先生見其黄山賦，曰：『子之才可追古作者。』因舉所從受文法於海峯者告之。後皋文學成，其論文必及悔生，『陽湖派』由此起。歙鮑覺生侍郎盛推其詩。乾隆五十一年舉人，選東流教諭，主祁門東山書院。卒年六十八。

箸悔生文鈔八卷、詩鈔六卷、樅陽詩選二十卷、今體詩選補四卷。

子貫之，字子一，道光二年舉人。

朱先生諱雅，字介生，一字岑南，號歌堂。

福建閩安鎮鹽課大使諱世弼，字翼公，其曾祖也，有一經樓詩集，力追唐音。祖諱璣，字元一。父諱桂芬，字路青，有小山集，海峯稱其古體詩雄渾豪放。兩世皆爲名諸生以終。而先生舉乾隆五十九年鄉科，久困禮部試，年七十爲金壇教諭。自少習聞海峯緒論，又與王晴園姻也，交相勵。其爲人貌寢，言訥，不苟同，多與世忤。其憤伉一抒於詩，鮑侍郎最録之，爲介生詩選六卷。

其同時相唱和者，又有：

汪吾山，諱鍾，字寶書，乾隆四十四年舉人，爲江西靖安令。

吳白崖，諱巨珩，字儒懷。弟荃石，諱巨琇，字靖之。『二吳』並工詩，而白崖書法尤得晉人遺意，鄉邑推重之。

童曉坡，諱先登，字誕夫，天才清麗，有滄遠堂詩草。

張先生諱敏求，字燮臣，號勖園，連城張氏。

其先故宣城梅氏，明永樂初贅於張，因氏焉。代有文儒，至勖園、恥庵師事海峯，爲詩益有名。

勖園中乾隆六十年舉人，選奉賢令，憂歸。改甘肅漳縣，以目疾去官。貧餓不能自活，惟酣嬉文史，有問花亭詩八卷。

恥庵，其大父行也，諱水容，字汲華，乾隆三十九年舉人，奉賢訓導。深於詩，兼通星象、算術，有環山樓詩文鈔二卷。其子鵠，字穆生，傳其學，而性尤喜治説文，有方名考，説文正字，問亭文八卷、詩四卷。

陳世扶，諱家勉，一字滋㒄，別號策心子。年十餘，投詩海峯，海峯驚喜，時誦其警句，由是名大起。居貧厲節，不與俗士通，晚歲益困，後生益歸嚮之。

歲貢生吳香畹，諱中蘭，字伯芬，海峯弟子也。受知於大興朱文正兄弟，上元梅伯言郎中序其詩，以爲學海峯而主於聲者。有環翠軒文鈔二卷、閑存詩草二卷。弟中芝，清規雅韻，秀絶一時，年甫及冠而卒。有對溪詩草。

縣學生嚴東湖，諱青，字遥青。海峯序其詩，亦頗稱焉。

疏晴墅，諱枝春，字玉照，乾隆閒歲貢生。詩句俊拔。始事海峯，繼事姚郎中。有詩鈔六卷。弟枚，年十二，朱竹君學士取附縣學，逾年補廩膳生，乾隆五十一年，學士弟文正公典江南試，中式。才而早隕，姚郎中爲誌墓，甚悼感之。晴墅子筤，道光二年進士，知永嘉縣。

許信庵，諱節，字寶符，嘉慶初以歲貢爲英山訓導。卒年九十二。箸有雞肋集。以少從海峯游，詩文皆有義法。子畹，字芳疇，號吾田，傳其學，兼通訓詁、考訂。道光二十三年更名宗寅，舉京兆試。箸古郊詩義五卷，説文字類若干卷。

自海峯居樅陽，以詩倡，後起者凡數十輩，惟晴園、歌堂、勖園最著。

而海峯同時友，工詩盛爲海峯所推敬者，曰倪司城。

倪先生諱之鐕，字司城。雍正間貢生，以薦舉授中書。出使四川，總督奏留爲令，歷知郿、洋、南鄭。吏才、經學皆有聞，而詩尤專家，沈鬱蒼勁，有杜甫、岑參之勝。箸高嵌集十二卷、一齋集六卷。

桂先生歆，幼有奇慧，海峯賞譽其文，遂爲名諸生。有小山集，皆劉姚二先生所點定也。

其能文而不出海峯門者有：

榮先生芳，講學柳峯東山之麓，吳井遷甚敬異之。子長春、孫鸞，家世傳業。

房先生立誠，諸生，喜游名山大川，所至詩盈帙。晚歲結廬浮山，於葩經、易象研説終身。

崔先生岩，字筱室，高懷邁俗，好吟詩，不事摹擬，爲方儀衛所賞。自榮先生以下，皆莫能言其學淵源所自，時先後亦莫詳也。而石先生文成字聞琢名稍著，乾隆閒，以貢生爲寶慶通判，閉門静居，不交俗客。有曉堂集十二卷、歷朝詩話六卷。

馬其昶曰：世傳方侍郎自矜重，不假借後生，然其推挹海峯至矣，姚郎中加服膺焉。顧世之訾謷之者乃亦多有，武昌張廉卿先生謂『考據盛而文體碎』。海峯獨言：八家『其取徑也正，其文亦適至是而止』，斯可云篤論。噫！方其窮老荒江之上，遠近慕風相從，寂寞而不悔，彼豈無得而致然哉？

方恪敏公傳弟九十三 子勤襄公 從子尚書

方公諱觀承，字宜田，一字遐穀，號問亭。祖工部主事諱登嶧。父内閣中書諱世濟。僑居江寧，其後，南山集禍作，工部父子皆坐戍黑龍江。

公少遭家難，寄食清涼山寺，寺僧知爲非常人，厚待之。每歲，與兄待詔觀永徒步至塞外營養，往來南北，枵腹重趼。數年，父祖皆殁，益困。然因是具知南北阨塞，及民情土俗所宜，厲志勤學，遂成偉器。平郡王嘗與語，奇之。雍正十年，王授定邊大將軍，征準噶爾，奏爲記室。召見，賜中書銜，時年三十有六矣。師旋，授内閣中書。

乾隆初入軍機處，累遷吏部郎中，出爲直隸清河道、布政使、浙江巡撫。弛絲米之禁，開墾海口大亹漲地三萬餘頃，歲增雜糧十萬石。

十四年，遂授直隸總督。自是，居直隸二十年，中惟西疆用兵，籌兵餉暫署陝甘總督，旋即返任。

公有人倫鑑，一見即知其才器所堪受，甄拔下吏，後多至大位有名。御史林玉、范廷楷言直隸丈量旗地不清，公疏謝，即奏二人剛正，請發直隸補官爲助。旗地皆王公莊户，故豪縱，聞二人負氣，又上許往，爲之稍戢，事遂辦。

直隸浩穰爲天下最，上歲謁陵盛京，避暑木蘭，巡嵩嶽、五臺，幸江浙，皆道此，又值大軍征伊犂、征緬甸，供張兵食，公神識淵定，應付無缺，民不擾累。

尤盡心於農田、水利及溝洫、倉儲諸政。自初爲直隸清河道至總督，皆掌治水。

十六年，河決陽武，入長垣、東明，衝潰月隄。公按行地勢南高北下，言：『河南陽武等縣瀝水北注長垣，向恃太行古隄捍衛，隄受水齧衝塌。法當開引河導入舊河，使容納東注，起引河土築新隄，則隄外有河疏瀝水，河內有隄防漫溢，事半功倍。』報可。凡永定、滹沱、白溝等河，奇材、雞距等泉，俱考其源委，判別濬築。

而永定河尤遷徙靡常，公治之亦不一術。始議就北大隄改移，下口增建冰窖減水壩。其後水盛大，由壩出，上流吸刷深通，比冰窖下河身驟低五六尺，因議乘就下偏南之勢，於王慶坨南開引河二十里，入葉淀，由鳳河轉入大清河，而厚培坦坡埝以別清渾，不使淀水內漾，阻遏河流。數年，下口復淤，又請於北岸六工開隄放水，廷議詰之，覆言：『向北改移水道，循南埝導歸河淀，仍以鳳河爲尾閭，蓋北埝至南埝三十餘里，瀰漫一片，或分或合，原足任水蕩漾，雖有向南向北之殊，其實無異，故就近勢改道便。』上每歎其籌策善，非他人執成法者比也。

上嘗以北運河水弱，命先到糧艘截留四十萬石貯天津北倉，後船水長抵通倉。公請按留數，就先到各幫內每艘酌撥若干，即得輕便抵通倉。以撥爲截，則應截者均。

其因事方略皆此類也。

公以政在養民，其設義倉積貯及教種木棉，民尤德之。以謂：『官爲民計，不若民自爲計，故義倉守以民，不守以官；專爲備，不若多所備：故貯於鄉，不貯於城。』其建倉，必度道里之均齊，擇人煙稠聚、形勢高阜之處。有司勸導，俾各出有餘，歉歲即止。謹選倉正，專司簿鑰。通計直隸建倉千數百座，貯穀二十八萬五千餘石。精繪州縣衛各一圖，村莊、里數悉具。按圖稽倉，可知各村之近遠、四境之盈絀。

磁州逆民爲亂，奏誅三人，絞七人，餘皆釋。嚴旨責其寬縱，一夕接廷寄十三，上怒且不測，公執不易。詔九卿、軍機大臣會鞫，卒如公定讞，上愈賢之。

公素善爲書，工詩，乾隆初嘗舉博學鴻詞，以平郡王監試，引嫌稱疾不試。師事望溪先生，其從政設施得諸先生緒論爲多。治經尤專『三禮』，條論古今因革，屬稿未就，聞秦樹澧尚書方輯五禮通考，悉以畀之。又屬戴東原先生撰河渠書百三卷。其自爲書曰述本堂集十八卷，宜田彙稿、問亭集及雜記直隸事凡數十卷。

家無餘財，於桐城及江甯皆建家祠，置義田，修清涼山寺，報微時寄此僧待之厚也。兄弟相愛甚，遺命與兄待詔同穴。初，父祖俱稾葬關外，公居平邸，每歲時必遥望哀泣。王感其意，爲奏請：謫戍身死無餘罪者，聽歸葬。遂著爲令。

公在時，已加太子太保，其薨在乾隆三十三年，年七十一。賜祭葬，謚恪敏，祀直隸名宦及賢良祠。

娶劉夫人。始公少時，省親塞外，大雪，遇氈廬，倚檐睡。廬内劉孝廉夢黑虎當門而臥，晨起掃雪，見公，與語，大驚，遂妻以女。無子，撫浙時納一姬，入室，見㩦其大父詩册，則與公素知，因還其家，助貲嫁之。

其後，公年六十一，側室吳氏始生子維甸，純皇帝嘗抱至膝前，解金絲佩囊賜之。既孤，天子念公勳勞，賜内閣中書，旋成進士。其後，復繼公爲總督。而公從子受疇亦以貢生至直隸總督。父子三爲總督，皆直隸。

勤襄公諱維甸，字南耦，號葆巖。

由中書直軍機處，乾隆四十六年成進士。以吏部主事隨大學士福康安征臺灣，累遷御史，賞花翎。五十四年，典廣西試，晉光禄少卿。隨征廓爾喀，擢正卿。偕尚書蘇淩阿勘獄山東，轉太常卿，充順天副考官，明年授長蘆鹽政。坐事奪職，發軍臺，特旨寬免，賞員外郎，仍直軍機處。嘉慶四年，分校會試，累遷内閣侍讀學士。隨尚書那彦成治軍關隴，授山東按察，遷河南布政。

調陝西，就遷巡撫，莅任七載，蕩平川楚餘匪。甯陝新兵叛，趨石泉，遣將擊走之。已而繼勇侯德楞泰請釋叛兵歸伍，上責其寬縱，命公嚴訊定議，因疏陳善後六事，從之。

漢中鹽法向不持官引，任土商徵課，足即取官引截角繳銷，謂之空截引角，苛勒無藝，販運裹足。公請改漢中鹽課入地丁，杜土商苛取，鹽價益賤。

十四年，擢閩浙總督，剿除蔡牽餘黨，親渡海治臺灣械鬬，嚴懲之。又爲條教化導，設約長、族長，令相約束，禁隸役黨護，由是獷悍稍息。以母老，固請歸養，上曰：『人子至情，朕不忍拂也。』允之。命赴浙勘獄。明年，特召爲軍機大臣，且諭：『維甸母在北久，風土素習，維甸朝夕散直仍可侍養，即巡幸，不令隨往。朕於維甸母子，體念之無不至，維甸當喻此意。』公固陳母病亟，不能離。旋丁母憂。遣大臣奠醊。林清謀逆，李文成等據滑縣，特起公直隸總督，仍許持素服。公聞命，即馳赴軍，而疏辭職任。會那彦成公已奏捷，温旨令轉程，守制致毀疾，二十年六月薨於里第。贈太子少保，賜祭葬，謚勤襄。

公清介幹濟，有孝義之稱。奏議、詩篇，家人誤投之火，長女仲蕙彙録遺稿，得二卷。子七人。傳穆，字彦和，以舉人候選中書，嘉慶二十四年賞進士，由編修官延建邵道，坐事左遷沅州知府。傳植字小巖，濮州知州。

尚書諱受疇，字次耘，號來青。父諱觀本，渥源公少子也。尚書始以鹽課大使發兩淮，洊歷直隸大名府，調保定。擢清河道，以事罷。嘉慶初，給道銜，赴伊犂委用。閱五載召還，授蘇松糧道，改通永道，遷河南按察，調直隸布政，賜花翎，晉浙江巡撫，俄移河南。

時河水漫睢州，賊據滑縣，又歲旱大疫，治兵、籌餉、振災、築隄，工作同時並舉，無不辦。旋授直隸總督。

公在畿輔久，習於吏治、民俗，政化大行。駕幸奉天，值大水，灤河橋圮千餘丈，浹旬告成。及成皇帝奉仁廟梓宮旋自熱河，由古北口至車道溝，路險峻，公相度指授，倉卒修墊，寬坦安行。加太子少保。

後以疾告歸，卒於途。歸裝簡素，人服其廉。

馬其昶曰：方氏自五世斷事有二子，其後分七房。三房在明有桂林，四房有瓊州、少卿、副憲，至本朝皆少替矣。其弟七房亦多舉甲乙科者，惟中一房、六房最盛。中一房天台後有明善，六房太僕後有副使、詹事兄弟。恪敏祖工部，實六房學士諱元成子，而出嗣中一房觀察諱兆及，恪敏於斷事爲十二世孫。一門之内，三秉節鉞，何其盛也！然如恪敏，學優從政，爲時名臣，又豈一族一邑之望哉？

張逸園傳弟九十四

張公諱若瀛，字印沙，號逸園。

高祖諱士纁，參政子也。曾祖諱秉貞，崇禎四年進士，爲浙江巡撫，國朝兵部尚書，謚僖和。祖諱茂稷，字子藝，不就廕補，刻勵於詩，有芸圃集。父諱廷瑑，年十二，刲股療母疾，夢神告曰：『增汝母六齡。』母果後六年卒。祀鄉賢。有三子，公其季也。長諱若潍，字樹穀，號墨莊，雍正八年進士，累遷刑部侍郎、左都御史。金壇于文襄惡之，坐事勘問，卒得直，引年歸。後入都與千叟宴，年至八十五。

都御史爲人敦謹，而公强果不避勢。

初，以諸生爲熱河巡檢。熱河今承德府，始未設府縣，以巡檢統，地逾百里。天子歲巡駐，四方民錯處，公以嚴能治辦。道遇留守内監爲僧者于文焕横肆，立呼至杖之，於是，熱河内府總管怒，奏巡檢擅杖近御『不道』，直隸總督亦劾奏，高宗聞之，顧喜巡檢强毅，不之罪。

其後，爲良鄉知縣，遷順天府南路同知。旗民張達祖居首輔傅忠勇公門下，始有地數百頃，既斥賣，久之，地值騰踴，達祖以故賈取地，民不服，經數官，不敢爲民直。公至，傅頗使人道地，公不可，卒以田歸民。俄坐捕盜不承，當罷職，上閲其名，識之，令以知縣發甘肅。時上意頗嚮用，然大臣固少助者，卒降官。

在甘肅二年，嘗爲張掖復營兵所奪民渠水利；又以張掖黑河道屢遷，固請督撫奏：河所過田數百頃爲沙礫者，除其歲輸糧草。時甘肅官吏瘠苦，相率僞報災請振，公獨不肯爲，已而爲者皆敗，世益賢之。

引疾歸，會都御史進用，上數顧詢公，故年逾六十復出，補直隸撫甯縣。旋以子鴻恩官兵部郎中受封，朝議例不爲縣，遂去。歸營別業，署曰『逸園』，言己不得盡力爲國勞而苟逸也。人以逸園稱之。鴻恩至延平知府。

當乾隆時，官直隸爲名宦者，又有：

方嵋，爲涿州州同。二年夏，大水浸城，振溺有功。

長垣縣丞吳鋼，字曉蒙，開舊城河，濬黄家集、甘家堂二渠，卓異，就遷知縣。修治城垣、學校、壇廟、倉廒，百廢競舉，擢永定河南岸同知。

赤城知縣黄良棟，字晉僊，二十六年調龍門，革規費，加意課學。其孫安泰知沔陽州，亦有績。

自方涿州以下，均載《畿輔志》。

吳公諱逢聖，字眉爽，乾隆二十五年舉人，至臺灣知府。讞獄如家人對語，不事鞭扑，盡得情僞。解組歸，渡海猝遇盜舟，盜窺其虛槖，相率引去。詩才雄逸，有《鐵儂詩鈔》四卷。

馬其昶曰：惜抱軒集有《逸園家傳》。余觀其名園之意，知其老不忘世用也。嘗怪：張氏家風皆内自守，外不陵物取勝，而公獨著彊毅之節；張氏仕宦多至大官，而公獨屈於縣令：賢者固未易測邪！乃頗採姚先生文著於篇。

方副使許高郵方彭水傳弟九十五

方公諱浩，字孟亭，太僕長子體乾五世孫也。高祖諱畿，字奕于，清儁拔俗，工爲詩。其書法鍾王。人得之，目爲二寶。順治閒，以恩貢授河南府推官，活纍囚數十人，遷漢中府同知，告歸。晚自號四松。祖諱曾祐，字受斯，以明經授休寧訓導。捐金修學宫尊經閣，貧生勵學者，館而教課之，無倦容。遷廣德州學正。祀休寧遺教祠。父諱元履，副貢生，與弟舉人諱元醴皆有高才，不遇。其卒也，劉海峯皆誌其墓。

公雍正八年進士，知山西太原祁縣，調陽曲，遷保德州，又知隰、平定二州。隰民羣聚，持戒約素食，號『大乘教』。公悉召教民數百至庭，啖以酒肉，民傳説徧遠近。其後，逮捕『大乘黨』，比郡皆擾，獨隰不問。在平定，姦民乘旱聚衆求糶穀，譟於庭。公出坐堂皇，取獄中他囚痛杖之，被脅者稍稍去，乃徐召姦民，慰諭令退歸待命。明日，陰捕渠魁一人，論如法，遂以無事。遷知蒲州府，移潞安。會天子巡狩中嶽，取道澤潞，吏白近驛田苗被道當薅，公曰：『鑾輿未出，先廢民耕作，非所以宣上德意，且行至期遠。』卒不薅苗，事亦辦。擢江西廣饒九南道按察副使，俄調吉南贛道，詿吏議。循例復職，卒於都，誌墓文亦出海峯。

族父綺亭公諱求義，字樂巢，詹事拱乾四世孫也。雍正時，以貢士與修實録，敘官得贛州之龍南。邊邑僻簡，一推朴誠爲治。縣有廖氏兄弟横暴，號蛟蛇豹虎，公呼至庭善諭之，諸廖感激，遂不爲害。攝安遠，值歲歉，布政使懲吏胥姦弊，下令毋得擅糶倉穀。公獨喟曰：『藏穀以爲民也，災而不糶，安用穀爲？』乃傾倉以糶。通牒大府言災狀，布政愕然，巡撫陳文恭公激賞之。由是，他邑相繼請糶，全活不可勝數。

解任歸葬，再起補上猶，及前歷署他邑，皆有聲。

而海峯爲之傳，稱其教育兄弟孤子無異己子，蓋非特循吏也，其門内之行，尤人所難

及云。

許公諱邁，字嘯斗，號石村。

先世明時有諱道者，遷居桐城黄華里，遂爲士族。父諱德，字符高，以樸學篤行見推

鄉里。上至高祖，三世皆諸生。

公以拔貢廷試一等，教習咸安宫，將爲縣，丁外艱歸。乾隆十七年，中順天鄉試弟二，

選高郵州學正。高郵當黄淮之衝，黄淮敵則洪澤、召伯諸湖泛溢，比歲爲災。公襄辦振

事，按册稽户口，不可侵欺。至於捕蝗救麥、勘田免浮賦，皆躬其勞，不以儒官自嫌也。

子鐄，乾隆四十五年舉人，湖南會同知縣。

孫丙椿，字若秋，歲貢生，以大年賜舉人，箸敦園詩談。

曾孫奉恩，字叔坪，有雋才，詩文皆知名。

其族稱吏能者，又有松江府通判諱曾裕，字嵛高。父以倖直爲族人所搆訟，發憤死，獄

久不決，復具控十餘年，始得直。公既理父前枉，乃入貲補官，得松江。地濱海，舊設巡海鳥船，官監修，率侵漁，船遇風輒壞。又河道易填淤，民間積挑濬費巨萬，由官督工，二者皆通判大利。公獨不私取，親量度修廣，使其工不得尺寸有差，而鳥船亦完堅，民立石紀其事。幼子國從海峯遊，因請爲之傳。

方公諱懷萱，字藎臣，號莊亭，黄華方氏。

少孤，從海峯先生學，以文名諸生閒。

乾隆四十八年舉人，大挑用知縣，發四川，攝南溪。除蠹役，剔陋規，編行保甲。受代去，民遮道泣送。權敘州雷波通判。自雍正六年雷波入版圖，至是六十餘年，未立學，士附試鄰郡邑。君校試，得三百人，首創修孔子廟。固請大府上奏，援越巂、馬邊例，置訓導官一人，設文武學額六人，士忻忻向化。歷署安縣、彭水，皆有名績。

初，彭水民控部，言錢糧浮收事，下縣議覆，前令率因循，公遂覈減額外耗數，或諷以『耗減，辦公費無出，如巨虧何？』歎曰：『吾不暇自爲計也！』植鐵牌堂下，永禁斷之。

馬其昶曰：方爲顯姓，其族繁，可述者多，潞安仍父子見紀海峯，幸矣！黄華之方與桂林別族，又稱許方氏，蓋居黄華里者，或曰方，或曰許，然實皆同姓云。

姚編修葉庶子傳弟九十六

姚先生諱範，字南青，號薑塢。祖羅田公爲名宦。先生蚤孤，博涉多聞，嘗與葉花南、王中涵、劉海峯、方芷川諸先生約登樓共學，期十年不下，爲舉世不好之文。乾隆元年，舉順天鄉試弟二。又六年，成進士，授編修，充三禮館纂修、順天鄉試同考。時張氏文和公秉樞機，中外要職相望，張姚故世姻，先生獨以學行自高，不相依附。同年錢唐袁簡齋負才名，嘗出都，文士集送，徵題盈軸，先生嘿爾。袁曰：『姚君著述千萬言，臨別贈我無一語。』意蓋憾之。

天台齊息園、山陰胡稚威、常熟邵叔宀、仁和杭堇浦尤重先生，謂姚君之學不可涯涘窺也。蓋自經史百家、天文地志、小學訓詁，以逮二氏之說，無不貫綜，操行一準儒先。未嘗撰述，蓄書十萬餘卷，手自勘校，於十三經注疏、史記、漢書、通鑑、文選，尤所深嗜，凡墜簡、譌音、乖義，一一是正，朱墨不去手。其談藝尤精深，從子惜抱先生鼐傳其學，顯名天下。

先生在翰林，不十年即致仕歸，往來天津、揚州主講。年七十卒，祀鄉賢。惜抱嘗欲就諸書眉端整理遺説，不果成。後四十年，其曾孫按察瑩乃輯而刊之，爲援鶉堂筆記五十卷。又有文集七卷、詩集六卷。

子：羲輪，乾隆十八年舉人，廣西南甯同知；登，二十一年舉人；斟元，字春樹，縣學增生，學行尤高。孫憲，字彦卬，受古文法於惜抱，有問滴存稾。春樹再傳爲按察，自有傳。

初，先生所與共學，期爲舉世不好之文者，又有方耕石，諱輔讀，字頌椒，縣學生，孝友肫篤，年八十三卒。孫長庚，刑部主事。曾孫朝覲，進士，未廷試卒。從子相褒，字揚廷，乾隆四十八年舉人。主講宣化府保安州書院數十年，言論坦誠，遇人皆親愛如骨肉。妻顧氏能詩，客至，輒聞歌詠聲滿室。

嘉道閒，有張石倚先生諱元輅者，字虬御。師事惜抱，然其學則與薑塢略近。讎校經籍，至老不輟，旁行箋記，書紙皆滿。工小篆，尤篤嗜説文。選授廣西州吏目，氣貌矜高，不以卑官自屈。巡撫謝啓昆聘修通志，書成，以病自免歸。箸正韻篆字校五卷、校補一卷。

葉先生諱酉，字書山，號花南。

曾祖諱組，字紫若，實齋公三子也。少補學官弟子，爲再從兄燦所賞愛。後疊奉家諱，以毀卒，時論稱其死孝。祖諱愈植，諸生，有學行。父諱瓏，字麗東，與方望溪、胡襲參、周聘侯友善。

先生少傳父業，乾隆元年，以縣學生應博學鴻詞試，四年成進士，入翰林，累遷國子監司業、左春坊左庶子，降補翰林院編修。嘗充河南鄉試考官，又視學貴州、湖南，奏裁贄見陋規，以清修見重。

主講鍾山書院十餘年，其學務窮遺經，必求當聖人之旨。師法望溪先生，每見，輒舉諸經疑義相質。嘗謂：

春秋文成數萬，義炳日星。其於國體民彝所係，見之者大，故其持之也嚴；盛衰升降所由，窺之者微，故其指之也切。稱乎事，裁之以義，故其義恒隨時而不拘；取其義，綴之於文，故其文每比類以相錯。通史例以適變，發疑端而見情，故有文立於此，取義在彼者。要皆本撥亂返治之心，以垂教天下萬世。

於是，箸春秋究遺十六卷，大旨遵望溪之説，稍有從違，四庫著録。又箸易經補義十二卷、詩經拾遺十三卷。

卒年八十一。

孫馥，字鶴灘，官汶上知縣，卒於任。貧不能歸，葬州城外。

乾隆時，又有章先生諱守待，字眉二，一字觀頤，歲貢生。孝友篤謹，侍養左右有定程，恆以明經體道爲志，鄉里仰爲大師。卒年八十七。門人私謚砥殖先生。箸周易定解十二卷、左傳採珠十六卷、鋤經堂集十四卷、頤菴詩集若干卷。

馬其昶曰：編修精博，庶子顓篤，兩人交相厚，顧所學異趣。當時，望溪先生號專經，其治經多取心裁，不甚資佐證，庶子守師説不移，編修齗齗，時見駁正，亦由漢宋之分途也。要之，敦行立節，則三先生固有其大同者，後之學者可觀其通焉。

張苦竹吳仁齋吳漪瀾傳弟九十七

張先生諱純，字吾未。

父諱永錫，字來遠，以孝聞。既鰥，不再娶，與老父同寢處，每薙髮，必謹藏之曰：『受之父母，不敢毁傷也。』

先生亦篤孝，嘗以親病夜歸，行山中，虎踞道，叱之，虎避去。能詩，工大小篆。所居曰『苦竹山房』，自號苦竹山人。偶即竹根爲篆印，隨方圓、修短刻之，類古法物，人争寶焉，以此營甘旨。親没，乃出游，攜其竹印滿笥。後歸自淮，苦竹山房毁於蛟，乃徒跣以尋父柩，終不得。復走浙，祈夢于公廟，無夢，痛哭返。奉父遺髮葬之，唐翰林赤子題曰『髮冢』。自是，希復刻印，時時哭，未幾卒。

箸有篆會及苦竹山房詩稿八卷。

其孫颿，字用敷，詩、篆、隸有祖風。爲應舉文，汪洋不中程式。有高節，縣令嘗三謁門，不内。身脩八尺，面黧黑，人誚曰『野人』，遂欣然自號張野人。野人與吴海屏最善。

海屏諱鏐，爲詩好孟襄陽，隱縣北篤山，稱獨秀山人。嘗著布衫破襪，遊眺山閒，或荷鋤攜罇，隨所至顧影長歌。妻，貴族女也，亦與同趣。箸有歸雅堂集六卷，與野人齊名。

吴先生諱甌玉，號仁齋。

縣學生，有雋才，能文，不屑事章句，時以功名自許。既困不見用，遂隱於醫也，施治輒效，不受餽謝。有對鷗軒文集十五卷、醫學尋宗八卷。

子挹桂，字亦肇，師事同族井遷先生。事父至孝，父性嚴急，能以色養，常終夜不解衣臥，聞呼輒至，曾不淹晷。箸儀禮要義八卷、續禮纂言十卷、希顏堂文集十二卷。

子逢盛，字紉甫，號絅菴，嘉慶六年舉人。世傳儒學，爲鄉里大師，箸三禮考異。卒年八十。嘗稱其王父意度恢闊，始署其齋曰『勤』，至晚歲，精心醫術，乃易曰『仁齋』。

先是，縣人有陳禹臣者，賣藥壽春，性方直，不與人款曲，久處而益親。嘗遇孫麻山先生，相與論學，悅之。既而曰：『老矣！不能有所成，顧當力制此心，使不入於非辟耳。』居壽春十餘年，遂以旅卒，壽春人無少長皆哭之，痛曰：『是嘗活我！』其爲方不知所從受，類有別傳者，要其於醫，不如嚴氏之精專。

則菴嚴先生，諱宮方，博覽方書，於營衛虛實洞悉微奧。其治常疾無以異人，羣醫所束手者輒奇驗，人求其方，亦莫或知其奇也。

子診，字尊五，縣學生。不樂應舉，展素靈書則心開，亦多治驗。後以其術授子大勳，大勳以授子統，統以授子瑾。

瑾字春來，能預決人死期。有貧者就診，喜給與藥物而不取值，因落其家，不悔也，金陵彭鏡湖稱曰『仁醫』。箸有醫學指南、醫方闢謬。

嚴氏既以醫世其家，諸嚴業醫者多。

舊志又有嚴大鵬，字廣譽，號仁軒。父爲時名醫，不言尊五子，疑即尊五也，年八十餘。輯醫學十三科，世服其精。

仁軒孫顒，字守愚，號克齋，有雜症一貫、女科心會、虛損元機、非風條辨等書。

而姚姬傳先生又嘗序醫方捷訣云：『嚴氏之先有則菴者，爲術神驗。其孫以恬能繼其學，出其遺書曰捷訣者以示余。其言簡直，使人易入，能盡疾病之變狀。』以恬殆即大勳字矣。今其書亦未見傳本。

吳龘字龍海，號漪瀾，操薙髮業。弟鯨則傭也。

居練潭。龘能詩，詩清雋邁俗。家貧不娶，斷句云：『浮生不學林和靖，鶴子梅妻累尚多。』得錢即沽酒盡醉，醉則長吟詩篇，然深自匿晦。既死，鎮人得其詩，爲築墳磨箕山麓，題曰『詩人吳龍墓』。龍亦豫爲一詩，自題其碣，詩云：『生前一醉渾如死，死後還如大醉眠。落日蒼山煙霧裏，亂蓬荒冢不知年。』因並刻之。凡所築墳助錢，鯨皆籍其名氏。逾年，叩門拜而還之，必受乃已，曰：『吾兄自食其力，不以累人，豈以死違兄志哉？』鯨行如此。

潛山熊善維爲作二吳傳，又重刻其詩曰愛吾廬詩鈔。

馬其昶曰：苦竹山人刻竹篆印，爲時絶技，要其舉念不忘親，是類有道者。夫士不得志，蓬藁而行，奚所處而不可？若嚴氏世醫，茂育有賴焉。三代設官而氏其族，曷嘗鄙爲小道？致遠恐泥，殆不然也。

先一齋府君傳弟九十八 子復堂公

一齋府君諱翩飛，字震卿，先六世祖存彝公諱鳴鑾長子也。少有高趣，讀四書集注，歎曰：『道在是矣，舍是皆旁蹊不足託。』因遂益求宋儒書，研悦終身。其學以孝弟爲本，以隨時省察、隨事實踐爲用，深契河南『主一』之旨，自號曰一齋。

乾隆元年，詔舉孝廉方正，有司具牒申名，固謝卻之。主講席於邑樅陽及蘇州虞山、松陵間，時吳中士風尚考證，言性理者又頗雜釋氏，府君深戒及門毋誘惑勢利，嘗謂：『君子下學上達。鄙下學之功，高談盡性，此明季儒者之失；禁上達之事不道，畢世用力訓詁、考訂，此近代儒者之失。』間與諸子平裁及之，不專事擊掊。

居室致謹喪祭之儀，潛思孤詣，棄遺聲利。故舊或稔其貧，有所饋，接其澹靜，便不能發。廬墓時，巡撫陽湖潘敏惠公修式廬禮，固請見之，不得也。易書皆有簒録，門人林明倫守衢州，取去，並詩文鈔皆佚。後輯殘稿爲翊翊齋遺書四卷，方植之先生讀之，以爲勝胡石莊繹志。

弟：占鼇，字載陽，官中城兵馬司指揮，有廉聲。鵬飛，字樂山，考授州同知，改知縣。令靖江，興團河港水利支流凡百餘，又開濬江口五港，鄰邑水至不爲害。署宿遷，期年清積案千餘，訟事清簡，風教大行。舉江南治行弟一，遷河南知府，補歸德。從子鼎梅，字汝爲，官思恩知府。工爲詩，姚郎中賞其五言朴直入古，箸代躬耕詩鈔二卷。

初，中城、歸德始仕，父存彝公爲書戒之曰：『吾願女曹以善養，不願以禄養也。』諸子聞訓兢兢，至於思恩，無敢失墜。而府君於諸弟雖篤愛，亦時以大義相劭勉，若嚴師然。

其里中著籍、從游最久者，有陳立山，諱啓佑，字倫表，府君稱其敦善行、勵名節，庶幾振拔之士，乾隆六年舉人，官四川定遠縣。

府君長子，我高祖復堂公，諱春生，字宣和。介直好學，家世傳業。以朱子小學爲始教，又益淹貫羣籍，邃心『三禮』，箸有羣經擇義。會稽梁文定公夙相欽重，及督學安徽，謂『拔萃羣士，無俟他選』，而公已膺歲薦，需次訓導，先卒矣。

晚近鮮讀喪禮，余家自一齋府君承存彝公訓，獨守禮經，而公繼之，天性純孝，慨然欲挽頹習，每對學者，拳拳斯義。及居一齋府君憂，盡哀盡制，始死如之，終喪亦如之。弔者大感，謂自一齋府君後，爲再見也。

弟雨耕公諱春田，字晴田，廩貢生。風操高峙，工詩及書，與姚惜抱先生爲交友。箸乃亨詩集八卷。

從孫肇元，號鹿坪，以廩貢生舉咸豐元年孝廉方正。粵寇至，被害，得恤廕。其學澤古深，亦不戾時，門下受業通顯者至數十人。箸周書年月考二卷。

其昶謹按：當府君時，講學者争欲易程朱之幟，而府君獨守其學不變。其後，亦有深排良知、考據之蔽者，而府君之論又不爲過激。以是，無赫赫名，遺書具在，唯一二知言君子歎慕寂莫之中耳。傳曰：『君子之道，闇然日章。』吾家子姓欲爲府君之學者，尚其從事於闇然者與？

汪尚書傳弟九十九

汪公諱志伊，字莘農，號稼門。祖諱以岱，父諱時芬，皆有隱德。乾隆三十六年，舉順天試，以大臣薦，入四庫館，敘知縣，發山西，署武鄉縣事。甫下車，革陋規，懲猾賊，清訟獄，數月大治。歷署交城、武寨、陵川、陽武，補靈石，調榆次，遷霍州知州，江蘇鎮江、蘇州知府，蘇、松、常、鎮、太督糧道，皆有聲。五十七年，擢江蘇按察。明年，遷甘肅布政。調浙江，坐事降級。嘉慶二年，復由江西按察進福建布政。具疏謝恩，上曰：『尋以汝撫閩矣。』

公自起家縣令，不二十年至開府、任封圻，凡所行，必本實心。既老，自營生壙，署曰『實心藏』。又嘗自號實夫云。

初任靈石，病催科擾累，置木阜五十，背書里分數目，以次傳遞，民争輸納。代州民孟木成殺人，已定讞，情實矣，而其弟呼冤。時公知霍州，大吏檄公往按。公至，辨其誣，平反之，衆論驩譁。太守護前失，諸原審官蠭起佐之，勢洶洶不決。於是，欽差大臣馳驛至，亦以衆持之堅，而重違之也，則曰：『孟木成爲皇上勾到之犯，何得妄釋？法當嚴參。』公抗聲曰：『皇上所勾有罪之犯，職所釋無罪之人。如必欲殺無罪者，則職揭部科文，隨大人摺去矣。』孟木成得不死，公以此知名。

江蘇漕重積敝，其規費銀出州縣者，曰漕規，曰臨倉規，二者入官；出運丁者，曰輪水次規，曰庫扣平餘，二者入官，亦入吏；其全入吏者一，曰糧書飯食規。運丁規費錢無所出，則取諸州縣之兑漕。州縣規費、兑漕費又無出，則又取諸開徵之浮收勒折。公督糧江蘇及布政浙江，念清漕政必自身始，先除規費之入官者，然後以次裁革，設科條，使輸者不困而官運充。

及再爲布政未幾，遂開府閩中。是時，海盜蔡牽方縱横海上，而泉漳械鬬及會匪風尤烈。公獨持大體，豁民欠，鋤姦儈，治縣吏諱盜之罪，嚴捕役、汛兵豢賊之誅。言者或請禁商販過海，公覆奏：『閩洋操舟業者百萬，概令禁斷，是驅之爲盜。』事寢不行。明年入覲，乞病歸。

八年，起家署副都御史、刑部左侍郎。命讞獄江西，途次除江蘇巡撫。洪澤湖衝決，淮揚水災鉅，而徐海苦旱，手輯荒政輯要授屬吏，多所全濟。

十一年，晉工部尚書，授湖廣總督。時秦蜀餘匪多潛迹兩湖，大澤中盜賊充斥。又，自乾隆戊申、辛亥大水，濱江漢州縣湮没民田九百二十餘區。公既莅任，即親駕小舟，歷漫口，審其要害，奏請治之。堵塞疏濬各數十所，建二閘於茅江口、福田寺，以時啓閉。其沙壓及不能消涸者，減則豁糧三年。工竣，圩田産穀三穗，歲用大熟。

而其治湖盜事尤神。洞庭湖周千里，環列三郡一州，所領縣八九汊港交錯，盜出没不可踪迹。公視事旬日，敕自令丞下，日見十人，周復始，閒呼一人獨見。厲使其才幹者外出按驗，給資費，輒出數十人，受記毋得漏言。於是，皆知羣盜主名、區處，彼此互證。一縣報盜，檄下各縣分捕，客寄、詭名無所匿，應時即得。盜驚駭潰散，或自湔爲良民。然後，每汊設一簿尉，百餘里一丞倅，而統以監司。長老傳：國朝二百年來，唯前總督吴公達善及公，能使居民安枕不苦盜。

十五年，移督閩浙。

初，公之撫閩也，兼權督篆。閩人黄文海素狡黠，投安南爲總兵官，挾其衆請降，許之。未至而水師别獲盜首，諸將請緩戮以招文海，公曰：『抗拒者誅，順歸者赦，律也。違常律，黠者且疑矣。』竟戮之，而文海果至，諸將咸服。

及再莅閩，蔡牽已死，公念大盜雖殄滅，而洋匪、會匪不靖，終無能治安，乃益嚴捕緝，斷接濟。海盜黃治窮蹙，縛而誅之，其黨吳屬懼，率衆六百降。故事：盜首降輒予官，公曰：「是賞盜也，盜豈有甯日哉？」奏請遣戍。連得魁率，洋匪平。閩故有「天地」、「雙刀」等會，熊毛復創立「仁義會」，作符書授張顯魯，煽誘衆。事覺，顯魯伏誅，熊毛遁。公密令甯化生員李玉衡出不意誅之，奏賜玉衡舉人，會匪亦斂迹。臺灣附山新闢噶瑪蘭地，民番流寓成聚落，因奏設文武員弁，築城建署，清甲糧，劃地界，籌生熟社番生計，使相安業。

公先後在閩踰十年，堅明約束，人亦習於其政，當官多自愛，俗尚漸樸。二十二年，予告歸。旋坐朱履中誣訐布政使李公賡芸贓私，李自盡，督撫皆罷職。

二十三年二月二十四日，以疾薨，年七十六。

公天性清儉，每按部，騶從纔數人，廚傳蕭然。嘗由制府假歸，故舊候問，令子弟侍側、奉饌具，僕從咸閉之一室。其講學，不喜立名，所至必修治書院，以興賢才爲急。當和珅秉政時，特立不依附，世尤重之。

箸近腐齋詩集十卷、文集七卷，稼門奏稿十二卷，官鑑輯要十三卷，荒政輯要十卷，學規輯要六卷，養正詩四卷，家範節韻、幼儀、蒙養約矩各一卷。

子六人。正修，以恩廕授江西廣信府通判。正榮，弱冠知名，爲五言古詩及樂府小令，風味超雋，内行甚篤，早卒，時論惜之。孫鎮光，諸生，有逸才。從孫錚，初名覲光，字叔瞻，道光二十四年，年逾六十成進士，未幾卒。其學不分主漢宋，以躬修孝弟爲本，於六書、音韻、算學皆究心焉。子先烺，二十七年進士。

馬其昶曰：李公賡芸之獄可謂冤矣。然當其爲朱履中所持，固當驗問明白，豈知其聞穢遽自縊乎？

朱履中者，險忮人也，貌樸誠。李守漳州，憂民俗械鬭，履中言當用教化，李信之，任爲龍溪令，言不讎，械鬭如故。李自率軍治獄龍溪，怒其不職，左遷履中教職，履中大憾。會虧帑金，遂誣揭道府婪索。時公爲總督，李由道遷藩司矣。故事：漳廠修船主於道司，銀未帑金七百，與履中分任之。又嘗用龍溪銀三千修戰船。先是，李率軍至龍溪，費至即縣中支付，而道償之，非贓私也。李時去任，其家人取銀履中以蕆事，未告也。及質訊，履中摭前二事爲言，家人自承取銀事有之，而李瞠不知，公由是稍稍疑之。

李故出公門，又嘗論薦其清正，事發，務欲窮竟，承讞者復持之急，李不能堪，遂死。然李本良吏，閩人德之，又優文學、交游廣，人痛其非命，故爭咎當時督撫矣。

姚辰沅姚巡撫章兵備傳弟百

姚公諱興潔，字香南，開化曾孫。少有異才，五試不薦。乾隆六十年，湖南苗作亂，單騎從軍。經略福康安公檄至鳳凰廳，協贊同知傅公鼐軍事。廳駐鎮筸，爲辰沅要地。苗突至，佐傅公捍禦，圍解，調隨大軍，奏保知茶陵州。公以苗酋雖就捕，諸寨猶負固不下，仍請隨軍。擢鳳凰廳同知，益鋭意擊賊，遂破兩頭洋大寨。上尚寨苗僞請撫，公奮然往受，傅公時爲辰沅道，知其詐，追止之，不可及。寨大雨，苗所伏火器盡溼，計敗，倉猝中散，因禽其酋歸，寨遂下。嘉慶九年秋，餘苗悉平，公策善後，首言屯田，傅公條奏其利，即任公屯事。

十三年，辰沅道傅公簡按察使，而公遂以知府銜擢署辰沅道。講武務農，威惠大著。公涉歷苗疆幾二十年，謀議輒與傅公合，以是相得，遂相與終始苗事。十六年真除，特旨褒嘉，謂與傅鼐繼美。俄疾卒，苗民上巡撫請祠，報可。時傅公已歿，因並祀之，曰『傅姚二公祠』。

姚公諱棻，字鐵松。

高祖諱文鼇，職方子也。曾祖諱士至，以嗣子善事節母，有孝稱。公少孤貧，母守節撫育，戚黨恒少助者。

乾隆二十六年進士，授湖北宣恩縣，改甘肅靖遠。興義學，立集場，造水車，教民溉田，開金石峴利行旅，民咸便之。調皋蘭，會鹽茶廳有盜殺人，不獲，執民張舉教之誣服，總督檄公覆訊，平反之。後復偕游擊捕鹽茶廳盜，得其魁。上嘉其才幹，調固原州，遷湖北安陸、武昌、施南，福建漳州等府。調福州，上曰：『漳州俗悍，難治倍福州，朕素知棻能，故任之，豈可漫易？』尋擢汀漳龍道。

五十年，授廣東按察使。陛見，上詢知公母年逾八十，苦節六十年，賜扁額、大緞、貂皮，諭令返籍迎養母，公感聖孝錫類，至於泣下。再擢江西布政使，署巡撫，建豐城石隄，以母憂去官。服滿，署廣西巡撫，授貴州，改雲南，以軍事未竣，留貴陽。俄授福建巡撫，坐前任汀漳龍道所屬虧官帑，當解任待質，仍加恩許留任。治盜嚴速，檢積案，前所犯盡破獲。以痺病乞休，卒於家。

公性至孝，母怒輒長跪。痛少時無以養，遇鄉人每落落，惟捐試資田，以培寒畯。

子覲閶，字五琦，刑部郎中。遇戚黨乃益加厚，鄉譽洽然。有卿門稿、愛春軒詩草、心影山房續稿，又輯桐城詩萃三十二卷。

章公諱攀桂，字華國，一字淮樹。性通濟，智算絶人。歷仕甘肅渭源、武威知縣，遷江南鎮江府，調江甯，所在以幹略稱。

高宗屢南巡狩，自鎮江至江甯皆陸行，詔視水道有可通者濬之。衆議：昔吴陳勳鑿句容破岡瀆，下達毗陵，六朝因之，隋始廢，今可復也。公察其形勢，以爲句容茅山岡石巨勢高，難施鑿，縱成瀆，固非閘不可儲水，勞費無已，不若從上元東北攝山下鑿烏金珠、刀槍河故道便。奏上，如議行，即以公監役，鑿瀆百里達丹徒。既成，謂之新河。御舟行甚安，兩岸編蓆列肆，拔大垂楊築之，風景如圖畫，聖心大懽。其後，商民避江險，率行新河，爲永利，公所建也。時方以蘇松糧道罣吏議，上巡至，即授松太兵備道。後迎母不肯至，遽請告歸。逾年母卒，遂終不出。

公名好士，通釋典，事佛甚精。或里居，或居金陵，家畜聲伎，又多藏前古名迹。同里姚郎中、丹徒王禹卿太守時主其家。乾隆五十年，桐城大災，出萬金以振。人謂其富能濟窮，貴能勇退。

馬其昶曰：辰沅出自湘潭，巡撫自副使，辰沅年小減於巡撫，而行輩先一世，其才略皆優也。兵備初令甘肅，時巡撫方在蘭州，爲首縣，以同官、同鄉里，事巡撫母太夫人如家子弟。即事有難了，先求見太夫人，太夫人以命子，無敢不諾。故巡撫每朝見太夫人，聞兵備先至，未嘗不惕惕也。其權以濟變如此，余聞之表叔張轂生云。

桐城耆舊傳卷十

姚惜抱先生傳弟百一

姚先生諱鼐，字姬傳，一字夢穀。名其軒曰『惜抱』，學者稱惜抱先生。當乾嘉之際，先生以善爲詩、古文辭名天下。桐城古文之傳自望溪侍郎，劉海峯學博繼之。先生少傳業伯父薑塢編修，而親受文法於學博。聰明壽考，不營世榮，以肆於學，徒衆彌盛。於是，撰古文辭類篹七十四卷，以盡古今文體之則；鈔五七言今體詩十六卷，以明振雅祛邪之旨。歷城周編修書昌爲語曰：『天下文章，其在桐城乎！』因有『桐城宗派』之目。近時，湘鄉曾文正公益推衍之，明其統系，被及數省；又以先生閎識遠抱，上以躋諸古仁聖賢人之列，而自附於私淑之徒，由是，其學益大振。

先生祖孔鋏，府學增生，早卒。二子：長薑塢編修，次諱淑，先生父也。母陳氏，雍正初進士、臨海令諱曷鑑女，旌節孝。

先生乾隆二十八年進士，選庶常，改禮部主事，充山東、湖南副考官，會試同考，得士孔檢討廣森、錢通政灃尤知名。再遷刑部郎中。諸城劉文正公、大興朱竹君學士薦入四庫館，爲纂修官，時非翰林與纂修者八人，先生及戴東原、程魚門、任幼植爲尤。著書竣，文正以御史薦，記名矣，未幾，文正薨，遂乞養歸。梁階平相國屬所親趣先生出，當疏薦，先生謝之，集中所爲復張君書也。

自乾隆中葉，海內魁儒風尚漢學，而河閒紀文達公爲書局總纂，尤喜隱譏宋儒義理之說。先生獨謂：

漢儒承秦滅學之後，各抱一經，師弟傳受，不相通曉。久之，通儒漸出，貫穿羣經，左右證明，擇其長說。及其敝也，雜之以讖緯，亂之以怪辟猥碎，世又譏之。蓋魏晉之閒，空虛之談興，以章句爲塵垢，放誕頹壞，迄亡天下。自是，南北乖分，學術異尚五百餘年。唐一天下，兼採南北之長，定爲義疏，明示統貫，而所取或是或非，未有折衷。宋之時，真儒乃得聖人之旨，羣經略有定說。元明守之，著爲功令。當明佚君，亂政屢作，士大夫維持綱紀，明守節義，使明久而後亡，其宋儒論學之效哉！

且夫天地之運，久則必變，是故，夏尚忠，商尚質，周尚文，學者之變也，有大儒操其本而齊其弊，則所尚也賢於其故，否則不及其故，自漢以來皆然已。明末至今日，學者頗厭功令所載爲習聞，又惡陋儒不考古而蔽於近，於是，專求古人名物、制度、訓詁、書數，以博爲量，以闚隙攻難爲功，其甚者，欲盡舍程朱而宗漢之士，獵枝去根，蒐細遺鉅，竊非蔽與？ 夫漢人之爲言，非無有善於宋而當從者，博聞强識，以助宋君子之所遺，則可也； 以將跨越宋君子，則不可也。

故其論學，以義理、考據、詞章三者不可偏廢，必義理爲質，而後文詞有所附，考據有所歸，一編之内，惟此尤兢兢。

告歸之年，甫踰强仕。當時已負天下重名，使循資以進，固可迴翔至卿貳，而超然高舉，不俟終日者，徒以論學不能苟同也。 自是，歷主鍾山、梅花、紫陽、敬敷書院數十年。家貧，踰八十猶資教授以生，竟卒於外。可謂大雅宏達，特立不惑之君子已！

其論文，以謂：『天地之道，陰陽剛柔而已。 文者，天地之精英，而陰陽剛柔之發也。二者糅，而氣有多寡進絀，則品次億萬，以至於不可窮。 糅而偏勝可也，偏勝之極，一有一絶無，與夫剛不足爲剛，柔不足爲柔者，皆不可以言文。』又謂：『文事所能致力者，陳理義必明當，布置取舍繁簡不失法，辭雅馴不蕪。 古今至此者不數得，然尚非文之至。 文之至者，通乎神明，人力不及施也。』蓋其學深造自得，故多詣極之言。

清約寡欲，與人處終日無忤，自然高邁。 少羸善病，及嘉慶十五年，年八十，與陽湖趙先生翼重赴鹿鳴筵宴，神明如五六十時。 詔加四品銜。 又五年卒，祀鄉賢。

所自箸書，曰九經説十九卷，三傳補註三卷，老子章義一卷，莊子章義十卷，惜抱軒文集十六卷、文後集十二卷、詩集十卷、法帖題跋一卷、筆記十卷、書録四卷、尺牘十卷。三子：長景衡，字庚甫，乾隆五十七年舉人，江蘇泰興知縣，天才超絶，有思復堂集。次師古、執雉。曾孫聲，字澄士，居貧厲節，不失世守。

馬其昶曰：宗派之説，達者所嗤。然經學貴家法，文章有承傳，湘鄉之論不忘本始，可云至厚。善哉，先生之言曰：『有所法而後成，有所變而後大。』儐張圭臬，高語『能』、『變』，匪所知已。涇包先生世臣善評書，推鄧山人、劉文清公及先生爲國朝書家之冠，故先生非獨詩文美也，其翰墨亦絶爲世重。

許胡左劉張五先生傳弟百二

許教授諱鯉躍，號春池。好學，敦信義，動止有度。師事姚郎中，爲文明辨而切於理。乾隆六十年進士，官鎮江教授。訓諸生曰：『吾司教，非止司文也。諸生之文甚美，然有克副吾教者邪？士者民之表，民有表，斯禮義興；禮義興，斯人才出。吾職雖卑，實膺化民興教之責。今願自身始，與君等相勉。』由是，諸生羣競於行，興於學。

箸春池文鈔八卷。

子鴻枚，知江蘇碭山縣，有吏能。

胡徵君諱虔，字雒君，號楓原，襲參司業從孫也。

父諱承澤，字廷簡，號蛟門。雍正八年進士，官山西靈石縣，有惠政，晚始生君。自厲於學，事姚郎中。家貧，客遊爲養。與南康謝公啓昆交莫逆，謝爲布政、巡撫，必請與偕，遂相從終始，爲代篹西魏書、小學考、廣西通志。平生勤於撰述，有戰國策釋地四卷、諸史地理辨異六卷、漢南江夏豫章三郡沿革考三卷，餘多他人主名，惟自刻識學録、柿葉軒筆記各一卷。

嘉慶元年舉孝廉方正，謝不與試。朱文正、阮文達諸公皆貽書推薦，時謂其舉足光盛典。

左復菴先生諱朝第，字筐叔，一字偉安，侍御公五世孫。

嘉慶十五年舉人，揀選知縣。亦從姚郎中學，生有忠信之質。嘗主講中州書院，李文清公棠階出其門。熟於明史，晚兼習禮，所訂家禮曰納牖編，又撰詩經緯、講史衡、全桐紀略及詩文集，罕有傳本。

族子靜菴先生諱眉，字良宇，武平公六世孫也。乾隆五十四年拔貢生。貧不廢讀，遂綜羣籍，私淑望溪，其於姚門不知曾問業否也。嘗省世父福建官舍，歸，給舟車費，留供親養，徒步返，足盡重繭。垂老，就職州判，輒棄去，挈其女夫姚元之游京師，授徒焉，大興徐松出其門。有左傳補注十二卷、靜菴詩文集八卷。

嘉慶庚午，與復菴同舉者，有胡小東，諱方朔，字翰臣。明年，第進士，由庶吉士改刑曹郎，出爲廣州知府。有果齋詩鈔二卷。

劉先生諱開，字明東，號孟塗，縣學生。

幼孤，母吳忍死自守，飢寒中僅而相活。牧牛，聞塾師誦書，竊聽之，盡記其句。塾師留之學，而許妻以女。年十四，以文謁姚郎中，有國士之譽，盡授以詩、古文法。

游客公卿，皆見敬禮，與人竭誠無隱。坐席賦詩，清麗獨絕，文名動一時。嘗游浙，過一古墓，碑題『宋處士劉開墓』，憮然自失。道光元年，亳州聘修州志，寓佛寺，一夕疾作，指浮屠頂語客曰：『視月色中，乃吾去時也。』至夜半卒，年四十。喪歸，妻倪縊以殉。

箸孟塗詩文集四十四卷、駢文二卷、廣列女傳二十卷。子繼，字少塗，有信義。偏走公卿，求刻其父書，以此，孟塗集益顯。初，孟塗所從受書而許以女者爲吴先生，諱士鼒，字待揆，縣學生。少善弓矢，喜言兵，後更折節讀書，從錢白渠問經學，而益肆力於詩、古文。箸尚友齋集。

張先生諱聰咸，字阮林，貴西兵備道諱曾敭孫也。少自矜貴，喜爲儷辭。年十六，交同里姚按察，更舍去，有睎古之志。姚郎中見其詩，歎爲奇才，遂從郎中學詩，而與劉孟塗輩爲友。嘉慶十五年舉於鄉，得覺羅官學教習，留京師。又嘗之金壇見段先生，退學音韻；之錢塘見阮文達公，退學考證。及留京師，益以其暇蒐輯漢、魏、晉、宋二十四家逸史，兼治諸經，鈔録薈萃。以勞，喀血卒，年三十二。箸左傳杜註辨證十二卷，經史質疑録二卷，傅巖詩集四卷，漢晉逸史未成。

又有章完素，諱甫，字子卿，乾隆四十四年舉人。精説文訓詁之學，爲金壇段懋堂、歙程易疇、武進臧西成所賞。亦嘗學古文於姚郎中，箸如不及齋文鈔。

馬其昶曰：海内箸籍姚門知名者甚衆，曾文正公序歐陽生集詳矣。先生論學，兼義理、考據、辭章三者，士從其遊，率皆文質並茂。其在鄉里，植之、孟塗、石甫三先生最著，因有『小方劉姚』之目。方姚自有傳，今復略載於此，不能悉數也。

馬魯陳先生傳弟百三 子工部

吾家魯陳先生諱宗璉，字器之。

曾祖諱棠臣，有文學，考授州同知，不樂仕進。祖諱澤，字根香，乾隆元年舉人，知陽信、長清，皆有迹。父諱嗣綽，字儀顓，篤於孝友。三世皆喜施，人稱爲德門。

先生少從舅氏姚郎中學，通古訓及地理沿革。乾隆五十一年鄉舉，以解論語『過位』、『升堂』合古制，大興朱文正公亟拔之。入都，得交同輩名人，苦研講習，聞見益博。嘗以古訓散見載籍，尋檢不便，乃偕阮尚書元、孫觀察星衍分韻編録，未竟，南返。其後，尚書視學兩浙，卒成之。今經籍纂詁凡例，猶昔與先生手訂者也。畢尚書沅修史籍考，延先生分纂『史學部』音義、評論，『編年部』斷代、曆表，『譜牒部』專家、圖畫、年譜諸門。輯録將竣，會周總憲興岱督學粵東，禮致幕下，所至興起古學。既，以大挑二等署合肥、休甯教諭，補東流教諭。嘉慶四年，會試中式，又三年而歿。

生平敦實，躭思撰述，不以世務經懷。嘗補注左氏傳，徵引漢晉諸儒之説，不苟立同異，論者謂足與顧亭林、惠定宇兩家之書相表裏，阮文達公彙刻之皇清經解。他所箸有毛鄭詩訓詁考證、周禮鄭注疏證、説文字義廣證、戰國策地理考、漢南海鬱林蒼梧合浦四郡沿革考，多散佚，鮮有傳本，校經堂詩一卷，刻於馬氏詩鈔。

子瑞辰。

元伯先生諱瑞辰，字獻生。

嘉慶十年進士，選庶吉士，改主事，再擢工部營繕司郎中。凡部中案，事無大小，必據成例，猝難省覽。先生英年積學，既入曹署，懲吏胥舞文積弊，日夜發憤讀律，遂精熟律文，能背誦，老吏皆憚驚。尚書蘇楞額嘗有所持，部中署名惟謹，先生獨不可，奏上，果致駁斥。由是，一部事皆取決。然先生亦卒見忌，遂再蹶不復起矣。

初，坐察辦寶源局匠人滋事，請罪其犯首，上官宥不罪，因同以失政體被議，發盛京效力。旋賞給主事，曹文正公振鏞奏留工部，擢補員外郎。道光二年，承辦太廟工程，薦郎中。納爾經額料工，同部某訐其不實，經内務府核算無失，納爾經額得不坐，而先生罷職，發黑龍江效力，未幾釋歸。

歷主江西白鹿、山東繹山、安徽廬陽書院。粤寇陷桐城，駡賊死之。事聞，贈道銜，建專祠。三子，長建勳，雲南同知，而次星曙、次三俊及孫登瀛同死寇難，俱從祀。

初，寇陷縣城，先生避居山中。賊至，衆驚走，先生據案讀書不輟。勸之降，叱曰：『吾豈降賊者邪？吾且命子團練殺賊！』賊怒，火然其髮，擁之行，駡愈厲，遂刃之死。然先生爲人，故渾厚無怨尤，及臨大節，不屈若此。

先生少傳父業，爲訓詁之學，嘗謂：

詩自齊、魯、韓三家既亡，説詩者以毛鄭爲最古。據鄭志答張逸云：『注詩宗毛爲主，毛義隱略，則更表明。』是鄭君大恉，本以述毛，其箋詩改讀，非盡易傳，而正義或誤以爲毛鄭異義。鄭君先從張恭祖受韓詩，凡箋訓異毛者，多本韓説。其答張逸亦云：『如有不同，即下己意。』而正義又或誤合傳箋爲一。毛詩用古文，其經字多假借，類皆本於雙聲、疊韻，而正義或有未達。

於是，撰毛詩傳箋通釋，以三家辨其異同，以全經明其義例，以古音、古義證其譌互，以雙聲、疊韻別其通借，凡三十二卷，已刊行，又刻入續皇清經解。

并時，長洲陳碩甫治詩專宗毛，先生蓋以己意出入毛鄭，而胡墨莊氏則範圍稍廣，要皆爲專門之學。由是，世之言詩者，多推此三家之書。

馬其昶曰：桐城自方姚後，學者多喜言文章義法。别有密之方氏父子，號爲淹雅，其傳不盛，然方氏亦不純於經。姚薑塢編修爲學務徵實，精讎校，近漢京矣，顧不喜箸書。惟吾家二先生篤守師法，兩世傳經，於吾邑學派蓋微别云。

吳晝溪先生傳弟百四

吳先生諱詢，字重約，一字湘麓，號晝溪，縣學生。工詩文、隸楷，博述古誼，精通性命之學，研窮易圖象，依朱子，益推衍之。其説有：『六對』、『四分』諸爻各變，皆前儒所未發。歷游齊、魯、閩、粤、豫章、錢塘，登匡廬、武夷，以探覽古聖賢棲息之迹以歸，學益精博，弟子益衆。

其言曰：

與人並生天地閒者，雖孩蟲，天地視之皆其子，自人視之，皆其兄弟之顛連無告者。彼愚而人知，彼弱而人强，彼苦而人樂，彼賤而人良。憫之憐之，寘其所而安之，因其危而護之，兄弟之至情也，天地父母喜也；　戕而害之，暴而虐之，天地父母之所怒也。　尺土生蟻，尺水生魚，天地好生而已。　王者與天地合德，極於鳥獸魚鼈，咸若爲宰相燮理陰陽，匹夫啓蟄不殺。

又曰：

無井田而有井田，莫善於積穀，由升合以至於三年之畜，六年、九年，家可使富也。由家而天下，天下可使富也。　賈生曰：『古之治天下者，至纖至悉。』充太倉者粒之積；　亘萬古者刻之積；　滄海不渴者，涓滴之積；　聖人神明不測者，謹小慎微之積。吾觀寒暑之往來，而得治生之道焉。　陽不生午、生子，陰不生子、生午，漸也、豫也。　詩曰：『四月秀葽，五月鳴蜩。　八月其穫，十月隕擇。　一之日于貉，取彼狐貍，爲公子裘。』御寒也，始於四月。　吕叔簡之完國課也，先歲而備其植。

又曰：

利井田也，名學校也，宇宙惟名利不朽；　名利毁，聖人之經綸息矣。　求小名而昧實效，見小利而忘大害者，名其名，非聖名；　利其利，非聖利。　名，實之名也，舍實無名；　利，義之利也，舍義無利。　用天之道，因地之利，謹身節用，以養父母，立身行道，揚名於後世，以顯父母，夫豈無實之名？ 鄙細人之利？

蓋其言多創獲如此。

凡箸四書講義十卷、矩軒周易五卷、易象三卷、畫溪逸語七卷、雜記七卷。

妻方亦博學工文辭，有屏山閣詩四卷。

子：杭，歲貢生，有勉堂詩集； 向晨，縣學生，有蘭雪齋集。

先是，縣人隱居研易以終身者，有：

張先生諱瓆，字越萬，縣學生。購書萬卷，披覽不輟。箸周易九圖淺説，及步天、經世、返觀、臥遊諸集。

王先生諱化，字高山。箸安玩新書内外編，據『元會運世』之説而衍之，由象數而推見大原。晚更名嵩，自號遯齋，亦曰天山人。

方先生諱于濟，字民懷。家有月到樓，頗富藏書，盡發而讀之。精天學推步，尤喜探宋儒義理之説，玩心高明，不求聞達。年八十二，自知死日。平生話言所及多奇驗，人謂其能前知也。

楊先生諱嘉，號曦齋。箸周易困學録四卷，紬繹象辭，多有心悟。

馬其昶曰：晝溪逸語雅馴可誦，余家藏一本，後失去，每用爲恨，今録存數則。其易注及張王書皆無傳本。方先生於易深矣，然而不言易，未嘗爲注。曦齋困學録箋疏叢碎，其族孫椿年，字蔚喬，董理之，並以己意爲補注，可繕寫。蔚喬以耆儒賜進士，國子監學正銜，與余善。

唐胡疏王鄭江六孝子傳弟百五

唐孝子諱朏，字錢兩，號三自，縣學生。父諱時烈，有任恤之行。孝子一夕在外聞父疾，冒雨涉麻溪大河，入門，父已歿，自悔恨，終身不嘗酒肉。一意事母，入寢門，必面母進退。母患頭疾，或言白槿花鮮者可治，時隆冬，不可得鮮者，禱於神，得一枝傅氏籬下，果效。乾隆十六年八月，母病甚，孝子刺血寫疏，願代死。晨起，告兄曰：『吾得請於帝矣，當侍亡父地下，老母惟兩兄任之。』遂死。母尋瘳，壽至八十一。道光四年，祀忠孝祠。

子衢，字景雅，性强記，蓄書數萬卷，終日纂記不輟，箸漁莊詩草。

嘉慶初，又有唐維純者，亦以孝行旌。

胡孝子諱其愛，字汝彩。

家世微，傭力以養母。母遘疾偏枯，自臥起以至飲食溲便，皆賴孝子。每晨起，爲母盥沐、烹飪，乃出傭。其傭地稍遠不及炊，則付勺米鄰媪代爨，爲下拜，媪辭拜，即行數里遥拜焉。夜歸，自浣滌中裙穢汙。孝子衣履敝垢，而時致鮮肥供母。其在傭家，舍肉食遺母，人分餉之，不受。村鄰有伶優之劇，必負母遊觀，藉草安坐，至夜半人散，復負還。孝子以貧故不娶。

母以雍正八年病，至乾隆二十七年以天年終，孝子事母前後三十餘年。母殁，即墳旁挂片席而居。逾年，以毁卒。

疏孝子諱自悦，字孔王，號仿晉。

少喪父，聞鄰子呼父，悲不自勝。見母哭父，即又忍淚娱母，時孝子方六齡也。出嗣世父，從塾歸，輒趨田代父耕。少長，課徒營養。及本生母殁，合葬邊家山麓，與嗣父墓相近，廬墓側五年。往墓涉澗，山水暴至，漂流里許，若或助之，卒得起，歐水數升，遂如常。母生畏雷，每聞雷聲，即詣墓號曰：『兒在，母毋驚也！』素不工繪，親歿，追思音容，繪之宛肖。嘉慶二十四年，得旨旌表，建坊石溪。

其從子昌會，字騰霄，號雲亭。從孫純生慕其風，事親皆孝。人謂疏氏孝子萃一門也。雲亭善書，後生以爲楷則。

王孝子諱晸，字日華，號曉村。

母素咯血，七歲時，或戲謂：『若能飲血者，病即已。』俄而母歐血升許，孝子就伏飲之，母遂愈。歲大疫，父母皆臥牀，醫避疫弗至，孝子涕泣呼天，兩眶血出，漬衣襟盡赤，父母竟亦無恙。一日侍寢，聞父有怒言，遂長跪達旦，父未之知也。年二十，爲諸生，巡撫某公重其孝，禮爲上客。屬吏有私饋，峻辭卻之。親歿，歲時詣墓門，涕泣上食。父嗜筍，或讌會座上見筍，未嘗不流涕。

年七十一卒，祀忠孝祠。

鄭孝子諱連，字韓浦。

以主簿官浙江，外艱歸，持喪甚哀。一日，室東鄰火，延及門，父殯在寢，號泣呼救，火益烈，門左右屋俱焚，去寢丈餘。衆强之出，孝子以柩在，不肯出，匐伏柩上，冀以身膏潤柩。俄西北風起，火遽息，室柩俱無恙。

咸豐三年，粵寇陷城，駡賊，被刃死。

江孝子諱謨，號慕田。

生而白眉髮。亦以家貧傭里中，縮其食直，僦一椽奉母。薄有餘，則以施人。母苦節，病目失明，戒食葷，孝子亦戒食葷。母年九十七，孝子事母五十餘年，凡可以致母歡者無弗致。母老健，每歲時會姻黨，布衣潔暖，竟日懽笑，尤喜爲人稱『吾家阿白』云。

初，孝子之傭也，作必晏，息必蚤，傭必視他傭倍。傭之家皆曰：『作之晏也，若非婾也，爲若母之朝饔也；息之蚤也，若非怠也，爲若母之夕飧也。且若傭視他傭倍，吾何求多？』以故，孝子傭里中，非遇母疾無虚日。

有兄遠遊不歸，孝子念己業微而形棄也，遂不娶。每日黎明，詣城隍神祠禱三事，數十年無間：一祝兄還；一江湖行人無風險；一祈歲穰。

道光二十五年，年九十二，無疾終。鄰有見儀從甚盛至其家者，故傳以爲神云。

先是，道光初，其甥鹽場大使馬培章上其孝行，得旌如例。

馬其昶曰：吾邑自明迄今，以孝旌者三十餘人，其未及上聞者不與。士貴能自盡耳，不以名顯晦殊也，幸而褒異，又紀載不詳。凡吾之書，所以表前烈、法後來，故事實不具者，皆從略云。

義士趙君傳弟百六

趙君諱瓏，號雨亭。性倜儻，有義槩，然諾必信。乾隆五十二年，過大名丞葉暘曉山署。甫逾月，曉山緣事戍伊犁，童僕皆散走，曉山父母老且病，痛子孑身投荒，日夜泣。君與其父中表也，奮曰：『與人共安樂，不共難，非義也。吾雖老，尚堪一行。』躍馬偕往無難色。既至，將軍愛曉山才，置幕中，甚得。君乃告歸，曉山泣，君曰：『勿爾！吾當再來，不使汝久懸懸萬里外也。』

歸一年，曉山母卒，君踐前諾，且往慰喪。比出關，聞曉山隨將軍移駐塔爾巴哈台，改轅而北。將軍聞君至，降階執手曰：『君誠義士，果來矣！』以此，趙義士名著關外。及將歸，將軍厚贐之，念其垂白之年，往返五六萬里，行荒徼，俾與貢馬使者俱。

先是，有葉椿者，曉山同族也，以監糧事久戍伊犁。君再出關，椿母附寄子書，致金。伊犁在烏魯木齊西，塔爾巴哈台在烏魯木齊北，相距遠，阻絶。君歸，路出呼圖壁，遇巡檢陳君栻，陳亦皖人也，因迹椿，則死久矣，君愀然曰：『椿家無三尺童，老母日夜望子歸。今椿死，羈魂異域，豈不傷哉？且以金附我者，爲能致之也，義不忍空返其金，令椿骨終不還故里。顧金少，計吾橐中資猶不足。』遂稱貸於陳，迂道八千里，載其柩以歸。

其後，嘉慶時又有都君之事。

都君諱起豐，字懷友。始生，而父及親支同客遊秦，君留依母。未幾母卒，父以客死，則就鞠於外家，方五齡耳。隨羣兒樵採，自是傭力三十餘年。薄有貲蓄，居常與其妻泣，以不得歸父骨爲痛。因告貸往，徒步二千里，覓得父骨，載以歸。至中途，夜若聞有哭聲嘈囋相隨行，因悟而泣曰：『某歸，若能自存者，當復來迎叔祖父暨羣伯叔柩返矣。』祝畢而聲息。越數年，果徒步復往，盡取叔祖父母等八柩，改斂其骨以歸。

初，君早孤，不能省其祖墓，乃傭於其山下，一年，始得諸麥隴中。又，他塋域爲豪宗所侵葬，君踵門哀求，人感其誠，遷焉。而君少所嘗就鞠外家者，已衰薄，其柩久淹不舉，輒購地葬之。

君子曰：迹君所爲，多在親喪追遠之事。詩云：『孝子不匱，永錫爾類。』此之謂也。馬其昶曰：莊生有言：『以人屬者，迫窮禍患害相棄也；以天屬者，迫窮禍患害相收也。』夫所謂天屬，亦以其性分之通耳。古人一言之誠，相許以死，豈必父子兄弟爲天屬哉？友列五倫，聖有明訓。觀於趙君，足以敦澆俗、厲風紀。

姚總憲光布政徐陽城傳弟百七

姚公諱元之，字伯昂，號廌青，又自稱竹葉亭生。高、曾兩世名宦。父諱原綬，六安州學正。公舉嘉慶十年進士，授編修，入直南書房。宣宗朝，由翰詹簡用卿貳，歷户、兵、刑侍郎，晉左都御史，以言事降補内閣學士。自通籍後，從容文翰，朝望甚美，歷主陜、甘、順天、江西鄉試，一爲會試同考，一督河南學政，又督浙江學，未終内召。課士嚴而有鑑，武陟李文清公，其所拔識也。道光末，海氛初起，即疏陳廣東形勢可力戰，請速弭巨患，與總督林公則徐意合。柄用大臣或不便，遂告歸。年七十七卒。

初，問學於族祖姬傳先生，工詩畫，其八分書類漢曹全碑，世尤珍之，多記舊聞國故。

闢小園京師，日戴笠遊竹石閒，顔曰『君子世界』。箸竹葉亭筆記十卷。

同時才而不遇者有：

史培，字蘭生。能左筆書，落拓自喜。初任鹽經歷，坐事免，居京師。嘉慶十四年萬壽，集聖教序、迴文詩二章，右筆楷書，左筆臨聖教序帖進呈，蒙錫服佩。十六年，西巡五臺，復畫竹，集蘭亭記題詩以獻，詔以縣丞用，補蘭谿。有餘事詩集、南坡詩草。

方諸，字墨卿，號勿菴。善談名理，爲制舉文有盛名，嘗刻行。後入鄉闈，自録舊篇，主司賞異，置弟一。會他卷亦寫其文，坐雷同斥，以歲貢終。人謂其門下登第者，幾與持衡典試者埒。箸有嶺南集。

又，廩貢生方葆馨，字召青。亦工制舉文，嘗主陝州書院，有詩集。

光公諱聰諧，字律原。

祖諱策，字菉漪，幕游州縣，司錢穀，一以寬大佐治。父諱復，稱長者。

家窶貧，公少時，嘗借書，冬夜籠火，讀至旦。嘉慶十四年試禮部，房考李公宗昉校閲經義，驚其淹博，謂：『卷隸安徽，非婺源齊彦槐，即桐城光君也。』榜發，果然。

選庶吉士，簡静自守，不事干謁，時人語曰：『冷何來？光聰諧。』改刑部主事，典試貴州，再遷郎中，外擢湖北荆宜施道。江水漲溢，被災民索振，環知府譟，頗窘辱。公聞，即屏輿從，自出慰諭，衆情大懽。數年，江水復溢，決隄三百餘丈，因請帑興築，自臨視，隄工牢堅。

公爲人讓退，由福建按察再遷甘肅布政，上曰：『甘肅無巡撫，總督楊遇春武人，吏治汝好爲之。』既至，虚心與楊公爲助，衆職修理。調直隸，遽引疾歸。

性喜遊覽，嘗登泰山，躡華山，又偕陳碩士侍郎登鼓山屴崱峯，望琉球國如黑彈丸焉。博學，精天算，聚書三萬餘卷。箸稼墨軒詩文集十二卷、筆記十卷、易圖説一卷。又嘗搜集鄉先輩撰箸百數十種，爲龍眠叢書，刊未竣而亂作。

弟聰訥，字敏之，後更名朝魁。道光六年進士，爲陝西蒲城令，卒官，民皆趨哭。

聰誠，字存之，諸生，議敘太常寺典簿。兩兄皆仕，獨留持家政，事兄如嚴父。喜爲詩，有閑齋詩集。子熙，字稷輔，咸豐九年進士。學顏魯公書甚有名，由部曹改御史，出守永州卒。女進瑗，能作擘窠大書〔一〕，不嫁，留事父。父卒，以身殉，旌孝女。

徐公諱璈，字六襄。

其先元至正中由婺源遷桐城，十四世祖諱良佐，當元季，以進士至陝西左布政使。父諱之柱，少孤貧，育於外家。既長，辛勤治生，孝友剛介，家人憚焉。長子眉，字六階，工爲文，鄉舉，早卒。公，其季子也。以父母慟傷兄，益自刻厲。

嘉慶十九年進士，授主事，以母老，改外補浙江壽昌縣，開種山地，興書院。調山西陽城，蝗大起，民畏蝗以爲神，因取食蝗，示無畏，民乃敢捕蝗，撲滅。修葺文廟，依古製籩豆、琴瑟之屬，以樂章協宮商歌焉。居陽城六年，引疾歸，民立祠祀之。嘗曰：『性不隨時，才不周務，不堪世用也。』因自號樗尹云。

行事率胸臆，不能伺應顏色；喜求民隱，與長官争是非。

歷主亳州、徽州書院，自少至老，纂述不輟，人服其精博。箸詩經廣詁三十卷、牖景録六卷、河防類要六卷、黄山紀勝四卷、樗亭文集四卷，又選鄉先輩詩爲桐舊集四十二卷，皆刊行。

方先生諱于穀，字石伍，嘉慶閒歲貢生。築室龍山之幽，號曰拳莊，自以方氏風雅舊家，慮先世篇章散佚，勤事蒐輯，成方氏詩鈔數十卷，並自撰拳莊詩鈔十餘卷坿之。

吳金圃，諱希庸，諸生，嘗偕方秀才林昌字復生輯桐山名媛詩鈔十一卷。

馬其昶曰：嘉道閒，總憲起家清要，屢典試事。自公没，縣人爲京朝官者遂無有顯仕。布政、陽城學爲通儒，又皆惓惓先輩述作。桐舊集刊未半而陽城卒，先通判公續成之，兩朝作者之詩略備。龍眠叢書刻九十餘種，布政遲慎，貪搜訪，欲取成數，不意寇卒至，並原稿俱燼，惜哉！是皆吾邑文獻隆替絶續之所繫也，故並論之。

李布政姚大定傳弟百八

李公諱宗傳，字孝曾，號海颿。世居東鄉龍城山，避家難，遷廬江。年十二，父泣誨之曰：『兒他日居官，有不廉者非吾子矣！』

嘉慶三年舉於鄉，歷權浙江麗水、平湖、瑞安、建德、平陽等縣，補上虞。所至求民隱，刈豪强，益務平反沈獄，以少遭冤累，不忍及吾身復使民冤也。初任麗水，結陳案未結者七百餘事，一時號曰『包公斷』。公爲人美髯，寡言笑，民畏之，因以配宋孝肅包公。助資河工，敘知府，除浙江督糧道。道光三年，杭、嘉、湖三郡大水，災鉅，公請奏減漕糧，建言：『浙西諸水源出臨安天目山，而其尾閭下注，實同匯吳淞江入海。必宜江浙兩省通籌疏濬。』大府深然之，奏請會辦，水患以平。

坐公事降調，已而程公含章奏薦，仍以知府用，選永州。永州爲大儒周子故里，首葺濂溪書院，纂郡志，崇節義，廣種植。

遷四川成緜龍茂道，累攝鹽道、布政使。十三年，峩邊屬猓夷降復叛，勢張甚，總督長白鄂山既劾奏提督楊芳檄公馳往察辦，公上言：『四廳之夷，環山爲巢，耆利頑鈍，愈撫愈囂。去年添設防兵，夷轉四出焚掠，甚至攻營壘、窺廳城，略無憚忌。雖一廳之事，實四廳安否所繫，不可姑息貽患。』乃建三道進剿之策，倡助軍需五千金，治兵選士，聲威大振。方三道大軍之未至也，公先以計誘降十三支夷，縶之，剋期令還所掠男婦，有業者復之，無者資給之，又縱俘使歸諭威德。夷猶豫，計未決，於是大軍由冷磧闌逼老林巢藪，大破之於石門坎，斬級四百，生得數百人，燬賊寨二百餘所，夷落悉平。

論功最，賞花翎，擢山東按察。大盜劉二鞍子有名馬，日行二百里，公至，捕得伏法，羣盜遠迹。

遷湖北布政，年七十餘矣，遽引疾歸而卒。

公耆學不倦，少時讀太史公報任安書，感親遭家難事，倣之作記，抱犢山人見而憐之，授以學。山人諱僊枝，遊海峯門，學其詩而似之，孤介自喜，時時出遊，姚郎中誌其墓，於公爲伯父行。公既受學伯父，復從郎中遊，學益進，尤肆力古文辭。受事無趨避，嘗曰：『我欲其甘，誰當任其苦者？』殁後，遺書數萬卷，外無長物。箸寄鴻堂詩集八卷、文集十卷。

子景枚，有異才，以諸生官知縣。

姚公諱柬之，字佑之，號伯山，開化六世孫。性恢奇，多大言，人誚之不怍，益自喜。少落拓，遊京師，無所知名。應天文試，臨試定親王奇其體貌，呼前問姓氏，睥睨對曰：『江南姚柬之也。』王曰：『狂生耳，入之。』録取天文生。

已而棄去，就科舉。道光二年成進士，選臨漳縣。母憂服闋，改廣東，補揭陽，遷綏猺廳同知，署肇慶府事。用大臣薦，擢貴州大定府。負氣敢爲，大吏寖不悦，遂引疾歸。

公少受學姬傳先生，思撰述發名，及屢任煩劇，竟以吏能顯。

初在臨漳，漳、衛、洹蕩並漲，漳水東徙抵内黄，入衛縣，公聞災即賫糧馳往，不待勘報，謂：『棄一官，可全萬人命，吾何惜？』

在揭陽，民俗桀悍相讎殺，乃至强者不輸賦，勒税商賈，官懼激變，率不問。公至，下教曰：『吾治斯邑，不愛官，不愛錢，不畏死，有梗吾治者鋤之。』乃搆崇臺西郊，上揭條教，建大旆，示與民更化意。設筵席，召父老俱會臺下，辭畏饑不敢來，則使人導之來。示以條教，悉和解而散。

邑有下灘、錢坑，皆險峻，出不意禽盜魁於下灘。其盜積犯案十八，乃召諸被害家及士民環觀，擊以礮十八發，如其案數，諸被害家皆感泣。又有姦民居錢坑，抗捕不出。故事：抗捕即火其廬，空其積聚。公戒毋得焚毀，駐河干，書示耆老，限日來見。再往召，耆老至，請官獨入村，許之。明日入村，一一慰勞開諭，耆老皆流涕，願效死，復返河干。越日，果得姦民，置之法，威信大著。民不納賦者三四十年，至是皆納。

其先後所莅郡邑，爲治皆此類也。

初，漳水災，大庾戴相國奉命勘漳河，或議復故道。公在臨漳，考全邑皆故道，故道不可復，著漳水圖經一卷。及在連州，以乾隆閒綏猺始設官，其時連山尚爲縣轄，疆域錯處易淆，因創爲綏猺廳志四卷。俱刊行。又箸易録七卷、伯山文集八卷、詩集十卷。

長子世恩，字孝寬。多膽略，參戎幕，敘勞補贛州府經歷，代理定南廳。出巡村堡，賊突至，遇害。

馬其昶曰：會稽宗給諫稷辰，布政門下士也，言公征叛夷雖出奇有功，乃嘗不自慊。甚矣！任事之難，賢者不能無悔。余謂禍亂之萌，非痛懲之以死，不足懾後矣。若夫邊地小夷，等之化外，區區以計取勝，傷吾仁恩，公之爲悔其在兹乎？大定戮一懲百，所取不多，非若兵端，造謀之宜慎也。布政成功，用濟一時，其仁心悔艾尤無窮矣，此其所以賢也。

姚按察傳弟百九

姚公諱瑩，字石甫，一字明叔，晚號幸翁。少孤貧，有大略，慕賈長沙、王文成公之爲人，盡發其曾祖編修君遺書數百卷，徧讀之，而師事姬傳先生爲詩、古文辭，有名。嘉慶十三年進士，授福建平和令，調龍溪。民俗健悍，械鬬仇殺無虚日。公曰：『此亂國也。』悉縱舍前所犯不問，召徠鄉民，人人得見令言事。更選年少材武壯勇者養之，使禽取巨惡。縛置數人，郭門榜其罪，立斃之，縣中震栗。復親巡行田野，勸農課學。一時，棄刃修和者七百餘社。總督董文恪公推其治行閩疆弟一，由臺灣令權海防同知、噶瑪蘭通判。忌者遂摭他事中之，褫職。以任噶瑪蘭時獲盜，引見復官。丁父艱歸。父諱騤，字襄緯，號春樹。家貧，客遊爲書記。性嚴耿，有閎識，執義抗諍，不避貴勢。

就養官署，逆民朱蔚糾衆謀亂，先事破獲，道府忌其功，曰：『是病狂耳，安有反者？』公將爭之，訓曰：『毋庸。臺灣數反，屢勤大兵，居民塗炭，噶瑪蘭新闢之地，尤易蠢動，今未起而幸獲破散，所全大矣！以律誅之固當，然吾不願女多殺爲功也。若以病狂抵誅，罪止一人，不亦善乎？』時鎮軍頗不直道府，聞公述父訓言，咨嗟而止。

服闋，改江蘇，知金壇縣，歷元和、武進，擢高郵州，轉兩淮監掣同知，護理鹽運使事。先後所事大吏，如武陵趙文恪公、安化陶文毅公、侯官林文忠公，皆天下名臣，爭薦公，謂可大用。

十八年，特旨命爲福建臺灣道。

當是時，海疆事起，林公以大臣駐粵，絶夷通市，尋授兩廣總督。夷兵犯粵不得逞，則犯浙江，陷定海，又以兵船至天津要撫。庭議驟改用琦善督粵，林公得罪去。夷益猖獗，天子震怒，而中外大臣一意罷兵求和，東南郡縣望風潰，而福建廈門亦告陷。

先是，公至臺灣，獨與總兵官達洪阿陰爲戰守計。二十一年八月，夷既陷廈門，遂窺臺灣。駛至雞籠海口，副將邱鎮功擊折其桅，海水驟湧，夷舟衝礁輒碎溺。九月，夷再至，卻之。明年正月，夷舟三犯大安港不得進，游奕於口外。於是，公等計募漁舟與夷舟，漢姦操土音，請任鄉導。入口，擱淺中流，官兵鄉勇乘之，大敗夷兵。兩次破舟，生得白夷、黑夷百數十人，收前所失甯波、廈門礮械、軍册甚衆。捷聞，得旨嘉賞，詔錫公雲騎尉，進二品秩。夷時搆姦民煽亂，海盜亦竊發，皆即獲誅，由是一方屹然，然卒以此譴。

方夷分兵窺臺灣，而全隊駛浙江，再陷定海，入吳淞，兩江總督牛鑑遁走，遂陷鎮江，進逼江甯，東南大震，旦夕議款求息事，未幾而遂有鎮道冒功之獄。

臺灣故隸福建，以懸隔大海，加兵備道三品銜，得與鎮臣專言事。雞籠、大安之捷，飛章入告，總督怒；而廈門失守，及江蘇諸主款大帥皆忌臺灣功。初，夷犯臺灣，留兵鼓浪嶼，欲兼踞臺廈二港以通粤浙，於是，公與達洪阿公奏稱：『俘夷解省，隔鼓浪嶼，勢不可，且夷兵懼猝至，請便宜誅之，絕内患。』制曰可。鼓浪諸夷酋聲言刼俘，總督聞之懼，飭速解俘内地，公等謀曰：『大府意欲德夷，退鼓浪嶼兵耳。兵不可退，先示弱，不如殺之。』夷酋憤甚，總督聞益懼。是年七月款成，乃飛檄釋其餘俘九人。夷酋亦自遣其屬來請，乞公登舟，率兵持械列礮待。或止公勿往，公曰：『不往，且示怯。』卒登舟。夷獻酒一甌，交驩而退。夷酋濮鼎查既得餘俘，則復訴鎮道冒功，妄殺遭風難夷。流言起，大帥遂相繼糾彈，逮問入都。公與達洪阿公約：義不與俘夷質對，即自引咎。然上亦心知臺灣功，入獄六日，特詔以同知知州發四川。

既至，謁總督某，問曰：『若官臺灣久，彼亦有所産乎？』公曰：『臺灣地瘠，惟産米。』曰：『吾聞産金。』公正色曰：『某仕宦三十年，不知有此。』總督遂心甚公。會西藏兩呼圖克圖相争殺，檄公治之。出打箭鑪，經山谷，冰雪中往返六七千里。事竣，復責令再往，且劾以畏難規避。久之，始令補蓬州。二年，引疾歸。

文宗御極，黜大學士穆彰阿，起用總督林公則徐，下詔宣示中外，並及：『達洪阿、姚瑩，前在臺灣，效忠盡力，而穆彰阿等妒其成功，陷之。』於是，以湖北鹽法道起公於家。未行，擢廣西按察使，參大學士賽尚阿軍。

是時，廣西寇起，天下士大夫見林公及公等復出，皆喜。已而寇蔓延，由廣西浸尋入兩湖，而公之言卒不得一用，至憂勞以卒。卒後十餘年，而粤寇始平。

初，公至粤，大帥以爲翼，長寇踞紫金山爲巢穴，將就擒矣，公上書言：『流賊如水，必環攻以斷其逸。』不納，寇遂竄永安。公憤軍政弛，請斬一僨事將，復不納。憂懣無計，因請自督戰。時諸將惟都統烏蘭泰忠勇有謀，向提督榮亦名將也，握重兵，與都統不相能。公先後致書二人，引汾陽、臨淮事爲喻，提督意不可解。寇之竄永安也，精鋭盡在水竇。水竇者，永安東北之隘也。時都統軍西南，提督軍東北，合滇、黔、楚、蜀軍總四萬餘，水竇寇數千，又屢敗衄。公議：拔水竇，必一由黄村入，一由佛子村入。都統亦主擊水竇，絶寇外援，遂進駐佛子村。約提督來攻，由黄村入，提督不從，自由龍寮嶺進兵。敗，復議開水竇一隅縱寇逸，追擊之。公上書幕府，力陳縱寇追擊之失。大帥意方主提督，不聽，寇果逸出。圍桂林，都統戰死。寇益盛，陷興安、全州，至湖南，據道州。公隨軍湖南，奉命權按察使。時已被疾，猶日夜憂念軍事。即有謀，又不見用，疾愈甚。會岳州陷，巡撫張公亮基來問疾，因告之，公推案罵曰：『事皆壞於庸臣！』是夕遂卒，年六十八。祀鄉賢及蓬州名宦。

箸東溟文集二十六卷，奏稿四卷，後湘詩集二十一卷，東槎紀略五卷，康輶紀行十六卷，合寸陰叢録、識小録、姚氏先德傳及遺稿、遺稿續編，都九十八卷，爲中復堂全集。

一子，濬昌。

竹山公諱濬昌，字孟成，號慕庭，晚號幸餘。

少孤，避寇亂江西，求微禄養母。以公事謁曾文正公安慶，文正閱謁狀，問知名家子，留之幕府。見其詩益喜，令從獨山莫子偲先生學詩，奏薦爲知縣。親課其文，平第之，謂『異日必循良也』。

補江西湖口，調安福，一以慈利爲政，不諱衆取名。而安福三任，凡再至，民尤德之。中間嘗棄官奉母，屏居十三年。槖金少，賣先世遺田；田且盡，不能供養，乃再出。母逾八十，終於安福。服除，謁選得湖北竹山，調南漳既一年還任，遂卒官。性不樂仕，其始出以禄養，繼徒以貧，及卒，竟無以返櫬。有竹谿人王志瓊者，賈於竹山，慕其廉，具舟送之。

生平耆易、禮、通鑑及朱子書，而不輕撰述，有慎終舉要、鄉俗糾謬、鄉賢續録各一卷。其於詩有天得，沖澹邈遠，稱其爲人，自訂集十二卷，詩續集九卷。瑞安孫琴西、江甯汪梅村、武昌張廉卿、同縣吳至父諸先生皆推服之，以爲今世希有。

五子：永楷附監生，早卒；永樸、永概，皆舉人；長女適其昶；次女適通州范當世。其治身、論學、爲詩，諸子及女壻等，各以所性師而承傳之。

馬其昶曰：公負氣忼慨，好義出天性，不爲握齱小謹。族親貧者數十家，恆資之舉火。竹山繼之，至今長老仍喜述其施濟事及治術。文章之美，余不書，書其大者。當道光前，交通之事未興，中外政俗大異，彼此未能知。士大夫賢者則持自昔尊攘清議；其恇怯者畏敵如虎，亦非知其情實，徒憒憒爾。今外交乃始明白，而國事遂壞不可支矣。使曩者任事大臣，皆如林公及公等，即潰敗，當不至是。然使二公至今存，其所以應付之者，必別有道，時不同也，雖聖人固不能違時哉！

方植之先生傳弟百十

方先生諱東樹，字植之。

先世遷桐城，居魯谼，爲魯谼方氏。桐城之方最著者，曰『桂林』、曰『會宫』、曰『魯谼』，皆自徽州來遷，然皆各自爲族。魯谼方氏，雍乾閒有待廬先生，諱澤，字苧川。以優貢生爲八旗教習，敘知縣，不樂就，棄去。所交友皆一時名士，而默默獨守中行。姚薑塢編修稱其文似明羅文止，詩似宋楊祕監。待廬之孫諱績，字展卿，即先生父也。尤工爲詩，校正史傳、諸子，鈔録數百卷，箸經史劄記、屈子正音及詩文集。

先生既上秉家學，又師事姚郎中，泛覽秦漢以來載籍，自詩文、訓詁、義理以逮浮屠、老子之説，無不綜練。當漢學熾盛，姚郎中獨毅然自守，先生繼起，更昌言排之。阮文達公督粤，闢學海堂，一時名流輻湊門下，先生客其所，獨發憤箸書，言：

漢學諸家目擊時敝，意有所激，創爲救病之論，而析義未精，言之失當，出於淺肆，闇於是非，與宋儒爲水火。而其人類皆以鴻名博學，貫穿百家，遂使數十年閒承學之士，耳目、心思爲之大障。歷觀諸家之書，徒訓詁名物，而無當於聖人躬行求仁、修齊治平之要。

於是，成漢學商兑一書，反復數千萬言，以正其違謬。文達，漢學家所奉爲宗主者也，晚年亦稱先生文學足以信今行遠。蓋其義理一本程朱，而考證之精、文詞之辨，又足以佐之。

性高介，恆閉門譔述，不隨人俯仰。好盡言，論道術、文藝，必抉其所以然。道光十八年，廷議厲禁鴉片，先生在粵撫幕中，箸匡民正俗對，不能用。居數年，海氛果不靖。又箸病榻罪言，極論自强之策，所籌皆天下至計，而卒不遇。以諸生終。

其爲文浩博，無不盡之意，詩則用力尤至。居恆先雞鳴起，丙夜始休，丹墨不去手。初，姚郎中從待廬學，至是，先生爲鄉里大師，復稱姚門高弟子焉。歷主廬州、亳州、宿松、廉州、韶州講席。年八十，卒於祁門東山書院。光緒元年，祀鄉賢。

所箸書，曰漢學商兑三卷，書林揚觶二卷，大意尊聞三卷，向果微言三卷，昭昧詹言六卷，陶詩坿考一卷，儀衛軒文集十三卷，半字集二卷，考槃集三卷，王餘集一卷，皆刊行。

孫龍光，官山西潞安知府。

馬其昶曰：九流百家，各極不同之致，皆以明道，不相妨也；激則失當，至於相非。一彼一此，猶寒暑之必至，有江氏漢學師承記，即先生之商兑不能無作。而或者因其辭之稍激，疑寒生謀食，特以譁衆立異。夫苟有世情鄙念，不迎合當塗，而故違之乎？此則近於誣善之浮辭，非大雅所宜陳也。先生嘗謂：『士人欲補不耕織而衣食之咎，則惟有箸書覺人可耳。』偉哉！斯言足充之矣。余聞之父曰：『先生勤學不倦，意有省會，嘗中夜覺寢，起而識之，曰待定録者百餘卷，中多微言粹論。』惜其軼不存也。

吳蝠山育泉二先生傳弟百十一

吳先生諱庭煇，字振行，號蝠山，初名泰臨。祖諱隆鷺，字鄧又。國子監生，考授州同知。性寬和，好施濟，雍正八年歲饑，散金振貸，落其家。有拙餘軒詩鈔。年六十一，始舉長子貽誠，字荃石，新河知縣，有靜者居詩集。又十年，生貽詠，吏部主事。吏部三子：長賡枚，字敦虞，號春麓。嘉慶四年進士，由庶吉士改主事，擢監察御史，清操重一時，有疏稿二卷、惜陰書屋文集四卷。次先生。次雲驤，字昭棣，以諸生舉道光元年孝廉方正，有岳青詩鈔。自州同、新河、吏部以下，皆長者，敦謹，而先生尤巍然負鄉望。

以嘉慶十六年進士，爲縣令四川，一年，乞養歸。母卒，服闋再起，補四川定遠縣，權合州。治行卓異，擢涪州，謝病歸，涪人爲立生祠。先生一本儒術爲治，盡其在己。退居不自言治蜀事，其迹多不著。在定遠，有黠盜張潮良，白晝刃殺人，久不獲。一日，潮良自詣獄，言不忍累好官也。

先生少從族兄畫溪講宋儒學，後遊山陽汪文端公門。其治家嚴禮數，五世共田宅不分異，婚喪皆從古制。守素樸，宴客遵司馬温公『五簋約』，人坐廳事，肅肅如也，婦孺聲不外出。吴氏芸暉館家法聞一時。

其學務躬行，不喜爲辭章。非甚病，簡策不去手，日課鈔四子書。初，鄧又公壽八十四，先生亦年八十四卒。箸蝠山家訓一卷。

御史子孫珽，字子方，通六書，作字多從古篆。姚按察瑩稱其勵學，庶幾古志士。

麻溪吴分東、西股，芸暉館，東一股也。道咸閒，西股有康甫先生，諱廷康，官浙江縣丞。性耆金石篆刻，多得古器，摹勒手題，幾於家有其迹。嘗以謂：『漢晉鐘銘、印文、銅器、碑碣、瓦當之屬，可一一取證甎文。』箸甎録若干卷，敘列精當，皆可觀，亦可喜。

吴徵君諱元甲，字世求，號育泉，高甸吴氏所謂『榮華股』也。

高祖諱大陞，字冰衡。學行深邃，嘗創建祠堂，持躬飭家，一依於禮經。族弟生甫先生，慎所許可，獨傾倒之。箸四書講義、字辨、善誘編，皆佚，學者稱爲近裏先生。子七人，友睦無閒。弟三子苾，字崇桂，尤練達。續置墓田，歿後，族人思其功德，謂宜配食祖考。

自後，累代敦行積學，世推儒門。

徵君性至孝，篤於族姻，豐約愉戚，必人先而已後之。以諸生教授里黨數十年，脩脯入門，輒應手散盡。諸昆弟謀析産，則大戚，臥數日不起，既乃悉推田宅與兄弟。兄弟田宅再喪，再贖歸之。既力不能贖，則皆召之同爨。昆弟歿，而諸子暨孤甥皆長育於君，諸子、孤甥視君猶父也。乃旁逮其鄉里，亦莫不同心仰君，若其親戚。咸豐元年舉孝廉方正。曾文正公嘉其文學，嘗客而館之。年六十四卒。子：汝綸自有傳。汝繩，五歲能爲詩，才致俊逸，其兄有天下文名，每自謝爲弗如，多疾，早世。

徵君同時友東潭先生，諱笴，字克生，破岡胡氏。其族有孝子其愛，又明末守城有功者文燦，皆見前傳。先生爲諸生，厲行檢，思通經術以致用，讀周易、四子書，皆有温故所知録。咸豐初，皖城被寇，輯守望要略。及縣東南鄉起義勇禦賊，多本其法。

楊壽山先生諱鼎元，字賓周，廩膳生。用團練捍賊創一子，憤鬱以卒。其孤澄鑒，字伯衡，論列事狀，展轉以達於朝，得旨旌恤，予祠祀。伯衡先生光緒二年進士，箸紹恭堂詩文集。

馬其昶曰：長老言，吾鄉俗乾嘉前至純美矣。凡世族多列居縣城中，薦紳告歸，皆徒行，無乘輿者。通衢曲巷，夜半誦書聲不絕。士人出行於市，皆冠服，客至亦然。遭長者於塗，必側立，待長者過乃行。子弟羣出，必究其所往，不問其姓名誰何也。或非義，輒面呵之，即異姓子皆奉教惟謹。蓋至道光之末，蝠山先生歿，而其時故家遺俗猶有存者。育泉徵君，先君所嚴事，其昶猶及見之。詩曰：『雖無老成人，尚有典型。』乃今亦不可復覯矣，余是以慨然書之。

趙漢陽馬歸安傳弟百十二

趙公諱玉，字藍生，號虛舟。

嘉慶四年進士，選庶吉士，改工部主事，遷郎中。十八年，林清倡亂，京師大震，羣官倉卒散走，公獨趨入署，或邀與俱去，慨然曰：『此何時？安可空部無人乎？』亟入署，因督火藥局與兵役雜處，三日不得食，由是顯名。擢知漢陽府，上曰：『漢陽重地，汝是好司官，故以畀汝。慎哉！毋廢前勞。』公天性静淑，雖御僕隸，不加聲色，而爲政務持大體。黄陂民謀誣陷其仇，購藥毒母，當大逆。令規避處分，匿不報，繼任者復以前官故，議末減其子。公曰：『彝倫澌滅至此，尚可貸梟獍而庇屬僚乎？』遂置其子極刑，而奪前令職。莅任六年告歸，惟載書十餘簏，他無長物。

是時，爲令丞有名者又有朱公諱杰，字春藻，號鏡三。由監生考充方略館謄録，敘臨桂縣丞，遷山東武清令。嘉慶七年，京圻大水，不待請，徑發倉穀以振。御史劾其專擅，睿鑑直之，諭截漕米放散。總憲熊枚以公所條事宜具奏，荷『實心任事』之褒，交巡撫陳大文存記。會以撥船事挂吏議鐫職，士民千百遮大文，乞奏留。上諭：『朱杰得民心，著加恩留任。』未幾卒，民像祀之。後直隸總督顔檢入見，上復垂詢杰，聞其卒，甚惜焉。

馬公諱伯樂，字伯顧，號星房。嘉慶二十二年進士，由庶吉士改縣令浙江，知長興，調歸安、烏程、德清。擢知州，未上，坐公事罷職，發新疆效力。時大軍征張格爾，因參帥府軍咨。總督楊公遇春將發礮轟城，公曰：『非王道也。』議遂止。凱旋，奏復官，得旨原品休致。

公修軀雅步，風標秀徹。在歸安，大臣奉命閱兵，前驅求索未厭，知縣至，阻不通謁，公怒杖之，遝入請罪，旋有旨召還大臣。俗喜匿喪婚嫁，巨紳某納妾服中，按論如律。道光三年水災鉅，先清户册，杜冒濫，又請改鑄庫銀，重一兩一枚，便民用。巡撫密遣人察視災區，惟歸安振糶無絲毫弊，他州縣不若也，因通檄列縣，辨災當法馬令。

其得罪，以徐蔡氏案。徐蔡氏爲德清人徐敦誠妻。當是時，徐族有河督徐端，蔡族有學士蔡之定。敦誠養母倪嘗以事責讁婦，敦誠助之，婦憤自縊。其家以謀殺訴，獄久不決。德清令上言：『兩造皆巨姓，莫肯辭服。請委賢幹員同勘。』公方知歸安，奉檄會同開檢，得縊死四證，遂定讞。蔡不服，復請開檢，亦如之。蔡仍不服，訴之上，於是上特調王維詢浙江按察。王欲反之，迫不得要領，遂自縊死。上怒，以祁塤繼其任，訊與原檢同。奏入，復命王鼎、趙柄馳驛核辦，遂結，定徐倪氏偕兩婢謀殺。前審官皆坐罪。嘉道閒三大獄，此其一也。

公既廢，歷主敬敷、廬陽、河朔各書院。評校文藝，羣士翕服。

族父魯予先生，諱維璜。通經術，爲制藝亦最有名。嘗撰春秋略例，審正『三傳』之旨，具有條貫。後公三年成進士，令閬中，卒官。箸述均佚。

公善養氣，習導引術，老而彌健。年八十二，將重宴鹿鳴，未至秋先卒。平生撫育從子、再從子有恩誼。臨卒，遺令：田若干，諸子均分，不歧視。公卒後數十年，人得其家籍，始知之。

馬其昶曰：漢陽始仕郎署，因變著節，上結主知。迨後，浮沈外郡，申法明倫，誅一敗化之民，猶用全力，不得不推以爲功。吾家歸安，一斥不起，武清見褒，卒絓吏議。當承平時，文網密，士固莫由自效哉！

張潼關潘遵義傳弟百十三

張公諱聰賢，字愛濤，巡撫公曾孫也。嘉慶十年進士，選庶吉士。時成親王以書法擅名，推轂士類，見公書，欲招致門下，謝不往。散館，授甘泉令，調長安。巡撫某公有用事奴橫甚，一日，同僚集官廨語及之，奴忽自外肩輿至堂上，衆驚訝咋舌，公乃趨前，叱奴下，笞責之。巡撫夙重公，雖慙，亦不以爲望也。卓異，擢同知直隸州，乞養歸。道光初再出，權長安，數年始補潼關廳，攝同州府事。其治以教養振起士風民俗爲務。在長安久，績效尤著。縣多弊俗，爲立教條，撰通俗韻言以曉譬之，創義學廿餘所，教村民識字，親詣考課。

推擇閭里公正者爲鄉約。不率教條、鄉約，儆之；猶不悛，然後嚴懲焉。又實行保甲法，稽户口，姦宄遠迹。回民舊有禮拜寺，因其俗，時往講説忠孝事，回民感悦。捐資修長安志，四載成書。患民婦節義不立，鄧氏女未嫁夫夭，誓死守，飭鼓樂導歸之；烈婦王氏殉夫死，親拜奠其家。

縣有蒼龍河，久淤不治，淹没卅四社民田萬五千頃，而鄠縣、咸陽田亦因以被害，獄訟繁興。公巡視河道，令村民分段開濬，築沿河隄，民居遠則官自濬築，一年功成。立期會，每歲二月，各分段取河底泥加隄上，濬深培高，益種樹護隄，至今爲利，民稱曰「張公河」。道光十一年卒官，祀名宦。民閒又往往私立祠。

子延齡、佳齡，皆舉人。

先是，其同族兄蓉塘，諱鈞，字人鑑，亦循吏也。

初，從從祖司業裕犖學，精制舉業，每搆文必深思營度。乾隆四十二年鄉舉，令柳州，其深思決獄，如其爲文，民無冤者。遷歸順州。民俗相讎劫，事發，輒鬻人易死。官幸脱部議，亦不求真犯，習爲恆事。君莅任，覆按當大辟已成讞而非其罪者，白大吏，請改讞，不可，争之不能得，遂棄官歸。

至嘉慶時，名宦入行省通志者有：

胡公諱枝蕙，字德揚，嘉慶十四年知趙州。性明決，積案數百，裁剖如流。懼閭閻擾累，每單車就質，民皆以訟爲恥。其輕減徭役，衆尤德焉。

龍公諱鯉門，字澤堂。嘉慶二十五年進士，知上蔡。縣吏輕其年少，先按其姦黠者，嚴懲之，因皆慴伏。巡撫入覲，奏稱河南州縣弟一，遷知州，權篆禹州。會上蔡築河隄，與鄰境爭工段，大府以上蔡民服龍令，檄往勘斷，遂無事。卒於工所，年三十四。上蔡民祠之，至今不絕。

謝公諱益，字子遷。嘉慶二十一年舉人，令汜水。河決縣境，親督工役，由摩天嶺開掘河道，民慶更生。恤災勤政十餘年，去任，士庶泣送。後爲嵩陽院長，歿於講舍。有子遷雜箸及詩鈔。

楊公諱瑛昶，字印蘧，號米人。由考職官天津分司運同，長於吏能，兼工詩，有燕南代北詩鈔。

道光時，有徐公諱焜，字宇陵，以議敘府經歷，發直隸，借補易州吏目。大計保薦卓異，再遷陝西鎮安縣。修城垣，建義倉，多實政。後祀名宦。有鎮安學治録。平生簡静寡欲，捐義莊以濟貧宗；邑大水，出千金助振。有傳家一得録。

潘公諱光泰，字稺青，原名羣，字掌文，木崖先生六世孫也。祖諱洵，字蘭谷，號莪溪。乾隆七年進士，除江蘇震澤令。歲饑，不待申請，先發倉穀。擢知常州府，濬孟瀆、德勝二河，民歌其利。終杭嘉湖道。父諱鴻寶，字鼎如。儀止清修，矩矩然儒生也。師事姚郎中，工爲詩，喜手鈔書。

公中道光二年舉人，以知縣檢發貴州，署天柱縣事，改貴定，尋調遵義，期年，以病去。遵義地廣，俗好訟，歷數官相訴告，枝葉延緣。俗以當堂添詞謂之帖，有正帖、反帖、旁帖、冷帖、激帖諸法，雖素號才敏，驟不可爬梳。

公莅任，首嚴添詞之刑。聽斷畢，必綜其端委，手判入牘。初至，控狀常百數；數月，狀不滿十。已判者，其後數易官，竟不再控。顧性實鈍，他人聽斷，日可十案者，公不過二三，或竟日纔一。坐堂皇，率天明至漏四下，或廢寢食，故始皆竊議其才不堪劇。公居常樸質，亦若無異能者，乃頗微聞外議，笑曰：『吾才誠不逮，恃勤以補之。此邑多訟，大率牽引重疊，以至千百，誠令一訟永結，則所結何止一訟？吾日治其一，歲可得三百。遵義歲訟，想無過三百端矣。』聞者猶不謂然，久乃大服。

公爲治，無大小，必竭其誠。增附郭義學，置匯川義冢，尤加意荒政，置義倉凡數十所，積穀近萬石。會兄訃至，遽解任。且行，告吏民曰：『吾所規畫，其善成之！功半而廢，可惜也。』

公兄弟相愛甚，約死必同穴。兄病，恨不與弟訣，遺命停柩待。公得耗，時年六十，肝疾作，亟欲歸治大兆，踐兄約，屢乞休不得，乃漫引疾去，期葬兄復起。去之日，士民攀送塞道，獨無一胥吏云。未幾，卒於家。

馬其昶曰：今之圖治者，何其囂囂邪！日言興利，利未興，害先見矣。張公爲政，將以實心，無新奇可動聳人者。遵義自謂才拙，考其績效，視世之敏於才者何如也？然亦要在久任。爲大府者貴察吏，審其人誠可，則付之地，聽其自爲，要其終而殿最之可也；數撓而易之，雖有異材，亦無能奏績。遵義惜功半而廢，然哉！然哉！

校　記

〔一〕𡲉甯　當作『𡲉寋』。

桐城耆舊傳卷十一

徐勇烈公傳弟百十四

徐公諱豐玉，字子逢，號石民。

其族分東、西二支：東曰『曉嶺』，有萬丁；西支入國朝，至公考太僕始顯，而丁單。曾祖諱樾，習刑律，治獄多寬仁，客久不歸，子映瓏字谷池歎曰：『安有父勤苦於外，而子坐食者乎？』即迎父歸，自出幕游郡縣，司錢穀，盡心佐治。嘗與府主爭事至面赤，不得，則裝而去。後其子貴，不就養，惟條官箴十數事示之。子即太僕也，諱鏞，字詠之，善草、隸，能左手書。嘉慶十四年進士，選庶吉士，累官順天府尹、山西布政，終太僕卿。

公少隨父歷中外，多練世事，性沈毅寡言，一抗論當世，則氣逸發不可犯。工文章，屢試不遇。父憂服闋，年且壯矣，援例授貴州平遠州知州，權威甯，捕斬大盜安大本，吏民畏其嚴威，總督林公則徐甚嘉異之。

會鎮遠府屬黄平姦苗嘯聚，連結劇盜，爲患巨，官吏莫能禽制，署巡撫羅公繞典意屬公，乃調知黃平州。黃平盜藪曰革夷寨，其渠魁曰保禾。公既到官，清保甲，理屯軍，親巡行村堡，密圖夷寨出入險要，偵賊虛實，既具，因請兵會剿。時總督引疾退，巡撫喬用遷既復任，而羅公亦去，拒不納，敕營將：『毋得妄助兵徐知州滋事！』當是時，廣西寇起，公念貴州地極邊，苗夷獷悍，因循久，盜勢積重，懼與廣西應。適革夷盜劫公車行李，巡撫懼事聞，乃奏遣知府胡公林翼往剿。胡公鎮巖門，距寨數十里，戰事一責公。前驅中礮死，揮兵益進，羣苗懼，擁保禾遁。

未幾，大府議防廣西邊，胡公去，遂專以委公。前公車舉人被劫抵都者，喧言保禾，御史聞奏。文宗御極，嚴旨責問巡撫諱盜事，刻期禽獲。值公盡以計得盜首誅之，巡撫遂覆奏獲盜，論功有差，而公不與。有欲爲公訟言者，謝曰：『吾行年四十，豈以人命博升階邪？吾固爲民除害。』終不自言。民築祠祀之。久之，巡撫意慙，奏擢郎岱同知，署思州府，特旨簡授湖北黃州府。先是，雲南巡撫張公亮基入覲，道黃平，知公賢，具疏薦之，故有是命。

而是時，廣西寇益猖獗，由全州犯湖南，連陷州縣，湖北大震。公請巡撫常大淳駐重兵岳州，爲湖南聲援，而自與漢黃德道議防守，上書請兵餉以資下游重鎮。未報，而寇已圍長沙。張公亮基撫湖南，奏調公。時上已命兩廣總督徐廣縉接辦湖廣軍務，逗遛不進。

寇以萬人圍長沙，土賊附從，不及四萬，我軍環列百數十營。公請散金錢，任地方忠誠士，招徠土賊，日選精卒更替出戰，以疲寇。又上書曰：『爲今之計，乘大軍雲集，並力殄滅，上也；剿除大半，餘黨四散，分兵追捕，次也；聽其全股逃竄，下也。竄湖北不如竄江西，竄江西不如竄貴州：邊省一隅，不致動摇全局。故岳州之守最重，次常德，次寶慶，而三處兵力皆薄，宜增軍。』張公然之，顧以廣縉方奉命節制諸軍，未至，己不欲專軍事。寇攻城急，公自請乘城，分守西門，城守堅。十一月，寇解圍去，果掠船益陽，赴岳州。提督博勒恭武棄軍遁，寇遂趨武昌。

公隨廣縉至岳州，力請大兵進援，不聽。十二月武昌陷，公復謁廣縉曰：『事急矣！武昌既失，則江西、江南皆危。今公當移節黄州，截賊下流。』廣縉曰：『君黄州官，乃欲我駐黄州耳。』卒不聽。三年春，安慶、江甯俱陷，廣縉得罪去，張公亮基移督湖廣，而公亦適奉湖北督糧道之命。總督以公久習黄州，奏請署漢黄德道。未幾，廣濟民變，隨按察江公忠源討平之，加按察使銜。

寇既據江甯，復據揚州、鎮江。揚州寇分竄鳳陽、歸德，攻開封不克，遂渡河北竄。鎮江寇突出，襲燒江南大營，而江甯寇亦分竄江西，兩湖戒嚴。江公奉命援江西，於是，總督特奏公駐兵田家鎮，總湖北防堵軍務，新授漢黄德道張公汝瀛副之。

田家鎮者，江防要害也，距廣濟縣七十里，鎮住江北，後有大山曰黃金塔，鎮之下大山曰羊子山，有沙嘴出江中，與南岸半壁山對。半壁山陡絶無緯路，水溜，舟行山下，必順回溜過北岸沙嘴乃得上。公列營諸山，連木牌沙嘴，夾棉絮竹片中，城其上，鑿穴列礮位。半壁山後爲湖，通興國州，其入湖曰富池口。公欲營半壁山，兵少不可分，則以一都司駐山瞭望，書木牌千百方，納江流中，招脅從者給歸資，投誠者無算。

江公既赴援南昌，與巡撫張芾力戰固守，寇知江西終不可破，遂解圍去，而大舉犯湖北，進據富池口，分船泊羊子山下，復登岸，越湖汊，攻大營。屢戰卻之，伏奇兵山側要寇，殲數百人。時公統兵僅三千，餉竭，水戰船不足，屢告急武昌。時張公改撫山東，未行，巡撫崇綸議棄田家鎮，張公力争，乃遣按察唐樹義、同知勞光泰，將水陸兵接應田家鎮。

寇復掠舟，自興國出荆門州。知州李公椃者，忠勇士也，率練勇三百自請斫寇營，公壯之，令副將張金甲副焉。李渡江馳寇營，寇驚走，李前追寇陷潦，寇反追之，遂死，金甲望之潰。時勞光泰亦以礮船出戰敗，寇進攻木牌，而南岸反追之，寇因乘勢奪半壁山。是夜，東北風作，寇船在富池口者已潛渡北岸。黎明大霧，風愈熾，半壁山、羊子山之寇幷發。公趨大營督戰，而木牌火起，張公汝瀛死之。公躍馬出營，舉佩刀自剄，墮馬，寇衆戕之歿。九月十三日也，年四十一。敕賜祭葬，後復予謚勇烈，建專祠。

子宗亮，字晦甫，號椒岑，承襲騎都尉。精悍有口辨，每論事輒伏其坐人。守高不仕，歷參胡文忠、李勇毅、李文忠諸公幕府。箸黑龍江述略六卷、歸廬談往録二卷、善思齋詩文鈔共二十二卷。

始，太僕爲名卿，勇烈死節，都尉以文章議論顯名公卿閒，人謂徐氏三世，長各因時，不相襲美。

馬其昶曰：公始慕文術，從姚石甫先生問學，篤嗜古文辭類纂，所嘗讀本，都尉君臨卒以授其昶，眷公手澤，彌珍護焉。公故居在城西，今爲祠。寇犯田家鎮，義不私去。事急，吴思恆者，諱沖謨，侍御賡枚孫也，以諸生掌公書記。公解印授之，使閒道投行省，卒不忍去，同時死。其後，李文忠公奏公死事，并及吴，遂祔祀公祠。

葉南安鄧會同董教諭傳弟百十五

葉公諱球，字叔華。

道光二十年進士，由庶吉士改主事，再遷兵部郎中，出知江西南安府。粤寇竄境，泣厲士庶乘城固守，七晝夜援兵不至，城陷，殉節於城樓。

兄伯華琚，有雋才，道光十五年進士，官編修，早卒。

弟季華瓖，二十六年舉人，爲縣令浙江，署新城。嘗乘竹輿，攜一役，裹餱糧巡行治所，有訟争，即時平決。去任，民泣送。又數年，新城大饑，民乞振，勢洶洶。大吏以葉令有遺愛，檄往治之。至則諸難民皆讙呼感泣，遂以無事。署石門，值亂起，鄉里避寇至者皆收恤之。

初，公六世祖實齋公有五子，幼子紳，字正則，崇禎時恩拔貢生，選永城令。

永城四子，幼子芳林，字西樵，以貢生考授州同。

州同四子：長潤，字聿懷，諸生，孝事繼母，教課諸弟，皆賢而有立。次濬，字肇川。次宏觀，字儒懷，諸生。次景懷，原名禹，以字行，歷署江西州縣，終廣東翁源令，所至有績，是爲公曾祖。

兄弟四人，各以『敦』、『厚』等字名堂，葉氏所謂『四堂』者也，其後多舉甲乙科：

聿懷五世孫毓桐，咸豐九年進士，至安肅道。

儒懷子朝衮字績山、朝扆字斧文，均以孝行著稱。斧文子灼，字仲平，號坤生，乾隆五十八年進士，授南召令，有循政。署鄧州時，裕州民以命案株連，幾激成變，上言大府：『願得鄧州「葉青天」活我！』從其請，果得情實，平反之。於是，以半月治鄧，半月治裕，期年，兩州皆化，各祠祀之。擢洮州同知，署犖昌府。後祀裕州名宦。

而景懷玄孫淮，字仲山，署四川鹽源縣丞。同治初，粵寇石達開竄甯遠，力戰死，恤贈知府銜。其年，達開伏誅，子春榮手割其肉以祭父。

鄧公諱爾昌，字仲韓。

少孤，事母孝，家貧厲學。遊京師，録取供事，以從九品發湖南軍功擢知縣直隸州，補會同。歷署寧遠、平江、瀏陽。勤於吏職，匹馬獨入村舍，民不知爲吏。同治二年，石達開餘黨陳復猷陷會同，死之。士民感泣，爲立專祠，贈道銜。後陳逆被獲，奉旨傳首級會同，遣官祭焉。

董公諱瀓鏡，字思陶。

少以詩名，落落不苟同。道光中舉人，署東流訓導。遷懷遠教諭，與縣令籌防堵，屢挫賊。大臣奏其能，擢知縣。賊攻城益急，鑿地道，實以火藥，火發城崩潰，骸骨俱燼。

馬其昶曰：世言我朝節義遜前代，非也，東南亂起，士大夫以身殉者不可勝記。其在野，非必責之死，特義不受辱，猶恥苟存。若夫有官職守土之責者，其無可倖免，斷然矣！余故記之，以立臣防焉。

戴蓉洲先生傳弟百十六

戴先生諱鈞衡，字存莊，號蓉洲。少而英特，亮拔不羣。年二十餘，刻蓉洲初稿，見者駭爲異才，方植之先生笑言：『十年後，尋自悔耳。』時方先生論詩，作昭昧詹言，傳鈔得之，伏讀三年，不成一詩，果自收前刻，因遂投贄。

道光二十九年舉於鄉，侍郎曾公國藩、吕公賢基，通政羅公惇衍，給諫陳公慶鏞皆願結交，而曾公尤善先生。

既罷歸，益鋭志爲學，思以通經致用。校刻望溪集，篇目倍前。治尚書，以謂伏生、歐陽、大小夏侯、馬、鄭、王、顧之説，其僅存者，類不能遠過今行孔傳，宋諸家大義最優，獨於盤、誥諸篇故訓，乃頗多違失，因旁羅衆説，爲書傳補商十七卷。後曾公在軍，挾其書時時誦之，謂犂然當於心也。

初，文宗新政，求直言，先生在都，藉手諸公，條舉當世利病以聞。未幾，粵亂起，曾公治兵長沙，吕侍郎亦奉命督安徽團練，先生十上書論事。已而，桐城陷，馬徵君起義師死，張小嵩奔走舒廬，圖恢復，先生與文斗垣徵君籌餉，結義民上書大府請兵。久之不能得，慨然念當今大計，惟急起用前時著成效大臣，爲人心所歸向者，令得自置將選吏，重其事權，開幕府，收羣策羣力之效。

既懷不得達，乃發憤爲書，極言用兵在神速，在設伏出奇，宜速襲桐城，絶舒廬賊後，不宜坐擁重兵於一隅。論兵事，反覆至數萬言，曰草茅一得，上之副都御史袁公甲三。時袁公駐兵臨淮，議圖安慶，乃奏遣宿遷舉人臧公紆青取桐城。連破賊，乘勝薄城下。援寇猝至，軍覆，張小嵩隨臧公督戰死，寇益肆。袁公旋被議去，先生客懷遠，嘔血卒，年四十二。先生走臨淮乞師，妻李、妾劉皆遇害。無子，以從子嗣。

箸味經山館詩文鈔十卷。

文徵君諱漢光，字斗垣。

咸豐初，以廩膳生舉孝廉方正。六年，秦提督定三率兵至桐城，用籌餉勞，敘光禄寺署正。談嗬敏速，皆依理道。

初學詩於張勖園，與先生齊名。江待園諱有蘭，黟縣教諭，工楷、隸，詩亦清迴，里人並稱『文戴江』。文戴皆居治北，江居樅陽，爲治南。

當是時，邑東鄉陳家洲又有劉悌堂先生，諱宅俊，字愷生。幼時家酷貧，父授徒爲生。年十一，未入塾，偶拾薪過父塾，立窗外移時。次日，父覆按諸生書義，莫能對，乃復從窗外代對。父趨視爲子，則大哭。主人聞之，遂令入塾，饋之餐。又三年，取充學官弟子。道光二十四年成進士，知廣西來賓縣，歷天河、修仁、荔浦、懷遠。自以非吏才，告歸，大肆於詩。方植之先生賞其超絶，謂在孟塗、歌堂上。晚年未刻詩尤偉麗，其族子攘之，不肯出。

馬其昶曰：文戴兩先生，幼共學，長相得也，於縣北孔城共建桐鄉書院，又同輯古桐鄉詩選。吾先君子從兩先生受學，嘗告其昶：戴先生交曾公京師時，稱公文武大略，異日爲國家肩非常，必曾公也。曾公既絶重先生，先生亦夙負經世之略。後曾公果成大勳，廣求人才，而先生遂已無禄。悲夫！士之所遭，豈不各有命哉？

蘇許朱方四先生傳弟百十七

蘇徵君諱惇元，字厚子，號欽齋。

上世明初自鄱陽來遷，十傳至唐岑先生，諱紹眉，好學，宗朱子，國初，隱居不仕。

又五傳至徵君，則益篤好朱子及近世張楊園先生書。以爲：自宋以來，得朱子正傳者，惟西山、魯齋、敬軒、敬齋、整菴，當湖六人，楊園純實，介乎諸儒，而精切殆又過之。欲乞禮臣奏請從祀孔廟，不果，因纂訂楊園年譜一卷。其後，楊園卒得從祀。

於同邑，則師事方儀衛，而私淑望溪侍郎，以爲文之足以載道行遠者，朱子後惟望溪，因又纂訂望溪年譜一卷，白諸大吏，奏請祀鄉賢。

徵君爲人恭謹，以軌度自敕。其執喪哀戚甚；燕居，過家廟前，肅容而趨，無敢咳唾。習禮不曲從時好，嘗慨鄉俗冠禮久廢；昏禮雖少存古制，亦多失其義；而喪、祭二禮，貧者苟簡，富者僭越，且多信從二氏之法，違失經旨。乃就前居喪時所輯家祭約儀，擴之爲四禮從宜，遵用家禮大綱，而參以諸家之説，鄉俗不害義者仍之，害義者附録諸説以辨之，其儀節從其簡易而宜行於今者，凡爲書四卷。

他所箸有遜敏録四卷、文集八卷、詩稿四卷。

道光三十年，以諸生舉孝廉方正，固辭不就試，詔賜六品冠服。年五十七卒。

子：求莊，字强甫，號毅菴；求敬，字懋甫；皆縣學生，文行、書法俱能傳父業。懋甫才過於兄而早卒。

其後，光緒元年，舉孝廉方正者二人：

張先生諱承華，字舜卿，號蓉溪。以諸生主講河南許州書院三十年，箸大學中庸補釋、困學齋文存，皆説經之文，多與朱子立異。

姚先生諱思贊，字子襄。箸酌言二卷，臨卒，授其門人馬其昶。

許先生諱鼎，字子秀，號玉峯，晚年更名魯。父諱懋昭，號東山，潛修篤行。先生飫聞父教，及讀元儒語，清苦守節，卓然自樹於流俗之外，益有省發，箸正志、正學二録。方植之先生見之，賞其深粹，嘗語人曰：『玉峯，今之吳康齋也。』

授經窮巷，母病痿，數日一歸省，即親滌中裙，永夜潛侍户外。母卒，家貧斂薄，痛自責罰，居喪三年，日食薄糜，夜不張幕。事父東山尤盡禮，踰五十，色養如孺子，不能詭隨徇俗，嘗口體之奉，東山先生亦安焉。及居父喪，致毀如前。植之先生諫之，引陽明『稍過即私』語，則謝曰：『某豈能無私者？謂爲不及則有之，謂爲過則固無也。』門人方柏堂刊其遺集四卷。

植之先生以文學爲後進宗，其所推重者尤在質行，於同輩服玉峯，於從遊之士喜稱甘生紹盤。甘號愚亭，無文采，大言性命之學。以李文忠公薦舉，官江甯令，以愛民爲治。補崇明，坐事罷官。

朱先生諱道文，字魯存。

少有經世志，爲諸生，應鄉試，見士皆短衣負笈，唱名搜索，恥之，遂徒步歸，棄舉子業。喜飲酒歌詩，其於天下事，常遠見於未然。道光中，英吉利款成，先生獨慮：不遑之民安生覬覦，宜振歷年久安因循之氣，加意武備，折姦萌，銷禍本。已而粵寇果亂。嘗與友人書曰：『方今天下亂端已見，民愁兵燸，公私乏匱，風俗薄惡，國勢既弱且貧，而人心復渙散不相維繫，士大夫庸懦貪汙，全軀保妻子，鮮知有忠義名節之可貴。亂或息也，憂方大耳。』知者歎其深識。

先生客遊，老始歸里。性至孝，母年九十餘終。咸豐三年，粵寇陷城，家人多被害，先生及妻皆受創。移時蘇，匍匐爨下，烹食進母。寇感其孝，貽錢二萬，不受，寇歎息去。先生既遭艱厄，氣益充，德益粹，日不再食，冬無緼袍，其於窮通得喪、死生禍福之故豁如也。酒酣閒歌楚辭，音響悲慨。霍山吴竹如侍郎稱其有邵康節之遺風。箸文集二卷、詩集八卷。

無子。葬龍眠山。門人蕭穆閒年必走百餘里，登山拜墓。

同時趙介山先生，諱獻，字元叔。縣學增生。篤信朱子之學，任恤不倦，皇皇講求政俗利弊，期實見之行事。其課授善引喻，聞者開解。

方先生諱潛，字魯生，本名士超。

其學通貫釋、老，有妙悟，勇於自任，箸心述一册。晚年，遇霍山吴侍郎，往復明辨，乃舍其舊學，復箸性述一册。侍郎爲書告長白倭文端公曰：『學界中挽回此人，亦一大幸也。』箸毋不敬齋全書三十卷。

張先生諱傳誥，字知生。精通釋典。嘗遇賊，被刃死，見金字大書梵經，琅琅誦之而寤。從積尸中匍匐往空舍，得良藥，不死，遂終身崇信。

不官，不立資産，不箸述。無子，傳其學於大理寺丞馬君諱昌縈，字月樵，光緒十四年舉人。其在京師，頗偕徒友講陽明、二曲之學。

馬其昶曰：昔吾先子從遊徵君之門。其昶幼入塾，毅菴、子襄兩師爲之授讀四禮從宜。玉峯遺集皆嘗誦習。魯生、舜卿、知生三先生，亦幸辱教焉。寺丞於余爲族父行，又嘗與共學。今皆奄忽，眼中先輩遂已無人，可傷也！初，徵君既没，曾文正公來安慶，從方柏堂先生問桐城諸老，多物故，或尚殯淺土。因亟助之買山，親題其墓碑。於是，徵君及方儀衛、朱魯岑、戴存莊、文斗園諸先生〔一〕，一時並得營葬。

先大父通判典簿兩公傳弟百十八 先考慎菴公

通判公諱樹華，字公實，號篠湄，先曾祖贈朝議公諱邦基長子也。嘉慶十二年副榜貢生，以州判發江西。外艱服除，權河南清化通判，補汝南。以母左太恭人老，乞養歸。咸豐初，粵亂起，兄弟倡義團練。城陷，爲賊得，以刃脅降，不屈死，年六十八。祀昭忠祠。

公自少讀書，則厭薄世俗之學，師事姚郎中，博稽典章制度及古詩文家徑塗，矜尚風節。初赴官，朝議公曰：「吾願汝曹以善養，不願以禄養也。」今汝毋忘先訓矣！』公敬諾。後遂不以禄入自私，悉置義田贍族。林文忠公每惜公屈於下僚，世不盡其用也。其居家、喪祭，一遵古禮，建祠堂，祀始祖，參酌古今，具有儀法。

其於先朝掌故，及邦邑家世舊聞，捃摭尤勤。明季殉節諸臣，我朝特恩賜謚、建祠，詔許續采遺佚未及旌者上聞，乃據諸傳記、野史及私家别集百數十種，録其可徵者，爲闡幽彙記四卷。病邑志蕪雜寡要，别爲龍眠識略十二卷、桐城選舉記十卷。先世遺集散亡，輯馬氏詩鈔七十卷。編定太僕奏略、懷亭瑣記、翊翊齋遺書、嶺南隨筆、族譜、家傳，共數十卷。

其自爲書曰可久處齋詩文集各八卷，皆已刻。劄記及愳見漫録數十卷，遭亂多佚。

典簿公諱樹章，字幼白，號怡軒。

密静有思，年十三佐父朝議公督家，家日饒，則益推以仁其三族，質行甚厚，孝謹聞乎一時。

朝議公病躁煩，甫臥，輒欠伸欲起，即起輒復臥，如是者數，終亦不安。公聽於無聲，逆意而先得。

侍母左太恭人病亦如之。太恭人年幾九十，公食則視膳，寒則視衣，百營而求一愉。於宅中搆怡軒雙桂樓，於城西構碧梧翠竹山館，置小肩輿，春秋佳日，每舁母遊觀，通判公奉前，公奉後。是時，太恭人懽甚。或念朝議公不見有今日，往往泣下。太恭人性潔，晚年病脾，瀉利，一夕數十起，公終宵在側，不令少有沾汙。太恭人每歎：『孝哉吾子！乃使我不爲病苦也。』

通判公性陗直，與世格格，公事之益謹，終身無一言之怫。每晨興，戒視灑掃，即兄弟之東廳，互問安否。通判公就席治書史，公乃退而課鹽米、譏簿籍，皆細字莊寫，通問戚友慶弔，襄邑中義行。及午，共餐於東廳。日昳復如之，秉燭話往事，及諸所當設施者。一日，客過，偶置酒，爲摴蒱戲，通判公適從後堂來，於窗閒見之，蹙頞而去。公坐席下，嚮上微窺見之，即謝客，終不復爲。

通判公曰：『昔先人嘗欲建祠堂、置義田未果。余兩人志事無相違者，今當成此。』及仕，俸錢寄家，公輒別貯。又自出所贏，合購田二百餘畝，爲延景堂義莊，救濟貧族。又糶租穀，隨儲竹木甎石，數年，遂營祠宇，取用無缺。建享堂先塋側，擴墓田以贍小宗。初，歲入穀八十石；朝議公經營，倍之；逮公，歲入穀千餘石矣。春秋上冢給祭費，貧者有口米，婚喪嫁娶有助，老者冬月有炭錢，士有學費、有試資，族人歌德，至今賴焉。

咸豐初，通判公殉難死，大軍至，因貸錢輸軍。亂定，民居多燬，公所建祠及居宅皆幸存。慨然曰：『是可私邪？』推所居宅爲邑試院。曾文正公嘉其義，聞於朝，以候選詹事府主簿議敘，加太常寺典簿銜。年七十五卒。

先府君諱起升，字慎甫，號慎菴，一號趣園。

少受古文法於戴存莊，復事方儀衛，從蘇欽齋問宋儒學，從成都蔡先生天培問陽明王氏心學，從儀徵吳熙載讓之問八法，而私淑懷寧鄧山人。於古賢，服膺者四家：唐韓子，宋歐陽子、朱子，明王子，以謂此四家，文與道皆詣極。嘗欲編一書，綜括古今學術，曰載道集，體約而義宏，訖不能定其篇目也。

府君簡言嚴重，每論事，聽者意豁。邑有大謀，羣待裁決。以縣學生議敘同知，未仕，亦時不能無淪棄之慨，蕭丈敬孚曰：『君自不出耳。』又嘗語其祀：『余見中興來名卿碩學，言辭安雅如尊公者，不三數人也。』年六十一卒。

箸趣園詩文稿八卷、載道集十二卷、慎菴字範四卷。

府君既卒，其孤其祀爲狀上巡撫，請達於朝，其狀曰：

謹按，職祖河南汝甯府通判樹華，與本生祖樹章爲同産兄弟。本生祖生職父起升、叔父起恆。通判生霍邱訓導起泰、叔父起益。訓導獨以嫡長相承八世，於繼別爲宗子，既服官，年四十早世，無子，宜立後。時叔父起益幼，未娶，期功無可後。咸豐五年，職其祀生，職祖即命嗣訓導，爲主後。自職後訓導三十年，職父生子皆殤，叔父生四子。今職父母不幸相繼歿，垂絶流涕言：『必得親子兼祧。』

職自痛襁褓出後，今所後祖已有孫四人，而本生無别子，職年逾三十，未有子息，大懼一身無由奉兩宗之祀。揆諸二祖，九原之心必有悽惻怛悼不能自釋者。苦塊迷惑，罔知義例，誠不勝大願。願專嗣本生，持斬衰三年服。叔父起益亦願以子其昂嗣訓導。即憑親族定議，告祭先廟，遺産歸嗣子。惟通判咸豐初在籍殉難，七年，蒙恩給雲騎尉世職。職長孫承重，同治二年，遂循例襲職，光緒元年，復以文生兼襲。今其昂既嗣訓導後，職退繼還本生，宜退世職歸其昂承襲，於朝廷教孝矜忠之意，誠無所悖。謹取具宗圖册結，呈請鑑核，哀憐據情題奏，改正襲典，以重宗支。無任悚切待命之至。

謹狀。

馬徵君傳弟百十九

馬徵君諱三俊，字命之，號融齋，元伯先生少子。累世皆爲經師，君獨傳方先生魯生性命之學，爲經義粹然深純，督學試文必弟一。嘗應鄉舉，領解首，文付刊矣，已而典試使者疑其出明王守溪、歸震川稿，復黜落。咸豐元年，以優行貢太學，又舉孝廉方正。負氣强力，善技擊，喜酒。酒酣，輒讀離騷，聲韻激楚。

三年，廣西寇陷安慶，桐城知縣宋恪符棄城走。諸生張勳痛哭崇聖祠，誓死守，君起應之，遂議團練。張君字小嵩，有義行，爲鄉人所信嚮。及是，共推君與張君主其事。姦民竊發，禽斬十餘人，亂稍定。

寇既陷安慶，棄去，君度寇必再至，日夜與張君教練，桐城練勇名遠聞。五月，寇果復竄安慶，攻江西，七月犯太湖，皆不至桐城。八月，寇攻江西不克，復據安慶。巡撫李嘉端在廬州，前按察使張熙宇屯集賢關，君上書巡撫曰：

制寇之道，必先能進攻，而後可退守。守禦之策，必先據要害，而後可保城池。鄙者，全州不守，禍及湖南；岳州不守，禍及武昌；小孤不守，禍及安慶；而安慶又棄不守，然後禍及江寧、鎮江、揚州，此明驗也。今賊據安慶，此其意必在廬州。夫前之移治廬州，已非計矣，今誠能以重兵扼桐城，則舒廬之聲威壯；不然，賊乘勢而北，寧復有廬州哉？即河南北、山東西、畿輔之地，將恐并受其禍。

巡撫得君書，遣總兵恆興會熙宇規安慶，擁關不敢進。桐城知縣宮國勳出示，聽民遷徙。前更數令，皆無城守志，及是，人心益解。君爭不能得，而熙宇、恆興復棄關奔桐城。時侍郎呂公賢基，亦以團練大臣駐桐城，君固請呂公嚴劾二將，而躬率軍進討。呂公自以非統帥，謝不能。十月十四日，寇大至，熙宇、恆興所統尚千餘人，遁走，城不可閉。君與張君率勇數百，拒諸南門河，師潰，城遂陷，殺數千人，元伯先生亦被執唐家灣，不屈死。寇果由舒城陷廬州，渡河而北，蔓延千餘里，皆如君言。於是，君獨身走湖北、河南乞師，報父讎，不得。四年夏，乃與前縣令成福、參將慶麟集義勇於霍山。時寇麇集廬州，而安慶及桐、舒、潛、太留寇少。會提督秦定三軍至，君喜，因張君説提督攻舒城，而已襲桐城，進兵中梅河以俟，約慶麟攻潛太，并進分寇勢。提督持重，緩其師，六月，君獨軍深入至周瑜城，援絶，姦民夜搆賊襲殺之，年三十五。事聞，特旨優恤，建專祠，合祀其父兄死事者。

後數月，張君亦戰歿。

先是，桐城以三年十月城陷，士民乞救於舒廬大營者幾一年。副都御史袁公甲三駐兵臨淮，欲規取安慶，又士民求救切，遂奏遣宿遷舉人臧公紆青率忠壯營進攻。張君聞忠壯營來，走六安迎師，疾馳抵桐城，四戰皆捷。未幾，安慶援寇至，忠壯營將士及張君全歿，無一存者。

其後二年，李忠武公續賓提湘軍復九江，連下太湖、潛山，直趨桐城，寇望風遁。進克舒城，俄戰歿於三河，桐城復陷。又二年，其弟勇毅公續宜復提湘軍至桐城，駐兵青草塥，而副都統多隆阿公亦屯軍太平橋，大敗逆首陳玉成於麻子嶺。都統用兵有天授，戰績尤偉，克城外西山寇壘，邑東鄉及挂車山各起練勇應之。十一年八月，都統部將穆圖善圍城急，守寇張仕才夜遁，遂復縣城。距君歿後凡七年。

子復震、復恒、復賁。

陽江君諱復震，字心楷，號莪園，徽君長子。徽君戰歿周瑜城，君年十有六矣。自其少負偉志，有奇姿，面色半赤，縱飲大醉，全面皆如渥丹，赤者殷紫。既痛父死，則時時欲殺賊，報父讎也。咸豐十年，投詩謁曾文正公行營，曾公奇之，稱其詩沈雄似杜甫，遂檄令募兵，號曰『淮勇』。

初，曾公治團練於長沙，號『湘勇』，一時將帥大抵皆湖南人，湘勇之名震天下。自同治元年，曾公以淮南風氣勁，欲別立一軍，爲中原平寇之用，乃疏薦李公率師東下，遂克三吳、北平捻，而淮勇復盛。然初李公之募兵皖北，不稱『淮勇』，淮勇之名自君始。

君既受知曾公，自領一營。是年，寇魁黄文金大股上犯，曾公困祁門，君扼祁門櫸根嶺。次年，會諸軍禦寇石門橋，追奔三十里。從攻徽州，拔統領唐義訓於重圍，迭克黟縣、徽郡。又大捷屯溪巖市，以解徽州之圍；大捷孔靈，以克績溪、祁門。

君性剛，負氣不能下人，人或讒之曾公，曾公不聽，而稍稍戒敕之。君怒曾公不當用人言戒我，乃不我知也，會左公率兵征浙，調君赴浙江大營，遂往浙江，改爲『楚軍皖勇』。扼守分水嶺，截寇於紫溪、麻車埠，從攻餘杭，比戰皆捷。餘杭既克，追寇至遂安，開化、馬金、湖州既克，追寇至鉛山縣坊湖鎮。常爲諸軍選鋒。其在孔靈，大軍未集，匹馬先出，剗削村外寇壘。甫克績溪，即馳援祁門，兩旬中連舉二縣。其在餘杭，會合楚軍二十餘營，造浮橋，圍攻寇壘。會全軍失利，寇目汪海洋等乘勝撲橋，君偏師扼橋北戰，殪其渠帥。寇卻，拔出落水敗卒無算，名大振。其在坊湖，與楚軍統將黄少春約期會剿，及期，君先至，遂以孤軍設伏，出奇兵斬獲甚衆。及黄軍至，而寇已潰退。其驍勇善戰，皆此類也。

左公嘗奏其血性過人，膽識堅定。先是，君以雲騎尉世職，積功至副將。左公以君好學知書，奏改文職，格於例，加總兵，隨左公剿捻逆於陝西。君自初入軍，即誓死滅賊，迨捻逆平，年逾三十，始歸娶。君事母孝，友愛諸弟甚至。性能飲酒，往往至於大醉泣下，輒歌詩以自遣。

曾公、李公既平巨亂，念海疆日益多事，乃奏請創造火輪兵船，爲自强之策，制曰可。於是，李公任湖廣總督，遂委君管帶操江輪船。君既受任，則益研究西國水師兵法，及凡槍礮、測量、沙線諸端。已而李公移督直隸，調君巡北洋，時曾公爲兩江總督，仍令君往來南北，且合疏薦君『沈毅有爲，足任海疆專閫』。

光緒三年春，簡授廣東陽江鎮總兵，而君已前卒數月，年三十九。

於是，李公念君積勞久，且興淮軍及海上兵船，君皆爲其始也，不可不見於紀載，乃奏請優恤，幷付史館立傳。

著莪園詩鈔四卷，又嘗從寇中攜父殘稿逃出，展轉兵閒，卒請湘陰左公序而刊之，爲馬徵君遺集六卷。

子振彪，舉人。

馬其昶曰：徵君烈士，不資翼翮，甘心喪元。陽江繼出，卒亦不施。嘗自以儒家子，遭際時會，儕伍悍卒，猶不能大有建樹，不自得也。生有異秉，能日作萬字。與余爲兄弟行。光緒元年，還里迎母，臨別，發篋中所爲詩，一夜寫畢，盡以相付，旋即隕世。吁，可悲矣！

程忠烈公傳弟百二十

程公諱學啓，字方忠。

家世爲農，少不羈，負奇落拓。粵寇犯安慶、破廬州，全家陷寇中。才氣横出，羣寇憚之，屈其下。

咸豐十一年，曾文正公奉命督楚軍討賊，其弟忠襄公國荃及靖毅公貞幹新軍至安慶合圍。公潛約内應，未及期，夜率千餘衆叩靖毅壁門，呼曰：『今事發，與寇戰，突圍至此，追者即至矣。吾所將皆精兵，當入營助守，不能釋兵。』軍中大驚疑，報靖毅，靖毅下令開門納其衆。追寇不及，遂馳還，盡殺其妻子。由是，曾公嘉其忠勇，優待之，甲於諸將。安慶之克，公功爲多。

上海來乞師，同治元年春，文正奏薦李文忠公率湘軍將，及新募舒桐軍往赴之。倉猝招募，堅請以公從。時忠襄亦還湘增募軍，規金陵，且倚公辦賊。文正以淮軍新立，無健將，用大義讓與之，親送之登舟，拊其背曰：『江南人譽張國樑不去口，君去亦一國樑也。行聞君克蘇州矣，勉之！』

是時，江蘇兵尚五六萬，不能戰，結英法二國軍，復青浦、嘉定，已又棄不守。寇攻敗外國軍，進圍松江。李公軍新至，諸將多未當大敵，獨公所領千人爲勁旅。李公檄公屯虹橋，未遽言戰也。行至漕河涇，卒遇寇，敗之，遂據虹橋。連日三敗寇，移屯泗涇。寇夜圍之數十重，礮擊寇，尸平壕，踐而登。公開壁突擊，亦踐而出，寇駭卻。李公自將來救，前後合勢，寇大奔，斬首捕虜甚衆，松江圍解。始，外國軍亟趣新軍速戰，意輕之，至是，皆自失，上海湘、淮軍由此振。賜號勃勇巴圖魯，擢副將。

秋七月，會美將華爾克青浦，還援北新涇。馳入壘，與守將并力禦寇，大敗之於七寶。以記名總兵，從李公破譚紹洸於四江口，擒斬萬餘，論功最，加提督銜。公起虹橋，至四江口，連三大捷，皆用少擊衆。李公於是增公軍至三千人，使進規蘇州。道太倉，太倉寇乞降。李公弟鶴章將入城受降，及門伏發，公已前覺其詐，整軍至，遂殿而退。越七日，會英將戈登克太倉，進攻崑山，言於李公曰：『崑山三面阻水，獨西一隄通蘇州進義。居隄中，先奪進義寇壘，城必舉。』計定，誡諸軍急攻城，潛以偏師繞而西襲進義四寇壘，半居守，半復東。是夕，城寇西走，我兵追之，與進義軍夾擊，生得數千人，餘寇南北竄，皆阻水殲焉。戈登見其戰，謂：『程某殲賊，固不假人助力。』補南贛鎮總兵，以提督記名。

李公議圖吳江，夏六月，統水陸十三軍進屯九里湖，距寇堅壘花涇港、同里鎮各十餘里。公自率軍破花涇，乘夜取同里，移師薄城。守寇不敢戰，開城乞降。援寇至，皆擊卻之，遂克吳江、震澤。

秋七月，進軍逼蘇州。李公自上海來視師。是時，我軍圍蘇州，合水陸軍士六千餘人。蘇州城大而堅，四周阻水，寇增築長城，南自盤門，北至婁門，十餘里，城內穴地爲屋避礮，外憑水築石壘十有九，糧械皆足支數歲。八月，寇見我軍圍益逼，糾衆二萬突出犯我軍，我軍屹不動。相持移時，寇氣衰。揮軍大進，寇卻。追至城下永安橋，乘夜築營壘橋左右。天明壘成，公往來諸軍督戰。

時李公鴻章已克江陰，戈登亦率『常勝軍』進屯外跨塘，詣公議進兵策。公約期水陸諸軍合攻，至黃天蕩會集。於是，公謂：『東南官塘之寶帶橋，蘇城之鎖鑰也。其西五里曰五龍橋，大湖之水經此，環婁門、葑門而達於婁江。寇堅守以便出入太湖，通浙賊。今者，利在速攻。』諸將皆曰善。遂先取寶帶橋，追剿至盤門城下。日晡，天忽雨，將收軍作炊，公下令嚴陳待。寇果忽至，我軍迎敵，大勝。公嘗曰：『行軍無他，營陣堅則自全矣。』尋取五龍橋。由是，我軍屯永安，而婁門路斷；屯寶帶，而葑門路斷；屯五龍，而盤門出太湖之路又斷。會曾公亦大舉圍金陵，蘇浙軍勢相連。是時，城中寇尚二十萬，皆奪氣。

李秀成出援金陵，留死黨譚紹洸守禦，而諸寇争權，相猜貳。僞納王郜雲官等因副將鄭國魁謀反正，公單騎見之，約斬紹洸爲效。雲官遂殺紹洸，夜開齊門降。

公入城撫降衆，八寇酋不肯解兵，擁衆號十萬，八人分領之，謀踞半城。公陽許諾，語雲官等旦日出謁巡撫。遂還白李公，請誅八人者以定亂。李公曰：『殺已降不祥，且令常嘉寇聞風死守，是自樹敵，不可！』公争不能得，怒曰：『寇多吾軍數倍，以戰敗乞降，其心故未服。今釋首惡不殺，聽其擁衆麋軍餉，與吾軍分城而處，變在肘掖，吾屬無遺類矣！』

拂衣徑出。李公急起，挽公手曰：『徐之！吾今聽若。』俄復過公營，陽論他事，笑語甚懽。

明日，八人屏騶從上謁，受總兵、副將冠服，李公勞苦。良久去，命裨將觴此八人。酒三巡，伏甲起，八人驚愕，格鬭死。先是，公嚴陳入城，及八人首至，諭衆曰：『八人反側，已伏誅，餘不問。若等毋動，動者斬！』逆黨驚擾，殺二千人而定。降衆十萬，分別遣散，遂平蘇州。

是時，鄭國魁恨負約，涕泣不食，臥三日。外國法尤以殺降爲大禁，戈登至欲勒兵相攻，逾時乃解。而曾文正公在皖，聞蘇州殺八降將，歎李公明決，能斷大事也。自軍到上海，至是凡十八月，蘇州平，軍威益振。

乘勝援浙江，拔平望，復嘉善，遂薄嘉興。是時，忠襄圍金陵久不拔，每恨惜公去，令己軍不時就功。而提督張玉良亦以數萬衆圍攻嘉興，數月不下。公至，乘陰雨，夜築浮橋及沿城護礮月墻。軍士皆持彭排縛草膝行，且築且避矢石，數日臺成。礮壞城垣十餘丈，寇輒堵禦復完。陣亡勇將何安泰、郭興發，公憤甚，突出搏戰，先登，中槍子傷。明日復出，飛彈傷額，仍堅坐不退，士乃大奮，遂克嘉興。已而竟以傷卒，同治三年三月也，得年三十五。事聞，贈太子太保，予謚忠烈，祀昭忠祠，安慶、蘇州、嘉興并建專祠。

公初受知曾公，卒從李公，百戰未嘗敗衂；雖敗，善因之以取勝。自到上海，見外國兵械利，究心研習，輒效用之，淮軍用西域槍礮由此起。李公以外國將驕蹇難制，獨令公挾以攻戰，起太倉，訖蘇州，與戈登交推互服，殺八降將，議論中乖。及公死，戈登獨歎息，推爲名將，求得公戰時大旗二，持歸爲表記。其後，公歿三十年，日本事起，諸將戰失利，李公歎曰：『程方忠若在，豈至是乎！』其遺烈在人如此。

初克蘇州，賞黃馬褂，給雲騎尉世職。及復金陵，追敘前功，贈三等輕車都尉。光緒三年，李公奏請併所得世職爲三等男爵。一子，前陷寇中，死安慶。族子建勳嗣，詔以員外郎用，兼襲男爵。

馬其昶曰：蘇州戮降將事，王氏湘軍志以公先斬之乃告李公，李公大驚懼，頗咎其輕發。余謂八酋勢逼，使不早圖，終亦釀亂。此事特公本謀，然未有不承命主帥者。李公洞達有大度，方深倚公，何有不相啓告而輒專斷者乎？今據吳先生所撰碑文正之。吾邑自明以來，多文儒碩德之士，至中興平粵亂，而公乃以武功顯。

方同知方臨江金郎陽傳弟百二十一

方公諱奎炯，字昭甫，一字子明，號憬嵒。道光二十年進士，授甘肅文縣令，調隆德、高臺，丁憂歸。服滿，改陝西，補藍田。遷四川打箭鑪同知，卒於官。公有吏能，宅心制行，一依於仁厚。

初令甘肅，總督鄧公廷楨奏請開墾荒地，計畝升科，議獎罰甚重，隴右數千里，民情洶懼。隆德號疲難，不數日事集，得畝逾二萬。僚友皆慶，公曰：『吾不爲禍始。今日空文，即他年實賦。』乃二十取一，詣省謁大府報政。總督初以公書生，敢爲民争，慮梗令，及聞事竣，大悦，慰勞甚至。已而，本道嚴公以情告，總督變色，亟召隆德令。隆德令入，總督盛氣待之曰：『皇畝也，而敢匿，何也？』公曰：『沙漠之地，國家本不資以爲富，況差徭車馬已賦之矣。公今兼焉，坐令夷猓生怨，他日必悔。某爲公計，非自爲也。』總督怒曰：『必以實報，不然，吾有白簡從事！』公起立大言曰：『西涼之人，不知五穀之美也，所啗者苦蕎耳。公今以嘉穀賦苦蕎，某以爲二十而取一，民猶不堪命。且實告公：隆德地固未嘗加墾，貧瘠之民無以爲生計，平居若不私墾，即苦蕎亦無所出。今徒慮官且以是獲譴，故出其所存活者而報之耳，非能加也。即欲加，實無荒地可指墾。奪民之所以存活者冒功賞，令有死，不敢聞命！』總督賢者也，雖怒不息，道府人人爲言，三四日復召隆德令曰：『子言是也。雖然，必增畝，毋阻吾事。』公應曰：『諾！』即趨出，別爲册，增畝五十，并前册共一千五十畝也。鄧公轉以是器賞。

一時，大吏自林文忠公及唐子方方伯，皆以國士期之。嘗出武關，道楚謁胡文忠公黄州。胡公置酒帳中，酒酣，舉觥相屬曰：『唐子方識汝乎？彼夸於我得一循吏，吾問知汝也，亦夸彼曰：「予會試同考所取士也，焉有不佳？」』因大笑，舉觥自慶，盡懽而別。其任打箭鑪也，時全蜀不荒而飢，穀價騰踊數倍，茶鹽利日絀，羣蠻擾亂。至則摶擊豪强，置重典；大發倉粟，番、漢一體糶食。人人饜飽，皆驚喜相謂：『官權如此！欲死我則死我，欲生我則生我矣！』於是，相率聽約法。蠻酋孤危求見，茶商聞之，四遠而至。俄被疾遽卒，民皇皇如失所親。

子七人。鑄，光緒九年進士，户部郎中。旭，拔貢生，署四川提學使。

方公諱錫慶，初名傳書，號麟軒。

父諱秬森，喜義俠之行，以置義田旌於朝。

公始任中城兵馬司指揮，太監王成以私屬，不應，成争之强，公怒批其頰，巡城御史以聞，宣宗正成罪。

有詔優敘，改知江蘇沭陽縣。築六塘河隄堰，開支流，教民種木棉，久之成俗。咸豐中，粵寇據金陵，大軍屯聚，公前已告歸，大吏招之出，令募財助軍。時去沭陽十年矣，至則富民程氏輸萬金。

初，公去沭陽，調江甯，權通州，擢知太倉州，皆有績，而前後兩任太倉，爲時久，惠利事尤衆。懲社倉、常平久弊，以錢貿穀，權子母至億萬。及後，土寇陷上海、嘉定七城，太倉取錢充團練費，民不知擾。權松江府，再至太倉，承亂後，霪雨災田。巡撫用新章，錢漕幷征。公以科則未定，難臆算，且災田薄收，竭所入不足供，固請緩征。而屬邑不待報，遽援是請減。巡撫怒，將以撓國計奏劾，總督李文忠公不署名，事乃已。又請減瘠區田賦四千石。用前守松江功，賞花翎，以道員用，授陝西鳳翔府，尋改江西臨江，引疾歸。

先是，蘇松諸郡浮糧重，民困於積弊六百年。公權松江，當是時，蘇常兩郡猶陷寇，公與蘇松糧道郭公嵩燾言巡撫李公，請乘兵亂盡覈減諸郡浮糧，悦疲民，衰賊勢，前中允馮公桂芬條畫甚具。於是，李公採其議，與總督曾文正公具疏以聞，詔減蘇、松、太米賦三之一，常鎮十一，著爲令。

在家，服御簡素，增置義田、義塾及振災急難事，屢費數千萬金，人謂其富而能施。卒年六十七。

公娶李氏。婦翁諱玉書，號逸愚。以孝友任恤爲行，前後令長悉倚辦公益。環宅圩池種蓮數十頃，歲饑，縱餓者掘藕食之，立盡，用助振功議敘縣丞。樅陽白鶴峯書院有置產，公費存諸董事所，莫肯出。翁陰令人控己，遂呈繳其費，諸董事因皆不得乾没膏火，以充其急。

公晦名權以濟變多類此〔一〕。崇文洲爲全縣教育資產，嘉慶時有豪强争控，翁力持之定案。其後，洲漲而息課不增，屢興大獄。翁孫舉人世虬字幼農訟之，至斥賣私產，卒得理，洲息倍收，修先志也。曾孫德膏，亦舉人，文行高潔，於教育尤有名。

金公諱達，字斗生。

年十六，補縣學生，以助振議敘訓導。積軍勞，由兵部主事改外，授湖北鄖陽府。歲大浸，城垣當衝流，時虞崩圮。建石隄，繕治郡城、衙署，工役並作，以代災振。鄖陽僻處山陬，自明以來，士罕登進。因興復書院，特請鄉科增鄖字號，例舉一人，士民欣欣，刊石紀德焉。

馬其昶曰：四民，惟農至勤苦，末作利倍蓰於農。言國用者，獨苛農，併丁口雜税於田畝，徒取一切，便誅求耳。利薄而歛重，農益困，田益蕪。食者民之天，困農是自斲其天也。隆德『不爲禍始』，松江乘間祛弊，二方公之惓惓，其知本計哉！鄖陽振災、興學，亦可謂能舉其職者也。松江次子寶彝，字鞠常，以副貢生官刑部督捕司郎中，爲余姊夫。

方柏堂先生傳弟百二十二

方先生諱宗誠，字存之，號柏堂。

高祖諱孟晙，以儒學教家。長子澤爲姚郎中師。次子源嘗徒行千里視兄疾。源子護。護子松，即先生父也。世有行誼，號清門，由魯谼遷居附郭古塘。

先生少時家貧，獨自有偉志，日取賈太傅疏及唐宋名篇誦讀茅屋中，邑先達耆宿皆願與游，高談無所讓屈。始受學許玉峯，繼事族兄儀衛，徧覽宋元後儒家之言，發爲古文辭。粤寇起，天下大亂，避居魯谼，不廢講習。箸俟命録，以究天時、人事致亂之原，與夫士人行己立身所由弭變者，大要歸於植綱常、明正學、興起人才以效用當世。霍山吳竹如侍郎布政山東，從方君魯生所得其書，貽書要致，大學士文端公倭仁爲師傅，至録要以進經筵。

先生既出交侍郎，譽望益劭，曾文正、胡文忠二公皆聞聲禮聘，未往。穆宗登極，河南巡撫嚴公樹森應詔陳言，先生在幕草奏，所舉盡天下賢才，爲時傳誦。曾文正公來安慶，召修兩江忠義録；移督直隸，奏薦爲棗强令。曾公去，李文忠公繼爲總督，皆與先生平交，不待以屬吏，每行縣，輒避棗强。

先生爲治十年，舉孝子、悌弟、節婦、孝女，設鄉塾，創興敬義書院，祠漢儒董仲舒，又釐正祀典，刻邑先生遺箸，修志乘，建義倉，儲穀萬石，事無不舉。值歲饑，陳災手書徑達，旁逮鄰郡邑，不避忌嫌；又再請李公奏免天下錢糧積欠。先生雖爲縣，其謀慮皆宏遠大計，自其幼時然，及在官以至退老皆然，不以區域自限。遇諸公貴人，必侃侃爲言所當設施者。李公亦破常格，所請率施行，常稱『深州游牧，棗强方令』，以諷厲列縣。游牧者，新化游智開子岱，以循吏後爲廣西布政使者也。

先生厲精於學，箸述不輟。爲文依理道，主於辭達。人有片長一善，獎譽之不容口。既致仕歸，徒衆尤盛，東南大府使幣日至，皆謝不就。喜展謁名賢祠墓，衡陽彭剛直公招游石鐘、匡廬，嘗並立江干劇談，皆修髯洪聲，人欽其風采。光緒十三年，年七十一，安徽學使侍郎貴恆公上言先生學行，得旨給五品卿銜，以旌老學。是年卒。

箸諸經説都三十三卷，柏堂集九十二卷，俟命録、志學録、讀書筆記、講義合三十五卷，他所撰及編訂者尚數十種。

子守彝、守敦，皆能傳業。

其後，吳摯父先生自日本歸，言日本人有專治柏堂學者。而先生孫時簡，以縣學生入日本高等工學，嘗自恨曰：『日本哲學館、大學所刊雜誌，嘗引先祖學説，異邦人尚能信好，余兄弟反舍而外求，可愧也！』時簡孿生弟時翮，亦自日本學師範歸。

新野知縣方君諱昌翰，字宗屏，號滌儕，少與先生同學，能詩、古文。及令河南，有名績。告歸，又同寓皖城。嘗刻其上世自明善先生以下雜箸，爲方氏七代遺書。皖中大府聘治章奏，門庭寂整，惟名流雅故過論文史。箸虚白室集十二卷。

馬其昶曰：方儀衛墓在挂車山。憶童時，余家避亂山中，先生來謁墓，遂留宿，與先子夜譚，其昶侍側，深宵不欲去，先生以此見譽，因從受學。今四十餘年，愧德業無所底，而世變日大，諸新學説先生皆不及見。而有所謂『國民』云者，人人習爲口語，嘗端居，私念惟先生足當之耳。張子西銘人自不讀，以爲新説則羣競焉，此亦人情之蔽也。世安得如先生者，使儒無寡用之誚！

吳摯父蕭敬孚二先生傳弟百二十三

吳先生諱汝綸，字摯父。風儀高簡，峨然不羣，自其幼少，已棄鄙俗學，欲畢覽百家之書，不言性理。其事親、待兄弟，孝友天至也。

同治四年進士，用内閣中書。曾文正公奇其文，奏調改外，留幕府，學益宏肆，補直隸深州。比丁外、内艱服除，署天津府，補冀州。

其治以教育爲先，不憚貴勢。籍深州諸村已廢學田爲豪民侵奪者千四百餘畝，入書院，資膏火，聚一州三縣高材生，親教課之。民忘其吏，推爲大師。會以憂去，豪民至交通御史，以壞村學，劾奏還其田。及莅冀州，仍鋭意興學。深冀二州文教斐然，冠畿輔。又開冀衡六十里之渠，洩積水於滏，以溉田、便商旅。時時求其士之賢有文者，禮先之，得十許人，月一會書院，議所施爲興革於民便不便。率不依常格，人所矜寵與夫齷齪小謹一不厝意，以是得簡伉聲，先生亦不樂久宦。

其所事大吏，曾公後爲李文忠公，皆期以國士，有要政，必與謀議草奏。保定蓮池院長武昌張先生裕釗將返鄂，會先生以公事自冀州至，李公問：『誰可繼張院長者？』張故以文學與先生爲深友，兩家弟子相通流，漫應曰：『如某何如？』李公曰：『安所得師如二君者？』退即具牘，借鈐清苑印。稱疾乞休。李公覽牘大驚。明日，持名帖至總督署，稱院長拜謁矣。

先生刻苦厲學，其好文出天性。周秦古籍，太史公、揚、班、韓、柳，以逮近世姚曾諸家之書，丹黄不去手。其治經，由訓詁以求通文辭，以謂：『文者天地之至精至粹，吾國所獨優。語其實用，則歐美新學尚焉。博物格致、機械之用，必取資於彼，得其長乃能共勍者比肩横肱，坐立不俯屈也。舊法完且好，吾猶將革新之，況其窳敗不可復用？』故勤勤導誘後生，必以是爲説。

嘗樂與西士遊，而日本之慕文章者亦踔海來請業。會朝旨採西法，開大學堂於京師，管學大臣張公百熙奏薦先生，加五品卿銜，總教務。固辭不獲，則請赴日本考學制。既至日本，上自其國君相，及教育名家、婦孺學子，皆備禮接款，求請題詠，更番踵至。時吾國留學諸生與使臣交鬨，先生素以開通育才自詭，諸生責望奢，顧國體所在，欲全濟則未宜徑遂，而使臣反疑先生有所左右，蜚語至都，先生益浩然求決去。

返國，先乞假省墓，興辦本邑小學堂，挾日本教師一人同至。規制粗立，將行，遽以疾卒，年六十四。後數年，縣中增設師範學堂，四鄉各立小學，改初立者爲中學。游學日本至七八十人，爲教員他郡邑所在多有。桐城學風大啓，自先生也。

箸易説二卷、寫定尚書一卷、尚書故三卷、夏小正私箋一卷、文集四卷、詩集一卷、尺牘七卷、深州風土記二十二卷、東遊叢録四卷。

子闓生，能世其學。

蕭先生諱穆，字敬甫，一字敬孚。縣學生。

家世爲農，小時，父督之耕，泣而受杖，潛入塾中問字。遇名流宿學必敬禮，隨所往輒手提布衰，裹書數册。聞某所有異本，必鉤致之。會亂後，書悉出，賈賤，遂大購書。客遊公卿閒，布衣朴野，説書史不離口。館上海三十年，交遊益附。篤於舊故，送別必遠出，佇望久之乃去。接後生，必勖以經史大義。

其學無專主，博綜羣籍，喜掌故。師事嘉興錢警石，於顧亭林、全謝山諸家之書尤熟。復多見舊槧，考其異同，朱墨雜下。遇孤本，多方勸刻，所校印凡百十種，徐騎省集勘正至五六過，他書類是。益留意鄉邦文獻，叩以前聞軼事，其所不知，未有能知者也。

其相識徧天下，在上海，居方言館，同館中習西學者朝夕見，未嘗款洽，人亦誚其腐拘。没後，藏書散軼，人争傳寶，書賈至盗其收藏印記，價輒倍蓰。沈子培提學、蒯禮卿兵備，及他相知有力者，共刊其遺文，爲敬孚類稾十六卷。

馬其昶曰：吾縣文章之傳，自方姚後，吴先生極其盛。其高潔過海峯，以其經學深所致力皆周秦書也，而新學亦自先生始。其昶從游久，光緒二十年客保定，先生聞余有耆舊傳，索觀之，余以少作，慙不出，念後文事或少進，當求益。蕭先生爲先子舊交，又夙蒙器賞，嘗出其所纂桐城文徵、桐城耆舊傳狀碑誌彙鈔寫目相示，謂『異日悉當歸子』。今吾書成，而皆已不見，悲夫！茫茫終古，次二先生事，泫然久之。

校記

〔一〕園　前作『垣』。

〔二〕公　應作『翁』，指方錫慶婦翁李玉書。

桐城耆舊傳卷十二

四陶吳李高吳錢節烈傳弟一

陶節婦鍾氏。其夫曰陶鏞，以罪被戍，死邊。節婦年二十五，一子曰陶繼，甫在抱，走四千餘里，負夫骸骨歸葬。年八十二，以節終。

繼亦早卒，妻方氏年二十七守節，子亮纔二歲。後，亮舉景泰四年鄉試，業於太學，未幾又卒。妻王氏年二十八，妾吳氏二十二，皆無子。家貧甚，所親勸之嫁，哭曰：『我豈忍貽兩世羞乎？』妾亦不嫁。遂共辟纑以生。縣令陳勉上聞，詔旌三代，人稱曰四節里。

吳仲淇妻楊氏。夫卒，家貧，舅欲更嫁之，婦曰：『即飢死，必與舅姑俱！』舅不能奪。數年，家益貧，負債無以償，舅謀於其父母，將以婦往，烈婦哭曰：『以吾口累舅姑，不孝；無所助於貧，不仁；失節則不義。勢不能存，理不可去，吾有死而已！』因咽髮而死。

李棟妻張氏。棟死無子，烈婦自經於牀，母救之，奮身起，引斧斫左臂者三。家人奪斧，抑而坐之薦閒，瞶悶不語。家人稍退，烈婦遽啓户出，投於水。水方冰，以首觸穴入，遂死。

高文學妻王氏。文學死，烈婦哀哭，父道美諭之曰：『毋過哀，事有三等，在汝自擇耳。』輟泣問之，父曰：『其一從死，爲烈；二忍死事翁姑，爲節；三則恆人事也，余不忍言。』烈婦泣受教，絶粒不食，越七日死。

吳烈婦者姚氏。父湘潭，前有傳。適諸生吳道震，生子德堅，年十九而寡。明末，流賊過縣，攜子依母，及兄孫林避潛山。賊奄至，孫林格鬭死，德堅負母逃。烈婦曰：『汝書生，焉能遠負我？俱死無爲也。』命之去，子泣，弗忍去，怒曰：『汝不能全母，顧反絶父嗣乎？』即推之墜層崖下。須臾，賊至索金，答言無有。賊令解衣驗之，駡曰：『何物賊奴！敢作此語邪！』遂抗刃死。

錢烈婦者，黄華方氏，田間先生妻也，通書史。明末荒歉，先生寓南都，饘粥不繼，夙夜勤女工以易食。客過，潔茗治饌，取諸簪珥。與先生遊者，未嘗知其貧也。後先生避仇吴中，烈婦挈子女追尋得之。已而吴中亦亂，知不得免，作絶句詩二章付長子法祖，自密紉衣帶襪履，備倉卒。及賊至，抱女赴水死。田間先生已見前傳。

馬其昶曰：以上所述節烈共十一人，皆見明史。當其生，一委巷之女子耳，國史傳其名氏，所以風厲世也。其載十一人，亦偶及之，非外此遂無有也。古今紀述之體類然，余讀明史，別出之以觀示鄉人。

方貞女傳弟二

方貞女諱川貞。父爲蜀藩斷事，已見前傳。母鄭孺人。建文四年，貞女生四川官舍，因以命名。明年，斷事死難，鄭孺人歸里，以女許盛氏，受采幣。比徵女笄有日矣，盛氏子病殁，女請臨喪，孺人不可，曰：『從一而終，婦道也。未廟見者，不爲婦。』女曰：『見廟則婦，受聘則待年之婦。大人而不受盛聘則已，大人受盛聘，則女固盛氏婦也。非婦何媒？非媒何采？非婦何徵？非婦何以有笄日？獨藉未廟爲解而隳天經，大人亦何辭諾責？』孺人乃泣曰：『女能然乎哉？往矣！』即報盛氏。

貞女斬衰詣寢，上香，獻一履几上，伏慟不能起。扶而起，徐請於姑，願終箕帚，補子職之闕。姑曰：『予髮短矣，遑勞無子之婦爲？』女默不語，鄭孺人遂以女歸。

自是，貞女與母同寢處二十餘年。舅姑喪，服衰母室。里俊慕其賢，以私探其伯兄懋，懋曰：『南山有玉，堅貞蘊璞，若能使之爲水乎？』

孺人歿後，貞女遂獨居一室，家人咸高其節義。將卒，飛鳥數百翔鳴屋極，室中隱隱有光出牖。年六十八。

馬其昶曰：歸熙甫氏箸論，謂女子不當以身許人，其辭辨。今觀貞女自請臨喪，豈不名正堂堂哉？守義盛氏，終老公宫，變而得其正也。方氏之初，斷事死官，孺人誓節，貞女蘊璞，不滓以終，嗚乎賢已！

方孝婦傳弟三

孝婦盛氏，侍郎汝謙從姊，歸方子復。子復嫡母性卞急，婦奉順甚謹。舅性亦急，家貧，舅日呼酒，婦紡績市珍羞，一不具，訶譴隨至。子復因出避，獨婦在，舅姑益怒婦，坐之雪上，杖擊背，仆地，有頃蘇，則傴僂入廚炊淅矣。一日歸省，命翼午來。詰朝，溪漲不可渡，乃乞父以巨索曳輿渡，如期至。久之，舅病脾在蓐。子五，三未娶，仲子娶婦，恆就食母家。孝婦一身百役，操匕箸躬飯舅，三年舅殁。姑已老，念婦賢，不復嚴使之。又，諸子皆有婦，次第就養，乃少逸。然惟孝婦及其娣吳氏養姑，姑歡，其他則怏怏。吳即明善先生母也。養二十年而姑終。孝婦有五子，皆賢。明善先生嘗宴居侍側，從容問疇昔事，即淚下，若有所思，終不自言。

馬其昶曰：妻於夫、婦於舅姑，皆以人合，實皆有天性存焉。故服夫斬衰，舅姑亦斬衰。吾初考禮制，謂後王特因世變，重以矯之耳，及觀孝婦恩養之篤如此，乃知性出自然，則增舅姑期服爲三年，未嘗不即乎人心之所安云。

張夫人傳弟四

夫人方氏，諱孟式，字如耀，廷尉長女，適張忠節公。廷尉、忠節皆有傳。夫人博學工書，嘗圖大士像，神采欲生。以無子，廣置媵妾，隨舉三子，篤愛如己出。公爲山東布政使。崇禎十一年，大兵下畿輔四十八城，遂自德州進圍濟南。夫人語公：『夫子之死生惟官守，妾之死生惟夫子。』已而，家人白事急，請行，夫人曰：『是何言也！吾去，人且謂公無固志。』叱之退。

明年正月朔二日，城陷，公擐甲巷戰。或報公亡走，夫人復叱曰：『汝主豈棄城苟免者！』嗣報戰死，則泣曰：『是矣！』先是，夫人戒侍婢：『事急則推我入湖水中。』至是，謂妾陳曰：『吾義不獨生，汝當保持孤幼歸故鄉耳。』妾請同死，頷之，遂同赴大明湖死，侍婢感而殉者又數人。

事聞，贈一品夫人，與祭一壇。

箸《紉蘭閣集》十二卷，載《明史·藝文志》。

馬其昶曰：廷尉二女，長夫人，次清芬閣，皆貞烈爲世女宗。方氏累代著忠貞之節，漸漬既久，至於女子亦然也。妻視夫爲死生，臣視官守爲死生，卓哉斯語！千載之衡矣！

姚清芬閣傳弟五

貞婦方氏，諱維儀，字仲賢，廷尉仲女。博學高才，適於姚，年十八而寡，因請大歸，守志清芬閣。弟姪進見，無敢不肅。暇與伯姊如耀、弟婦吴棣倩集古今女士之作，爲宫閨詩史，區分正、邪二集，主於昭明彤管、刊落淫哇，君子尚其志焉。

嘗箸擬謚述一篇，其辭曰：

姚夫子諱孫棨，字前甫，太守先舅芳麓公伯子也。生而沈静穎敏，讀書知孝弟，師傳旨趣，一聞百徹，廣獵經史，以苦讀成疾。壬寅仲夏，先姑恭人病痢，夫子躬湯藥，廢寢食，憂心月餘，益致病劇。羸形臥牀，尚不忍離先姑一刻，移榻於室，問安定省，亦猶乳哺之依也。乃歎曰：『天乎！喪無日矣。生死一致，夫亦何恨？止憐事業瓦解耳。吾不久居世，上不能圖報劬勞，下不能俯育妻子。諸弟皆穎秀，克肩父母，有福方來。但辜汝少，雖娠六月，難徵男子。念將永訣，當與汝遺言，汝乃明達貞静之女，必不負我，靡用頹筆。』沒之日，族中耆長哭弔曰：『吾門去此兒者，損一英才也！』夫子病中，目不釋卷，作詩數百首。祖翁似葵公持去閱選，竟坐遺失。今余搜筒中，才存數首。嗟嗟！夫子溫謙和恭，才思泉湧，若天假以年，豈不恢恢乎偉人文士哉！

嗚呼！死生有命，聖賢莫度，世子夭折，伯牛斯疾；顏子大賢，摧促短齡；樗櫟多壽，芝草無年：皆天也，非人之所能爲也。蓋聞自上世逮於今，綱紀相續，倫常交振，或父兄賢聖而子弟述之，夫子賢聖而妻述之。古之人有行之者，黔婁、柳下惠之妻是也。陋規淺見，竊踵陳迹，以述其志，請謚爲『良隱子』，按此謚法，深協生平。豈敢浮慕哲媛，忘招譏責〔一〕？既玩列女之傳，彌堅從一之規。永訣幾三十年，未知殘喘旦暮溘露事，因義起謚以墓，遲或亦未亡人之腔血對泉臺而得灑乎？余之兩門，碩人文獻多矣，其勿余戮，而余之憐，即死且不朽。

又箸未亡人微生述一篇，其辭曰：

藐爾孀餘，既景仰先賢，謚吾前甫夫子矣，更預作墓碑，直敘微生，附於一坯之土〔二〕，曰：

萬曆辛丑秋仲，余年十七，歸夫子。夫子善病已六年，容顔憔悴，稜稜柴骨。余入門之頃，即視苓术，所謂琴瑟友之者，絶無豫日。明年五月，夫子疾發，余躬扶起居，侍湯藥，揮蚊蠅，振痰唾，左右周旋，無不自爲之者，臥地數月，頭不安枕。至九月大漸，傷痛呼天，而莫之應也。遺腹存身，未敢殉死。不意生女，撫九月而又殂。天乎！天乎！一脉不留，形單何倚？爾時，翁姑宦海澄，以余侍祖翁姑膝下，朝暮奉順，未敢缺禮。而祖姑春秋高矣，亦不暇纖悉顧復，衣食愁苦，罔所控告。又有細壬浮浪之言，使兩家相閧。兹時也，憂心如焚，呼搶欲絶，乃有言以見志曰：

翁姑在七閩，夫婿别三秋。妾命苟如此，如此復何求？

泰山其可頹，此志不可剛。重義天壤閒，寸心皎日月。

於是，復歸父母家，稍延殘喘。叨蒙父弟友于，使無凍餒顛沛之蹶。弟妻吴宜人愉惋同保，不幸早世，余撫其諸英，訓誨成立，完其婚嫁，必當終於一諾也。長上姻親，敢不恭敬和睦？卑幼僕從，忍不慰諭恩款？如此，以無拂兩門之歡心，凡余所爲極難耳。

又念夫子逝矣，一家荒涼，湮没秋草。擬欲結墓同穴，此意未申，忽夜夢夫子相語如平生，余甚驚異，語具紀夢篇中。翁讀，泫淚如雨，哀憐子息，即許遷葬修墓。此時余力甚澀，不敢輕舉。甲子孟春，我翁即世，夫弟心甫、純甫同幼弟議曰：『長嫂甘節清苦二十餘年，我兄弟應有以養之。』因撥田租膳余。

噫！余受此租，豈忍自奉，而負夫子夢中之屬邪？今卜地於古魯王墩，卯山酉向，十月而墓成。夫子感夢十餘年之前，定兆十餘年之後，神其來乎！骸骨其安乎！颼颼之清風，皓皓之明月，固無時不在兹山也。

嗟呼！萬物有託，余獨無依，哀鬱交集，涕泗霑帷。自今已往，槁容日益朽，氣力日益微，不久當從夫子於地下而永歸矣，因陳其厄陋於石，執筆淒苦，不知所云。

年八十四卒，專祠奉祀，顔曰『今之大家』。箸有楚江吟、歸來歎諸稿，彙爲清芬閣集七卷，載明史藝文志。朱檢討明詩綜稱其辭近孟貞曜。

廷尉弟君節女諱維則，歸諸生吳紹忠，亦孀居守志七十年。有撫松閣集。初，清芬十七而寡，壽八十四；撫松十六而寡，壽亦八十有四。

吳淑人諱令儀，字棣倩，巡撫公配，宫諭應賓女也。師事清芬閣，詞翰甚美，年三十早卒。其姊諱令則，適諸生何應瓊，有環珠室集。

馬其昶曰：余讀後漢曹大家傳，歎其亮節明白，屬文爾雅，推千古女師。清芬徽美，豈遽讓哉？遇有榮悴，貞皭則同。述生、擬謚二篇，可以怨矣。

孫恭人傳弟六

恭人方氏，諱子耀。父巡撫公有傳。少失母，育於仲姑清芬閣。清芬閣號稱女師，恭人受學久，習禮能文，以至書法、圖畫，皆酷肖。

年十七，歸孫武公臨。是時，天下大亂，武公有偉略，好談兵，握節監楊公文驄軍事。紹興兵潰，武公隨楊公急衛仙霞關，至浦城，與大兵猝遇。武公拔簪與恭人訣曰：『吾義不可獨生。有老親、幼子，汝性烈，姑勿死，持此報太淑人。』遂上馬馳去死之。恭人大慟，投水中，村嫗引出之，不死；餓三日，亦不死。偕一婢竄伏榛莽中，由閒道得達閩之古田縣。其長子侍太夫人在浙，一幼子亂中相失。久之，古田令周公璋聞恭人在其縣何節婦家，爲資送歸里。至蕪湖，聞鄰舟鄉音，詢之，則夫兄魯山侍郎，方奉太淑人歸也，兩舟錯愕猝遇，相持大哭。初，幼子岳亂中相失，隨乳母姜，爲小卒郭少楚所得。姜察少楚，可託身以保孤兒者，即吐實，少楚曰：『此忠臣子，當全之！』竟挾乳母歸岳於恭人。於是，恭人教育二子，歷艱苦憂患凡三十八年，而二子皆學成，絶意仕進，内外孫曾幾三十人，恭人乃稱曰：『嗟乎！吾之不死，以至今日，欲教成二子，報忠魂耳。今汝二人幸不致衰薄，漸成門户，兩婦亦率余教，庶幾有以見汝父地下。敦本、積德、植品、讀書，即此四訓，世守之；富貴有分，非予所勖望也。』乃箸寒香閣訓子説三千餘言。年七十二卒。

馬其昶曰：余讀恭人訓子説，所自述誠有足悲者。歷艱苦險阻以竟夫志，事安在必以身殉者之爲當乎？恭人遺命薄斂，遵家禮，毋作佛事，謂：『此吾曾祖明善先生之訓，五世未之有改，不可以俗故致吾違背！』噫！講學收效之遠，乃至是哉！

姚太夫人傳弟七

姚太夫人，端恪公母也，倪氏，太僕公女，歸職方姚公。父及夫子並有傳。夫人知書，明大義。

職方令東陽，討亂賊許都有功，直指左公光先疏聞於朝。南渡後，阮大鋮柄國，左公故仇大鋮，大鋮遂誣以『激變殺降』，與職方俱被逮，黨禍大作。

是時，端恪兄弟憂遑無計，當事者謂曰：『此易耳，能爲若父疏，稱浙東事皆承左指，則事解；不然，罪不測！』歸以告太夫人，太夫人怒，杖擲之，曰：『兒以是爲生而父邪！身死、心死等耳。東陽之獄，人則左公累若父，事則若父累左公也，義不得令左公獨死。且汝等以此求生若父，若父歸，將何顏以對里黨？吾知若父心，若乃不知邪？平昔讀書胡爲？』公等涕泣受教。逡巡十餘日，卒巽詞謝當事者，於是逮益急。會王師南下，事得解。端恪兄弟時時爲左公言：『不謀於吾母，幾陷於不義也！』

馬其昶曰：觀太夫人訓詞慷慨，大義炳然。夫卒遭事變，不以生死利害移易，此人之所難也，況以子求解其父，又似名義之有可託者，而太夫人不惑如是，是可以風矣！

張夫人傳弟八

張文端公配姚夫人，龍泉學博珠樹公女。

文端初以翰林官京師，貧甚，或私餽千金，文端弗受也，故入言之夫人，夫人曰：『貧家，或餽十金、五金，則童僕皆欣相告。今無端獲此，人問所由來，將無慙乎？』文端笑而卻之。

每典質以辦朝餐。後祿入稍豐，夫人率初不改。居常茹素，不事珠玉紈綺。衣澣濯，躬自補綴，一青縑舊衫，數歲不易。

文端既爲輔相，諸子先後入翰林，屢膺崇封，以象服偕老。家門貴盛，而夫人彌自謙抑，下至臧獲、僕妾，皆恤其艱苦。嘗有戚黨遣婢候問，夫人方補故衣，不識也，問：『太夫人安在？』夫人逡巡起應，婢大驚，慙沮而退。

文端壽六十，夫人爲禮佛，忽念：『人家生日，例召優設宴。今既不爾，胡不移此費以利濟乎？』即製棉衣百領，施道路飢寒者。其節己好行德類如此。

卒年六十九。

子文和公嘗直南書房，聖祖一日顧左右語曰：『張廷玉兄弟，母教之有素，不獨父訓也。』蓋夫人居京師久，故賢聲徹宮壺焉。

女令儀，字柔嘉，適姚湘門士封。中年喪偶，習靜一室，圖史插架，顏曰『蠹窗』。好辨析古今事，援筆歌賦，動逾千言。二子皆登仕籍。晚築南園別墅，池榭亭館，皆胸中邱壑所營構。箸蠹窗集十四卷。

馬其昶曰：夫人能爲詩，有含章閣詩鈔，閒與文端酬唱閨中，不以才自矜衒也。洪範「五福」，一曰「攸好德」，有德而福，其福乃永。夫人之行，是敬姜之遺風也，而福榮過之，其殆可謂「攸好德」者矣！

錢戴周章四烈婦蔣孝婦傳弟九

烈婦朱氏，錢然妻也。然娶二年病革，知不起，謂婦：「我死，汝當勿二！」婦曰：「諾！」刲股藥之不效，遂絶粒。家人强之，且閑之謹，不得死，因謂其姒曰：「毋撓我！我前諾矣。」顧溺與縊皆不可，又曰：「女死，慎勿以男斂。」明日，閉户沐浴，振衣密紉之，引刀自刎死。

烈婦方氏，戴聖哲妻也。年二十九，聖哲卒，誓以身殉。姑防之甚密，婦自知不能死，乃收淚，勸姑加餐，言動如常。逾三月，聖哲既葬，衆謂其不死矣。一日，偕女妹往浣，中途紿還取杵，遂自沈水。鄰人争赴救，不能動。姑泣曰：「吾婦素謹禮，必不以死紊男女之別，我當親負之。」甫下水，屍已起，觀者皆感泣，爲立碑水側，號曰「烈婦塘」。

是日，聖哲冢忽裂數尺，遂同穴。

烈婦王氏，周秉源妻也。

家世業農，婦事舅姑及夫，處妯娌，皆中禮。秉源死，遺孤襁褓，家人謀奪其志，婦泣曰：「固知家貧無所庇，然有呱呱在，生死惟孤。」久之不能容，乃抱其孤依母家，自賃屋居。夜勤女紅，晝則墾山田，種菽麥，以育其孤子。每值陰雨，敝屣立淤泥中，顑頷無人色。無何，子復殤，其兄弟及夫家謀共劫之，婦微聞其事，遂反夫家，言笑如平時。一日，沐浴更衣，出拜秉源主，入房閉户，自縊死。時康熙五十六年三月也，年三十二。

烈婦錢氏，章大椿妻也。

家貧，大椿早死，婦年二十七，有衰姑，恃養於叔。閱數年，爲乾隆五十一年，大饑，叔謀嫁之。娶者肩輿至門，婦持刀誓死相拒，得免。叔責以養姑，乃攜子乞食以養。未幾姑卒，婦哭曰：「吾今不可復出矣！」遂餓死於家。

孝婦伍氏，蔣廣居妻也。年二十四，夫卒，矢志奉姑二十五年，以孝聞。嘉慶二十四年，所居室不戒於火，姑徐氏年九十六矣，臥不能起，婦從火中奔姑所，負姑至竈前，火焰衝逼，不得出，焚死。婦尸倚牆，仍負姑在背，俱僵立不仆，面色如生時。

馬其昶曰：近時論教育者，率推本女學，誠知要哉！顧以歐美男女均學，校舍林立，因傷吾國女子失學已久。余謂秉彝自天，有生同具，又禮義廉恥之説深入人心，故列縣中以貞孝節烈旌者，多至數千人。貧者操家作苦，非盡仰食男子，概謂失學，殆其誣與！余略著一二，不可殫記也。

馬節母傳弟十

節母姚氏，端恪公女也。八歲知聲韻，能爲小詩。九歲，母夏夫人病目失明，爲茹齋祈福，代治家事皆井井。先九世伯祖兵部公，於端恪爲父執，聞女賢，爲幼子方思字江公聘焉，年十七來歸。江公有清才，體羸善病且劇。刲股救之不效，誓死殉夫。衆責以撫孤爲大，乃不復言死。縞衣蔬食，教督二子，日課必復，惰必予杖。長子源號菱塘，少有檢操，文譽藉甚，母不以爲喜。既久困舉場，母不以爲戚，曰：『吾出入兩家，見科第仕宦多矣。願汝曹無忝祖考，行益修，學益績。至於窮達，非所宜計也。』其後，菱塘爲鳳陽校官，母謂此席卑貧可居也，寄詩云：『勿因閒長惰，須以儉成廉。』見者傳爲至言。

箸閨鑑三卷、凝暉齋集二卷、陸舟吟一卷、玉臺新詠一卷。其陸舟日記別爲四十三册，蓋自三十後，歲爲一帙，記日用言動，以逮子孫女婦程課、饔醤瓶蔬造作之細皆具，而經傳史事，旁及九章算法、六壬數術、子平星家諸説，亦閒見云。

年逾五十，邑人上其節行，得旨旌表。

端恪季女爲張文和公嫡室，賢而早卒。文和稱其嚴静，以謂：『先公言居室之道，惟肅乃雍。若姚夫人者，庶幾近之。』

其昶謹按：先伯祖通判公家傳小序云：『易曰「利女貞」，言女教之重也。吾家先世懔閨儀，著母德，如范蔚宗所謂「區明風烈，昭我管彤」者，多足爲後嗣法。』其昶因據家傳及韓文懿公凝暉齋集序，爲節母傳一篇，以著其概。司業見前傳。

胡節母傳弟十一

節母潘氏，兵備副使諱映婁女，爲石鄰胡公諱彌禪繼室，襲參司業母也。

母嫁十二年而石鄰歿，司業方十歲，兩弟皆繈褓，嘗語司業曰：『我所以忍而不即從爾父地下者，以爾兄弟在也。』家貧，不能延師，遣子就學村塾，旦則倚閭泣而送之，踰嶺不見乃返，掩閨而泣； 暮復泣而迎之。如是三年。

貧益甚，呼歸家，自課。母素不知書，使兒誦所讀，以意爲解說。或取本，隨指書句命題，母據牀沈思曰：『若意云何？』良久曰：『更須作爾許語。』質之老儒，母命意果佳，司業大驚，遂以師奉母矣。

凡所讀書，必講而詰問，聞程朱語則歎息起立曰：『我固謂世間當有此。』一日，誦司馬長卿美人賦，母大怒，取裂擲之，司業以此終身未嘗見邪雜不典之書。

諸子出，必告母所爲，襟有露漬則撻之，謂：『奈何不由正路？』一日積雪，命採薪，行荆棘中，衣裂敝，歸而大恐，取杖跪授母，杖已乃敢言也。

嘗命僕治室，掘地得千金，獻之司業，拒不受。母知，大喜曰：『士人義命自安，藏金豈祥物哉！』歲饑，穀騰躍，母爲麥粥飯兒讀書，而自茹瓜蔓，餘廩周里之餓者。年八十餘卒，敕旌貞節。

馬其昶曰：昔方侍郎謂婦人『尚志節』，固已。而立孤尤難，能食之不能教，非所謂可託也。若節母者，其真能教者與！聞讀程朱之言則喜，否則怒，何其卓識也！吾又以知程朱之言，當乎人心之公，而叛而去之者妄也。

戴烈婦傳弟十二

烈婦姓李氏，戴存莊先生妻也。先生見前傳。

咸豐初，粵寇犯縣，先生以籌餉捍賊，爲姦民所嫉，烈婦曰：『君宜速去！留身奉二親。我婦人易處耳。』

初，烈婦已生三子二女，子皆殤，因納婢劉氏。先生避地舒城，烈婦攜劉及二女居姚宅。寇至，仲女年十六，抗刃死，烈婦及劉及幼女皆被執。

入縣城，寇使諸婦環守烈婦。陽共諸婦語，縮手衷衣，忽口中噴沫，血出仆地，視之已死，刺喉不殊。自烈婦聞亂，即懷小刀衣袖閒，故得死。同宅姚婦亦被執，後釋出，語人曰：『烈婦死，一寇欲褫其衣，一寇曰：「不可，此烈婦也！褫衣，吾斬汝。」』烈婦既死，諸婦防劉益密，劉亦陰受烈婦誡，不遽死，以閒脱其幼女。初，寇令嚴別男女，無敢亂者。後忽弛令，爲羈縻城守計，聽各娶婦。劉氏幽囚兩月餘，不言，不櫛髮，至是，寇欲娶之，乃大罵，寇怒，殺之東門外，罵不絶曰：『吾今可以報女君矣！』遂死。

馬其昶曰：『粤寇之亂，吾邑女婦義不辱身，死者多矣，而烈婦事尤著，以夫有文，騰播易也。閨閣幽隱述事大同。余次女德，掇其尤異之行，作規來世，不求備也。其已旌朝者皆有祠祀，固無俟廣搜云。

先母家傳弟十三

吾母張氏，諱清徽，字文卿，文端公六世孫女。外曾祖，翰林院編修諱元宰。外祖，甘肅岷州知州諱聰梓。

母年二十一來歸，是時，家方盛，上下數十人，母鞠鞠其閒，無所觸忤，即亦無所表襮。三十餘年中，凡經紀三喪、三嫁、再娶，以至賓祭贈答、患難流離、疾病醫藥，無歲月無有，退然若無能，然事亦無不舉者。

吾父性善怒，於意有不然，詰責嗃嗃。母屏息改爲，或從容自陳理。即他人有犯，尤無狀，終默不言。賃僕多至二三十年不呵遣，老不任事，遂終於家。其與人，不必有大施厚恩，意隆於物，情溢於辭，以故，吾母之生皆樂親之，及卒皆哀。

初，母患腹疾，其昶遠遊京師，逾年歸，疾益甚。未幾疽潰，醫者謂：『法當可治，然氣體耗憊已甚。』其昶憂惶，不知所爲計，私念臂肉或可扶羸，不效。而前夕，婦姚氏、從弟婦吳氏，亦各刲臂肉和劑進，其昶初不聞知。乃至庶母旦夕侍疾，未嘗不謹，皆以母撫愛之若女，不忍不以母母吾母也。於是，內外宗鄰益歎吾母逮下之仁感人之切，至難能矣。

母卒年五十九。

凡生子女八人，今存者，其昶及一姊一妹。母嘗自度疾不起，謂：『他無所冀，庶見吾兒讀書稍有立，得一抱孫，即死瞑目矣！』今其昶生三子，母皆不及見，傷哉！

母病以氣體素羸，然非因前者鞠育之艱，亦何遽至是也？詩曰：『哀哀父母，生我劬勞。』以劬勞故自傷其生焉。傷其生以生一人，而此一人者，又不獲遂其垂老所僅欲慊之懷也，此尤其昶之隱痛，而自以不可爲人者也。嗟乎！將安訴此酷哉！

男其昶述。

校記

〔一〕忘　當作『妄』。

〔二〕坯　當作『坏』或『抔』。

附録　桐城耆舊傳刻本各卷卷首目録匯編

姚湘潭副使傳弟四十二
胡姚安吳黄州傳弟四十三
左忠毅公傳弟四十四
倪太僕傳弟四十五
葉尚書方巡撫傳弟四十六
方巡撫傳弟四十七
孫鄆城傳弟四十八
左侍御傳弟四十九〔一〕
孫侍郎傳弟五十
光給事傳弟五十一

卷　六

張忠節公傳弟五十二
阮忠節公傳弟五十三
夏烈愍公傳弟五十四

孫節愍公傳弟五十五
胡監紀馬參議胡通判左沅州傳弟五十六〔二〕
周方姚陳王尹趙汪笪齊許吳傳弟五十七〔三〕
左武康傳弟五十八〔四〕
姚職方傳弟五十九
方密之先生傳弟六十
吳鑑在方叔茂劉長人王永宣傳弟六十一
蔣誰菴周農父傳弟六十二
姚休那白靖識方羽南鄧顛崖陳朗生傳弟六十三

卷　七

錢田間先生傳弟六十四　白渠先生

卷八

卷九

胡襲参吳生甫二先生傳弟九十一
劉海峯先生傳弟九十二 王晴園　朱歌堂　張勖園　倪司城
方恪敏公傳弟九十三 子勤襄公　從子尚書
張逸園傳弟九十四
方副使許高郵方彭水傳弟九十五
姚編修葉庶子傳弟九十六
張苦竹吳仁齋吳漪瀾傳弟九十七
先一齋府君傳弟九十八 子復堂公
汪尚書傳弟九十九
姚辰沅姚巡撫章兵備傳弟百

卷十

姚惜抱先生傳弟百一
許胡劉張四先生傳弟百二〔一〇〕
馬魯陳先生傳弟百三 子工部
吳畫溪先生傳弟百四
唐胡疏王鄭江六孝子傳弟百五
義士趙君傳弟百六
姚總憲光布政徐陽城傳弟百七
李布政姚大定傳弟百八
姚按察傳弟百九〔一一〕
方植之先生傳弟百十
吳蝠山育泉二先生傳弟百十一
趙漢陽馬歸安傳弟百十二
張潼關潘遵義傳弟百十三

卷十一

卷十二

校記

〔一〕據序目，應附「汪國仕吴國琦璩伯崑」。

〔二〕據序目，應附「曹維周」。

〔三〕姚　據正文所述共二人。

〔四〕據序目，應附「弟國棅國林國材」。

〔五〕正文題作「王參政陳兵部吴提學」，序次、職銜均與所敘合。

〔六〕正文題作「王砭崖左硯農周筆峯」，與所敘相吻合。

〔七〕正文題「傳」上有「三先生」三字。

〔八〕據序目，應附「若靄若渟」。

〔九〕正文題作「左馬趙余楊陳傳弟九十」，人物、序次與所敘合，未見吴姓者。

〔一〇〕正文題作「許胡左劉張五先生傳」，與所敘相吻合。

〔一一〕實附「子竹山」，據例應補。　正文題同缺。

〔一二〕實附「子陽江」，據例應補。　正文題同缺。

〔一三〕正文題作「錢戴周章四烈婦蔣孝婦傳弟九」，與所敘相吻合。

皖人戲曲選刊·龍燮卷
凌廷堪全集（四册）
黄生全集（四册）
東輶紀程
蕭雲從詩文輯注
程文炳文集
程恩培集
方盦山詩集（二册）
趙紹祖金石學三種
小爾雅義證
勉行堂詩文集

劉銘傳文集
包世臣全集(三册)
戴震全書(七册)
田間易學
莊屈合詁
田間詩集
田間文集
古事比(二册)
安徽出土金文訂補
秋崖詩詞校注
道聽途説
蘭苕館外史
青泥蓮花記
舌華録
明語林

夜雨秋燈録・續録(二册)
包拯集校注
毛詩後箋(二册)
劉文典全集(四册，列入特輯)
壹齋集(二册)
孟子講義
楊仁山全集
弢翁藏書年譜(列入附輯)
不得已附二種
歙事閑譚(二册)
惜抱軒詩集訓纂
張孝祥詩文集
吴汝綸全集(四册)
朱子全書(二十七册)
明實録安徽經濟史料類編(列入附輯)

姚瑩年譜(列入附輯)
青溪集
藏山閣集
田間詩學
俞正燮全集(三册)
皖人戲曲選刊・鄭之珍卷
詠懷堂詩集
所知録附四種
文選箋證(二册)
歙紀
方孝標文集
七頌堂集
劉文典全集補編(列入特輯)
程瑶田全集(四册)
皖人戲曲選刊・方成培卷

附　安徽古籍叢書已版書目

人名索引

説　明

一、本索引收録範圍爲本書主傳和附傳人物,凡非桐城籍貫者,即使與傳主同時代、有交往,概不列入,非明、清兩代的桐城籍人物亦不列入。

二、凡傳主之姓名、字號、别稱、官名、謚號等一并列入,以姓名爲主條目,字號等作參見條目。如:"王勝　1/1","王均德　見王勝","王太原郡侯　見王勝"。參見條目統一附於主條目之下。

三、人名排列依拼音爲序。姓名後先列卷次,後列頁碼,如:"王勝　1/1"。

B

C

D

F

M

R

X